Plutarch

ÜBER DIE KUNST, EIN ANFÜHRER ZU SEIN

Alte Weisheiten über kluge Führung

ÜBER DIE KUNST, EIN ANFÜHRER ZU SEIN

Alte Weisheiten über kluge Führung

Plutarch

Ausgewählt und mit einer Einleitung
versehen von Jeffrey Beneker

Bibliografische Information der Deutschen Nationalbibliothek
Die Deutsche Nationalbibliothek verzeichnet diese Publikation in der Deutschen Nationalbibliografie. Detaillierte bibliografische Daten sind im Internet über http://dnb.d-nb.de abrufbar.

Für Fragen und Anregungen
info@finanzbuchverlag.de

1. Auflage 2021

Türkenstraße 89
80799 München
Tel.: 089 651285-0
Fax: 089 652096

Die englische Originalausgabe erschien 2019 unter dem Titel *Plutarch. How to be a Leader: An Ancient Guide to Wise Leadership* bei Princeton University Press, 41 William Street, Princeton, New Jersey 08540. In the United Kingdom: Princeton University Press, 6 Oxford Street, Woodstock, Oxfordshire OX20 1 TR.

Übersetzung: Nicole Hölsken
Redaktion: Friederike Thompson
Korrektorat: Hella Neukötter
Umschlaggestaltung: Marc-Torben Fischer
Umschlagabbildung: © PRISMA ARCHIVO/Alamy Stock Photo
Satz: Carsten Klein, Torgau
Druck: GGP Media GmbH, Pößneck
Printed in Germany

ISBN Print 978-3-95972-412-8
ISBN E-Book (PDF) 978-3-96092-719-8
ISBN E-Book (EPUB, Mobi) 978-3-96092-720-4

Für Helen und Luis

INHALT

EINLEITUNG

Wenn man im Jahre 100 unserer Zeitrechnung ein Baumeister oder Steinmetz war und zufällig in der Nähe von Chaironeia lebte, einer kleinen Stadt in Zentralgriechenland, wurde man womöglich von Plutarch für ein öffentliches Bauvorhaben engagiert. Damals war er etwa Mitte fünfzig, zu alt, um selbst noch harte, körperliche Arbeit zu verrichten, aber doch begierig, die Menschen von Chaironeia auf politischer Ebene zu repräsentieren und die Arbeit der Handwerker zu überwachen. Und wenn man ihn gefragt hätte, warum er – ein gebildeter und erfolgreicher Schriftsteller, der in Athen studiert und in Rom gelehrt hatte und über Verbindungen zu den Großen und Einflussreichen am kaiserlichen Hof verfügte – sich mit derlei alltäglichen Dingen befasste wie dem Einbau von Dachziegeln und dem Gießen von Zement, hätte er etwas gesagt wie: »Ich erbaue diese Dinge nicht für mich selbst, sondern für meine Geburtsstadt.«

»Staat vor Selbst«, dies hätte ein gutes Motto sein können, das er womöglich häufig wiederholte. Auf jeden Fall war dies das Grundprinzip seiner politischen Gedanken, die sich insbesondere in den drei Aufsätzen wiederfinden, die wir in diesem Bändchen zitieren. *An einen Ungebildeten Herrscher, Regeln der Staatskunst* und *Soll ein Greis politisch tätig sein?*

In den Jahrhunderten vor Plutarchs Zeit war die Stadt die fundamentale politische Einheit der griechischen Welt. Griechische Städte, die häufig auch als Stadtstaaten bezeichnet werden, waren vor dem Beginn des Römischen Kaiserreiches unabhängige Einheiten, die über eine eigene Armee, eigene Außenpolitik, eigene Handels- und politische Systeme verfügten. Unter römischer Besatzung – also zu Plutarchs Lebzeiten – blieben sie zumindest teilweise unabhängig. Sie führten keine direkten Kriege und betrieben auch keine Außenpolitik mehr, doch ihre internen Angelegenheiten oblagen nach wie vor ihrem eigenen Verantwortungsbereich. Dazu gehörte die Finanzierung von Festspielen, das Auftreiben von Kapital, die Re-

gelung juristischer Streitigkeiten zwischen den Bürgern und natürlich die Errichtung öffentlicher Gebäude. Die Stadt war also damals die Umgebung, in der griechische Politiker agierten. Das Wort »Politik« hat sogar griechische Wurzeln. Es leitet sich von dem Begriff *polis* ab, dem griechischen Wort für »Stadt«.

Plutarch geht in seinen Schriften von der allgemeinen Annahme aus, dass alle, die staatsbürgerliche Führungsämter bekleiden wollten, zunächst das Vertrauen ihrer Wählerschaft gewinnen mussten, mit anderen Worten: ihrer Mitbürger. Durch ihre politische Tätigkeit schufen sie sich eine Reputation, indem sie vor Gericht auftraten, in öffentliche Ämter gewählt wurden, sich um wohltätige Belange kümmerten und ehrenamtliche Tätigkeiten übernahmen. Die Rostra, oder Rednerplattformen, spielten in Plutarchs Betrachtungen über das politische Leben eine besonders wichtige Rolle. Dort hatten Politiker die größte Sichtbarkeit, wenn sie versuchten, ihre Mitbürger zu überzeugen (und manchmal auch auszutricksen), um deren Stimme für Gesetze, Dekrete oder die Vergabe

von Geldern zu gewinnen. Solange die Stadt florierte, gewannen auch die Staatsmänner in der Regel an Ansehen. War das nicht der Fall, mussten sie erwarten, dass es schwand. Der Prestigezuwachs (und das Vermeiden von Blamagen) hatte häufig nicht nur zur Folge, dass man in wichtigere Ämter gewählt wurde, sondern auch, dass einem bürgerliche Ehrenbezeugungen zuteilwurden und man mit offiziellen, repräsentativen Aufgaben betraut wurde. Dies konnte bedeuten, dass man als Gesandter zu einem römischen Würdenträger geschickt oder in ein führendes Gremium oder zum Priester berufen wurde. An dieser Stelle ist es wichtig zu erwähnen, dass Politiker keine Berufspolitiker waren. Sie stammten aus der Oberschicht, deren Vermögen ihnen den zeitlichen Freiraum gab, in den Dienst der Öffentlichkeit zu treten. Durch die Tätigkeit als Staatsmann vermochten sie ihren Status wahlweise zu etablieren oder in entsprechenden Führungspositionen sogar zu steigern. Man erwartete sogar von ihnen, dass sie ihr Vermögen zum Wohl der Städte einsetzten, indem sie bei-

spielsweise Bauprojekte finanzierten oder als Sponsor bei Festlichkeiten fungierten. Die Politik war also ein Forum für Aristokraten, um den Verpflichtungen ihrer sozialen Stellung nachzukommen und gleichzeitig gegeneinander anzutreten.

Die politische Arena war tatsächlich der Sportarena sehr ähnlich, und Plutarch greift häufig auf die Sprache der Athleten zurück – zum Beispiel, wenn er von Wettkämpfen und Wettkampfteilnehmern spricht –, um die Interaktion von Politikern näher zu beschreiben. Im Sport wie in der Politik galt es, Rennen zu gewinnen, was wiederum ganz spezifische Probleme aufwarf. Viele Staatsmänner konzentrierten sich nämlich eher auf ihren eigenen Erfolg statt auf das Wohl des Staates. So fassten sie beispielsweise Wahlen als Wettkämpfe auf, die um des Sieges willen gewonnen werden mussten, und interpretierten einen Wahlsieg als Beweis ihrer generellen Überlegenheit. Ein solches Klima barg die Gefahr, dass Plutarchs mutmaßliches Motto »Staat vor Selbst« umgekehrt wurde, denn Politiker strebten nicht

nur danach, ihr Ansehen zu erhöhen, sondern auch danach, ihre Freunde zu fördern und sich auf Kosten der Öffentlichkeit zu bereichern. Das Volk wurde politikmüde und interessierte sich nicht mehr dafür, wer aus einem Wettstreit siegreich hervorgegangen war, selbst dann, wenn der Betreffende tatsächlich das Wohl der Stadt im Sinn hatte. Statt also erfolgreiche Politiker zu loben, neigte man dazu, sie zu beneiden. Neid wiederum mündete gern in Versuchen, die aufstrebende Politikerkarriere zu torpedieren, wahlweise durch innerparteiliche Opposition oder persönliche Angriffe. Nichts davon diente dem Wohl des Stadtstaates.

In den drei hier vorgestellten Schriften versucht Plutarch vor allem herauszuarbeiten, dass Staatsmänner ihre eigenen Interessen denen des Staates unterzuordnen haben. Er argumentiert sogar, dass das Wohl des Einzelnen und das Wohl des Staates ein und dasselbe seien. Demzufolge erwartet er, dass eine erfolgreiche politische Karriere sich vor allem auf dem Charakter und der persönlichen Integrität eines Individuums begründet. Je besser der Mensch,

umso besser die Führungspersönlichkeit. In *An einen ungebildeten Herrscher* führt er dies auf theoretischer Ebene aus. In den anderen beiden Schriften jedoch stützt Plutarch seine Argumentation auf die gelebten Erfahrungen der großen (und manchmal gescheiterten) Herrscher der Vergangenheit. Seine Essays sind also gewissermaßen als Appell der berühmtesten Politiker und militärischen Anführer der griechisch-römischen Geschichte zu verstehen. Ihm ist jedoch durchaus bewusst, dass die Zeiten sich geändert haben und dass die Herrscher der Vergangenheit große Armeen befehligten und mächtige Städte regierten, während die Anführer seiner Zeit nur in begrenzterem Rahmen agierten: Im Hintergrund lauert stets Rom, sorgt für Frieden und politische Stabilität, ist aber jederzeit bereit, einen übermäßig ehrgeizigen Herrscher, der nach den Sternen greift, zu Fall zu bringen. Deshalb achtet Plutarch darauf, aus seinen Beispielen die Essenz kluger politischer Staatsführung zu destillieren, statt sich nur auf das Lob der Größe zu konzentrieren. So lesen wir beispielsweise, wie Themistokles und Aris-

teides ihre politische Rivalität beilegten, wann immer sie Athen im Ausland repräsentierten; wie Cato der Ältere sein Leben in den Dienst Roms stellte, aber jegliche materiellen Ehrenbezeugungen ablehnte, wie Theopompos, der König von Sparta, einen Teil seiner Macht abgab, um die Monarchie zu stabilisieren, und wie Epameinondas von Theben es für genauso ehrenvoll hielt, die Straßen zu bewachen, wie eine Armee zu führen. Sich auf die Erfahrungen dieser und Dutzender anderer historischer Figuren stützend führt Plutarch Beispiele aus der Vergangenheit an, die nicht für die Zuhörerschaft seiner Zeit, sondern auch für die heutige Zuhörerschaft relevant sind.

Plutarch war auf einzigartige Weise befähigt, derlei theoretische ebenso wie praktische Schriften zu verfassen. Einerseits in Griechenland geboren, andererseits aber auch ein Bürger Roms, lebte er während des ersten und beginnenden zweiten Jahrhunderts der modernen Zeit. Obwohl er in Chaironeia beheimatet war, unternahm er viele Reisen, schloss Freundschaften in der römischen Aristokratie und hatte das

Priesteramt in Delphi inne. Sein umfangreiches Wissen auf den Gebieten der Politik, der Philosophie und Geschichte versetzten ihn in die einzigartige Lage, nicht nur seine eigene Zeit zu beobachten und zu bewerten, also jene Phase, in der das Römische Imperium auf dem Gipfel seiner Macht stand, sondern sich zudem auch Gedanken über die Vergangenheit von Griechen und Römern zu machen. Sein ehrgeizigstes schriftstellerisches Projekt waren die *Parallelbiographien*, ein Werk, in dem das Leben diverser griechischer und römischer Staatsmänner vergleichend gegenübergestellt wird. Außerdem verfasste er eine Vielzahl von Schriften, die unter dem Titel *Moralia* bekannt sind. Hier äußerte er sich zu unterschiedlichsten Themen, wie Politik, Ethik, Philosophie und Religion. Aus dieser Sammlung stammen auch die Aufsätze in dem vorliegenden Bändchen.

Sowohl die *Parallelbiographien* als auch die *Moralia* gehörten mehr als ein Jahrtausend nach Plutarchs Ableben noch zur allgemeinen Lektüre, besonders in den griechischsprachigen Regionen des Byzantinischen Reiches. Im sech-

zehnten Jahrhundert wurden sie zum ersten Mal ins Französische und Englische übersetzt und inspirierten einige politische Denker und Schriftsteller, von denen Shakespeare wohl der berühmteste ist. Im achtzehnten Jahrhundert wurden die *Parallelbiographien* insbesondere wegen ihrer Erkenntnisse im Hinblick auf Staatsführung und Regierung auch von den amerikanischen Gründungsvätern gelesen, die sich womöglich als moderne Griechen und Römer verstanden. Entsprechend betrachteten sie Männer wie Perikles und Cato als inspirierende Vorbilder. Doch seither haben sich die Zeiten erneut geändert, ebenso wie das Profil des modernen Staatsmannes. Obwohl Plutarch grundsätzlich den männlichen Politiker vor Augen hatte, richtet sich sein Fokus auf die allgemeinen Prinzipien der Staatsführung. Deshalb sind seine Schriften für jedermann nützlich, der mit demokratischer Politik zu tun hat, und zwar nicht nur in der eigenen Geburtsstadt, sondern auch auf Staats- und nationaler Ebene.

ANMERKUNGEN ZUR ÜBERSETZUNG UND ZUR GRIECHISCHEN VORLAGE

Plutarch war in griechischer Literatur sehr bewandert, weshalb er bei der Darlegung seiner Gedanken gern auf Zitate aus literarischen Texten zurückgreift. In den hier zusammengestellten Schriften beruft sich Plutarch häufig auf die Worte Homers, Pindars, Sophokles' und Euripides' sowie einiger anderer Schriftsteller. Die spezifischen Textstellen und Bezüge findet der Leser in den Anmerkungen. Zuweilen zitiert er auch aus literarischen Werken, die der Nachwelt verloren gingen, sodass uns die Namen der jeweiligen Autoren ebenso fehlen wie die Titel ihrer Werke. In solchen Fällen kennzeichne ich die Worte oder Phrasen mit Anführungszeichen, ohne jedoch eine Quellenangabe hinzuzufügen.

Außerdem nennt Plutarch zahlreiche historische Gestalten und benutzt Fachbegriffe, wobei er insbesondere auf Ämter im römi-

schen Regierungsapparat eingeht. In manchen Fällen erklären sich die Personen sowie die Bedeutung der Begrifflichkeit aus den Schriften selbst. Zuweilen reicht auch eine kurze Anmerkung. Ansonsten finden sich kurze Biographien oder Definitionen im Anhang.

Wie in der Einleitung bereits erwähnt, heben Plutarchs Schriften die allgemeinen Prinzipien des Herrschens hervor, die sich auf jedermann anwenden lassen. Dennoch ging er stets von männlichen Lesern aus und davon, dass jeder, der in der Politik tätig ist, automatisch ebenfalls männlich sei. An dieser Stelle sei angemerkt, dass männliche Pronomen oder auch der Ausdruck »Politiker« oder »Staatsmann« etc. in unserem Fall nur der Übersetzung geschuldet sind, ansonsten aber von einer unserer Gegenwart angemessenen, genderneutralen Gesamtaussage ausgegangen wird. Dennoch führt er zuweilen Beispiele an, die den modernen Leser als archaisch anmuten werden: So soll der persische König beispielsweise Herr über seine Frau sein. Zudem ist die Führung des Haushalts seiner Ansicht nach Frauensache. Das ist

typisch für Plutarchs Zeit, und ich habe diese Äußerungen bei der Übersetzung stehen lassen.

Der griechische Text, der hier veröffentlicht ist, stammt aus Plutarch, *Moralia Band X* (Harvard University Press, 1936), Loeb Classical Library und enthält nur wenige, geringfügige Veränderungen. Die drei Essays in diesem Bändchen tragen in der Loeb-Ausgabe folgende Titel: *Ad principem ineruditum (An einen ungebildeten Herrscher)*, *Praecepta gerendae reipublicae (Regeln der Staatskunst)* und *An seni respublica gerenda sit? (Soll ein Greis politisch tätig sein?)*.

ÜBER
DIE KUNST,
EIN ANFÜHRER
ZU SEIN

AN EINEN UNGEBILDETEN HERRSCHER

In dieser kurzen Schrift entkräftet Plutarch die Auffassung, dass der Vorzug eines Amtes ausschließlich darin besteht, dass man dadurch Gelegenheit hat, Macht auszuüben. Dies sei die kurzsichtige Haltung ungebildeter Herrscher, denen er Unsicherheit und Angst vor ihren Untertanen attestiert. Gebildete Herrscher hingegen haben Plutarch zufolge vornehmlich das Wohl ihrer Wähler im Sinn, sogar auf Kosten ihrer eigenen Macht oder Sicherheit. Ein Herrscher ist Plutarchs Ansicht nach dann gebildet, wenn er mit philosophischem Gedankengut konfrontiert wird, namentlich dem Gedankengut der Moralphilosophie. Der größte Nutzen daraus ist ihm zufolge die Entwicklung des Logos oder der Vernunft, die wesentlich für die Kontrolle über Emotionen und Impulse ist. Herrscher, die sich von der Vernunft leiten lassen, regieren ihre Städte mit Wohlwollen. Der ungebildete Herr-

scher hingegen wird von Gier, Paranoia und trügerischem Größenwahn geleitet.

Plutarch skizziert in seiner Schrift Gott als das Ideal, mit dem Herrscher sich vergleichen und das sie anstreben sollten. Dieser Gott ist jedoch nicht gleichzusetzen mit einer der Gottheiten der polytheistischen griechischen Religion. Es handelt sich vielmehr um ein philosophisches Konzept, bei dem Plutarch Anleihen bei Platon machte. Seiner Auffassung nach repräsentiert Gott die reine Vernunft und die Perfektion moralischer Tugend. Plutarch vertritt die Vorstellung, dass diese Gottheit im Himmel existiert, und fasst die Sonne als ihre physische Manifestation auf. Und so wie die Sonne am Himmel die Perfektion jener Gottheit versinnbildlicht, so fungiert ein Herrscher, der sich von der Vernunft leiten lässt, für die Bürger seiner Stadt als Paradebeispiel der Tugend, der seine Untertanen überdies zur Tugend bekehrt. Gute politische Herrschaft hängt also nicht davon ab, bestimmte Gesetze oder Regeln zu formulieren und durchzusetzen, sondern auf der moralischen Integrität des Herrschers selbst.

ΠΡΟΣ ἩΓΕΜΟΝΑ ἈΠΑΙΔΕΥΤΟΝ

1. Πλάτωνα Κυρηναῖοι παρεκάλουν νόμους τε γραψάμενον αὐτοῖς ἀπολιπεῖν καὶ διακοσμῆσαι τὴν πολιτείαν, ὁ δὲ παρῃτήσατο φήσας χαλεπὸν εἶναι Κυρηναίοις νομοθετεῖν οὕτως εὐτυχοῦσιν· "οὐδὲν γὰρ οὕτω γαῦρον" καὶ τραχὺ καὶ δύσαρκτον "ὡς ἀνὴρ ἔφυ" εὐπραγίας δοκούσης ἐπιλαμβανόμενος. διὸ τοῖς ἄρχουσι χαλεπόν ἐστι σύμβουλον περὶ ἀρχῆς γενέσθαι· τὸν γὰρ λόγον ὥσπερ ἄρχοντα παραδέξασθαι φοβοῦνται, μὴ τῆς ἐξουσίας αὐτῶν τἀγαθὸν κολούσῃ τῷ καθήκοντι δουλωσάμενος. οὐ γὰρ ἴσασι τὰ Θεοπόμπου τοῦ Σπαρτιατῶν βασιλέως, ὃς πρῶτος ἐν Σπάρτῃ τοῖς βασιλεύουσι καταμίξας τοὺς Ἐφόρους, εἶτ᾽ ὀνειδιζόμενος ὑπὸ τῆς γυναικός, εἰ τοῖς παισὶν ἐλάττονα παραδώσει τὴν ἀρχὴν ἧς παρέλαβε, "μείζονα μὲν οὖν," εἶπεν, "ὅσῳ καὶ βεβαιοτέραν." τὸ γὰρ σφοδρὸν ἀνεὶς καὶ ἄκρατον αὐτῆς ἅμα τῷ φθόνῳ

1. Die Einwohner von Kyrene ersuchten Platon, Gesetze für sie aufzuschreiben und ihre Verfassung neu zu ordnen, er aber lehnte ab mit der Begründung, dass es zu schwer sei, Gesetze für die Kyrener zu erlassen, da es ihnen so gut ging. »Denn nichts ist von Natur aus so hochmütig« und so beschwerlich zu regieren »wie ein Mann«, der sich einen Ruf als Erfolgsmensch erworben hat.[1] Aus dem gleichen Grund fällt es schwer, den Amtsinhabern als Ratgeber in Regierungsgeschäften zu dienen, denn diese haben Angst davor, die Vernunft als ihren eigenen Souverän anzuerkennen, da sie befürchten, sich den Verpflichtungen ihres Amtes ganz und gar unterwerfen zu müssen und somit weniger von ihrer Macht profitieren zu können. Diesen Menschen ist das Beispiel des Theopompos nicht bekannt, des Königs der Spartaner, der als Erster die Ephoren in königliche Angelegenheiten mit einbezog. Als seine Frau ihm vorwarf, dass er dadurch seinen

διέφυγε τὸν κίνδυνον. καίτοι Θεόπομπος μὲν εἰς ἑτέρους τὸ τῆς ἀρχῆς ὥσπερ ῥεύματος μεγάλου παροχετευσάμενος, ὅσον ἄλλοις ἔδωκεν, αὑτοῦ περιέκοψεν· ὁ δ᾽ ἐκ φιλοσοφίας τῷ ἄρχοντι πάρεδρος καὶ φύλαξ ἐγκατοικισθεὶς λόγος, ὥσπερ εὐεξίας τῆς δυνάμεως τὸ ἐπισφαλὲς ἀφαιρῶν, ἀπολείπει τὸ ὑγιαῖνον.

2. Ἀλλὰ νοῦν οὐκ ἔχοντες οἱ πολλοὶ τῶν βασιλέων καὶ ἀρχόντων μιμοῦνται τοὺς ἀτέχνους ἀνδριαντοποιούς, οἳ νομίζουσι μεγάλους καὶ ἁδροὺς φαίνεσθαι τοὺς

Kindern ein Amt hinterlasse, das schwächer sei als das, welches er übernommen habe, antwortete er: »Tatsächlich wird es sogar stärker sein, und zwar in dem Maße, in dem es stabiler ist.« Da er dem übermäßigen und absoluten Charakter seines Amtes entsagte, entging er dem Neid und mied so die Gefahr. Als Theopompos einen Teil der königlichen Befugnisse an die Ephoren übertrug – wie jemand, der die Strömung eines großen Flusses abzulenken versucht –, beraubte er sich selbst tatsächlich jener Macht, die er auf sie übertrug. Die Vernunft, die durch die Philosophie bedingt wird, beseitigt, sobald sie sich als Ratgeber und Beschützer des Regierenden etabliert hat, das unbeständige Element der Macht und lässt nur das Tadellose zurück, genau wie es geschieht, wenn wir beim Erhalt unserer Gesundheit Vernunft walten lassen.

2. Den meisten Königen und Herrschern jedoch fehlt diese Vernunft, und so ahmen sie die ungeschickten Bildhauer nach, die glauben, dass ihre kolossalen Statuen besonders groß-

κολοσσούς, ἂν διαβεβηκότας σφόδρα καὶ διατεταμένους καὶ κεχηνότας πλάσωσι· καὶ γὰρ οὗτοι βαρύτητι φωνῆς καὶ βλέμματος τραχύτητι καὶ δυσκολίᾳ τρόπων καὶ ἀμιξίᾳ διαίτης ὄγκον ἡγεμονίας καὶ σεμνότητα μιμεῖσθαι δοκοῦσιν, οὐδ᾽ ὁτιοῦν τῶν κολοσσικῶν διαφέροντες ἀνδριάντων, οἳ τὴν ἔξωθεν ἡρωικὴν καὶ θεοπρεπῆ μορφὴν ἔχοντες ἐντός εἰσι γῆς μεστοὶ καὶ λίθου καὶ μολίβδου· πλὴν ὅτι τῶν μὲν ἀνδριάντων ταῦτα τὰ βάρη τὴν ὀρθότητα μόνιμον καὶ ἀκλινῆ διαφυλάττει, οἱ δ᾽ ἀπαίδευτοι στρατηγοὶ καὶ ἡγεμόνες ὑπὸ τῆς ἐντὸς ἀγνωμοσύνης πολλάκις σαλεύονται καὶ περιτρέπονται· βάσει γὰρ οὐ κειμένῃ πρὸς ὀρθὰς ἐξουσίαν ἐποικοδομοῦντες ὑψηλὴν συναπονεύουσι. δεῖ δέ, ὥσπερ ὁ κανὼν αὐτός, ἀστραβὴς γενόμενος καὶ ἀδιάστροφος, οὕτως ἀπευθύνει τὰ λοιπὰ τῇ πρὸς αὑτὸν ἐφαρμογῇ καὶ παραθέσει συνεξομοιῶν, παραπλησίως τὸν ἄρχοντα πρῶτον τὴν ἀρχὴν κτησάμενον ἐν ἑαυτῷ καὶ κατευθύναντα τὴν ψυχὴν

artig und stark anmuten, wenn sie ihre Figuren mit gewaltigem Schritt, angespanntem Körper und weit aufgerissenem Mund gestalten. Diese Könige und Herrscher, die mit tiefer Stimme sprechen und deren Blick hart ist, legen ein streitsüchtiges Verhalten an den Tag und halten sich im täglichen Leben zurück. Sie halten ihr Auftreten für würdevoll und dem Ernst ihrer Führungsposition für angemessen. Tatsächlich aber unterscheiden sie sich in nichts von jenen kolossalen Statuen, die äußerlich eine heroische und göttliche Fassade zur Schau stellen, im Innern aber nur voller Erde, Stein und Blei sind.[2] Im Falle der Statuen jedoch sorgt dieses Gewicht für einen aufrechten, stabilen Stand, während ungebildete Generäle und Herrscher dadurch häufig eher stolpern, sodass sie durch die ihnen innewohnende Torheit zu Fall gebracht werden. Denn das Podest, auf dem sie ihre stolze Macht errichten, wurde vorher nicht planiert, sodass die Herrscher nicht aufrecht stehen zu bleiben vermögen. Genau wie das Lineal des Baumeisters von Beginn an gerade und unbeugsam zu sein hat, um im Einsatz

καὶ καταστησάμενον τὸ ἦθος οὕτω συναρμόττειν τὸ ὑπήκοον· οὔτε γὰρ πίπτοντός ἐστιν ὀρθοῦν οὔτε διδάσκειν ἀγνοοῦντος οὔτε κοσμεῖν ἀκοσμοῦντος ἢ τάττειν ἀτακτοῦντος ἢ ἄρχειν μὴ ἀρχομένου· ἀλλ᾽ οἱ πολλοὶ κακῶς φρονοῦντες οἴονται πρῶτον ἐν τῷ ἄρχειν ἀγαθὸν εἶναι τὸ μὴ ἄρχεσθαι, καὶ ὅ γε Περσῶν βασιλεὺς πάντας ἡγεῖτο δούλους πλὴν τῆς αὑτοῦ γυναικός, ἧς μάλιστα δεσπότης ὤφειλεν εἶναι.

3. Τίς οὖν ἄρξει τοῦ ἄρχοντος; ὁ "νόμος ὁ πάντων βασιλεὺς θνατῶν τε καὶ ἀθανάτων," ὡς ἔφη Πίνδαρος, οὐκ ἐν βιβλίοις ἔξω γεγραμμένος οὐδέ

durch Anpassung und Nebeneinanderstellen sämtliche Elemente aneinander auszurichten, genauso müssen Staatsmänner zunächst Herrschaft über sich selbst erlangen, ihre Seelen ins Lot und ihren Charakter ins rechte Maß bringen. Dann erst können sie auch ihre Untertanen sich selbst angleichen. Denn derjenige, der stolpert, kann einen anderen nicht aufrichten, der Unwissende kann nicht lehren, der Unordentliche keine Ordnung schaffen, der Unorganisierte nicht organisieren, der Unbeherrschte nicht herrschen. Doch viele Herrscher missverstehen dies und sind stattdessen der Überzeugung, dass der größte Vorteil des Regierens darin besteht, selbst nicht beherrscht zu werden. Nehmen wir beispielsweise den König der Perser. Er hielt jedermann für seinen Sklaven – außer seine Gemahlin, deren Herr er eigentlich doch insbesondere hätte sein müssen.

3. Wer also beherrscht den Herrscher? »Das Gesetz, das der König von allem ist, sowohl über die Sterblichen als auch über die Unsterblichen«, wie Pindar sagt. Aber ich beziehe mich

τισι ξύλοις, ἀλλ᾽ ἔμψυχος ὢν ἐν αὑτῷ λόγος, ἀεὶ συνοικῶν καὶ παραφυλάττων καὶ μηδέποτε τὴν ψυχὴν ἐῶν ἔρημον ἡγεμονίας. ὁ μὲν γὰρ Περσῶν βασιλεὺς ἕνα τῶν κατευναστῶν εἶχε πρὸς τοῦτο τεταγμένον, ὥσθ᾽ ἕωθεν εἰσιόντα λέγειν πρὸς αὐτὸν "ἀνάστα, ὦ βασιλεῦ, καὶ φρόντιζε πραγμάτων, ὧν σε φροντίζειν ὁ μέγας Ὠρομάσδης ἠθέλησε"· τοῦ δὲ πεπαιδευμένου καὶ σωφρονοῦντος ἄρχοντος ἐντός ἐστιν ὁ τοῦτο φθεγγόμενος ἀεὶ καὶ παρακελευόμενος. Πολέμων γὰρ ἔλεγε τὸν ἔρωτα εἶναι "θεῶν ὑπηρεσίαν εἰς νέων ἐπιμέλειαν καὶ σωτηρίαν"· ἀληθέστερον δ᾽ ἄν τις εἴποι τοὺς ἄρχοντας ὑπηρετεῖν θεῷ πρὸς ἀνθρώπων ἐπιμέλειαν καὶ σωτηρίαν, ὅπως ὧν θεὸς δίδωσιν ἀνθρώποις καλῶν καὶ ἀγαθῶν τὰ μὲν νέμωσι τὰ δὲ φυλάττωσιν.

Ὁρᾷς τὸν ὑψοῦ τόνδ᾽ ἄπειρον αἰθέρα,
καὶ γῆν πέριξ ἔχονθ᾽ ὑγραῖς ἐν
ἀγκάλαις;

nicht auf ein Gesetz, das in Büchern oder auf hölzernen Tafeln niedergeschrieben wurde und nachgelesen werden kann. Vielmehr meine ich die Vernunft, die den Herrschern innewohnt, die ihre Seelen stets begleitet und bewacht und es nie an Richtlinien fehlen lässt. Der persische König nun betraute einem seiner Diener folgende Aufgabe: Er sollte im Morgengrauen in sein Gemach treten und sagen: »Erhebe dich, oh König, und befasse dich mit den Angelegenheiten, die der große Ahura Mazda von dir verlangt.«[3] Der gebildete Herrscher jedoch, der sich selbst unter Kontrolle hat, bedarf einer solchen äußeren Stimme nicht. Sie ist stets in ihm selbst präsent, äußert ihre Meinung und ermahnt ihn. Polemon pflegte zu sagen, erotische Liebe sei »ein Dienst der Götter zur Pflege und zum Wohle der jungen Menschen«. Treffender ist womöglich die Aussage, dass jene, die herrschen, Gott dienen, und zwar zur Pflege und zum Wohle ihrer Mitmenschen und mit dem Ziel, einige der noblen und guten Gaben, die die göttliche Macht uns gewährt, zu schmälern und den Rest zu erhalten.

ὁ μὲν καθίησιν ἀρχὰς σπερμάτων προσηκόντων γῆ δ᾽ ἀναδίδωσιν, αὔξεται δὲ τὰ μὲν ὄμβροις τὰ δ᾽ ἀνέμοις τὰ δ᾽ ἄστροις ἐπιθαλπόμενα καὶ σελήνῃ, κοσμεῖ δ᾽ ἥλιος ἅπαντα καὶ πᾶσι τοῦτο δὴ τὸ παρ᾽ αὑτοῦ φίλτρον ἐγκεράννυσιν. ἀλλὰ τῶν τοιούτων καὶ τηλικούτων ἃ θεοὶ χαρίζονται δώρων καὶ ἀγαθῶν οὐκ ἔστιν ἀπόλαυσις οὐδὲ χρῆσις ὀρθὴ δίχα νόμου καὶ δίκης καὶ ἄρχοντος. δίκη μὲν οὖν νόμου τέλος ἐστί, νόμος δ᾽ ἄρχοντος ἔργον, ἄρχων δ᾽ εἰκὼν θεοῦ τοῦ πάντα κοσμοῦντος, οὐ Φειδίου δεόμενος πλάττοντος οὐδὲ Πολυκλείτου καὶ Μύρωνος, ἀλλ᾽ αὐτὸς αὑτὸν εἰς ὁμοιότητα θεῷ δι᾽ ἀρετῆς καθιστὰς καὶ δημιουργῶν ἀγαλμάτων τὸ ἥδιστον ὀφθῆναι καὶ θεοπρεπέστατον. Οἷον δ᾽ ἥλιον ἐν οὐρανῷ περικαλλὲς εἴδωλον ἑαυτοῦ καὶ σελήνην ὁ θεὸς ἐνίδρυσε, τοιοῦτον ἐν πόλεσι μίμημα καὶ φέγγος ἄρχων "ὅστε θεουδὴς εὐδικίας ἀνέχῃσι," τουτέστι θεοῦ λόγον ἔχων, διάνοιαν, οὐ σκῆπτρον οὐδὲ κεραυνὸν οὐδὲ τρίαιναν, ὡς ἔνιοι πλάττουσιν ἑαυτοὺς καὶ γράφουσι

»Siehst du diesen endlosen Himmel, der sich hoch über uns wölbt und die Erde in seine sanfte Umarmung nimmt?«[4] Der Himmel schenkt uns die Anfänge der notwendigen Samen, während die Erde sie aufnimmt. Einige wachsen durch den Regen, andere durch den Wind und wieder andere, wenn ihre Oberfläche von den Sternen und dem Mond gewärmt werden; die Sonne regelt wiederum alles und übt ihren eigenen Zauber auf alles aus, was wächst. Aber die guten Gaben, die die Götter uns gewähren – Gaben so großartig und vielfältig –, können wir nicht genießen oder angemessen nutzen ohne Gesetz und Rechtsprechung und Herrscher. Gerechte Rechtsprechung ist in der Tat das Ziel des Gesetzes, und das Gesetz ist das Werk des Herrschers, und der Herrscher ist das Abbild Gottes, der allem seine Ordnung verleiht. Wahre Herrscher benötigen keinen Phidias, um sie zu gestalten, keinen Polyklet und keinen Myron, denn kraft ihrer Tugend verwandeln sie sich aus eigener Kraft in ein Abbild Gottes und schaffen auf diese Weise in natura eine Statue, deren Anblick ein wahrer

τῷ ἀνεφίκτῳ ποιοῦντες ἐπίφθονον τὸ ἀνόητον· νεμεσᾷ γὰρ ὁ θεὸς τοῖς ἀπομιμουμένοις βροντὰς καὶ κεραυνοὺς καὶ ἀκτινοβολίας, τοὺς δὲ τὴν ἀρετὴν ζηλοῦντας αὐτοῦ καὶ πρὸς τὸ καλὸν καὶ φιλάνθρωπον ἀφομοιοῦντας ἑαυτοὺς ἡδόμενος αὔξει καὶ μεταδίδωσι τῆς περὶ αὐτὸν εὐνομίας καὶ δίκης καὶ ἀληθείας καὶ πραότητος· ὧν θειότερον οὐ πῦρ ἐστιν οὐ φῶς οὐχ ἡλίου δρόμος οὐκ ἀνατολαὶ καὶ δύσεις ἄστρων οὐ τὸ ἀίδιον καὶ ἀθάνατον. οὐ γὰρ χρόνῳ ζωῆς ὁ θεὸς εὐδαίμων ἀλλὰ τῆς ἀρετῆς τῷ ἄρχοντι· τοῦτο γὰρ θεῖόν ἐστι, καλὸν δ᾿ αὐτῆς καὶ τὸ ἀρχόμενον.

Genuss ist und die die größtmögliche Ähnlichkeit mit einem Gott hat.[5]

Wie also Gott die Sonne als herrliches Abbild seiner selbst an den Himmel gesetzt hat, und ebenso den Mond, so existiert auch in den Städten eine naturgetreue Nachbildung Gottes und ein Quell des Lichts: jener Herrscher nämlich, »der gottesfürchtig ist und Gerechtigkeit übt«[6]. Das bedeutet: jener Herrscher, der den Verstand und den Intellekt eines Gottes besitzt, allerdings keines Gottes, der ein Zepter, einen Blitz oder Dreizack trägt, wie manche sich auf Bildern oder in Schriften darstellen lassen und ihre Torheit widerwärtig machen, indem sie etwas hinzufügen, das in Wirklichkeit unerreichbar ist. Denn Gott grollt jenen, die den Donner und Blitz imitieren und Licht erstrahlen lassen, aber er freut sich über jene, die eifrig seiner Tugend folgen und nach wahrer Schönheit und Güte streben. Ihnen verleiht er Kraft, und ihnen gibt er einen Teil seiner Ordnung, Gerechtigkeit, Wahrheit und Milde. Feuer ist nicht göttlicher als sie es sind, genauso wenig wie das Licht, der Lauf der Sonne, das Auf- und

4. Ἀνάξαρχος μὲν οὖν ἐπὶ τῷ Κλείτου φόνῳ δεινοπαθοῦντα παραμυθούμενος Ἀλέξανδρον ἔφη καὶ τῷ Διὶ τὴν Δίκην εἶναι καὶ τὴν Θέμιν παρέδρους, ἵνα πᾶν πραττόμενον ὑπὸ βασιλέως θεμιτὸν δοκῇ καὶ δίκαιον, οὐκ ὀρθῶς οὐδ᾽ ὠφελίμως τὴν ἐφ᾽ οἷς ἥμαρτε μετάνοιαν αὐτοῦ τῷ πρὸς τὰ ὅμοια θαρρύνειν ἰώμενος. εἰ δὲ δεῖ ταῦτ᾽ εἰκάζειν, ὁ μὲν Ζεὺς οὐκ ἔχει τὴν Δίκην πάρεδρον, ἀλλ᾽ αὐτὸς Δίκη καὶ Θέμις ἐστὶ καὶ νόμων ὁ πρεσβύτατος καὶ τελειότατος. οἱ δὲ παλαιοὶ οὕτω λέγουσι καὶ γράφουσι καὶ διδάσκουσιν, ὡς ἄνευ Δίκης ἄρχειν μηδὲ τοῦ Διὸς καλῶς δυναμένου· "ἡ δέ γε παρθένος ἐστὶ" καθ᾽ Ἡσίοδον ἀδιάφθορος, αἰδοῦς καὶ σωφροσύνης καὶ ὠφελείας σύνοικος· ὅθεν "αἰδοίους" προσαγορεύουσι

Untergehen der Sterne oder Ewigkeit und Unsterblichkeit. Denn Gottes Glück liegt nicht in seinem ewigen Leben, sondern darin, dass er von Tugend beherrscht wird. Dies ist das wahrhaft Göttliche und Erhabene, die Fähigkeit seiner Tugend, sich beherrschen zu lassen.

4. Als Anaxarch Alexander den Großen tröstete, der niedergeschlagen über seinen Mord an Kleitos[7] war, sagte er, dass Gerechtigkeit und Recht die Diener des Zeus seien, sodass sämtliche Taten eines Königs per definitionem rechtmäßig und gerecht seien.[8] In seinem Versuch, Alexanders Reue über seine Untat zu lindern, ermutigte er eine ähnliche Handlungsweise in der Zukunft. Dies war falsch und schädlich. Denn wenn wir schon ein Bild für diese Situation finden müssen, dürfen wir die Gerechtigkeit keinesfalls als Dienerin des Zeus bezeichnen. Vielmehr sollten wir sagen, dass Zeus selbst Gerechtigkeit und Recht ist und dass er das älteste und vollkommenste aller Gesetze ist. Die alten Schriftsteller und Lehrer berichten jedoch, dass selbst Zeus nicht in der

τοὺς βασιλεῖς· μάλιστα γὰρ αἰδεῖσθαι προσήκει τοῖς ἥκιστα φοβουμένοις. φοβεῖσθαι δὲ δεῖ τὸν ἄρχοντα τοῦ παθεῖν κακῶς μᾶλλον τὸ ποιῆσαι· τοῦτο γὰρ αἴτιόν ἐστιν ἐκείνου καὶ οὗτός ἐστιν ὁ φόβος τοῦ ἄρχοντος φιλάνθρωπος καὶ οὐκ ἀγεννής, ὑπὲρ τῶν ἀρχομένων δεδιέναι μὴ λάθωσι βλαβέντες,

> ὡς δὲ κύνες περὶ μῆλα δυσωρήσονται ἐν αὐλῇ,
> θηρὸς ἀκούσαντες κρατερόφρονος,

οὐχ ὑπὲρ αὑτῶν ἀλλ᾽ ὑπὲρ τῶν φυλαττομένων. Ὁ δ᾽ Ἐπαμεινώνδας, εἰς ἑορτήν τινα καὶ πότον ἀνειμένως τῶν Θηβαίων ῥυέντων, μόνος ἐφώδευε τὰ ὅπλα καὶ τὰ τείχη, νήφειν λέγων καὶ ἀγρυπνεῖν ὡς ἂν ἐξῇ τοῖς ἄλλοις μεθύειν καὶ καθεύδειν. καὶ Κάτων ἐν Ἰτύκῃ τοὺς ἄλλους ἅπαντας ἀπὸ τῆς ἥττης ἐκήρυττε πέμπειν ἐπὶ θάλατταν· καὶ ἐμβιβάσας, εὔπλοιαν εὐξάμενος ὑπὲρ αὐτῶν, εἰς οἶκον ἐπανελθὼν ἑαυτὸν ἀπέσφαξε·

Lage ist, abseits der Gerechtigkeit mit Edelmut zu herrschen. »Sie ist eine Jungfrau«, schreibt Hesiod[9], rein, die Gefährtin der Ehrfurcht, der Selbstbeherrschung und des Nutzens. Aus diesem Grund bezeichnet man Könige als »ehrwürdig«, denn es ist angemessen, dass jene, die am wenigsten furchtsam sind, am meisten verehrt werden. Herrscher müssen jedoch mehr Angst davor haben, Schaden zu verursachen, als selbst Schaden zu nehmen. Das ist der Grund, warum man sie verehrt. Dies ist die gütige und edle Art der Angst, die Herrschern zu eigen ist: sich um derentwillen zu fürchten, die sie regieren, und deshalb wachsam zu bleiben und Schaden von ihren Untertanen fernzuhalten, »wie Hunde, die unermüdlich über die Herden im Gehege wachen. Wenn sie ein unerschrockenes, wildes Tier gehört haben«[10], handeln sie nicht im eigenen Interesse, sondern im Sinne derer, die sie beschützen.

Nehmen wir beispielsweise Epameinondas. Als seine thebischen Mitbürger sich einem Trinkgelage hingaben, hielt er ganz allein Wache über die Waffen der Stadt und

διδάξας ὑπὲρ τίνων δεῖ τὸν ἄρχοντα τῷ φόβῳ χρῆσθαι καὶ τίνων δεῖ τὸν ἄρχοντα καταφρονεῖν. Κλέαρχος δ᾽ ὁ Ποντικὸς τύραννος εἰς κιβωτὸν ἐνδυόμενος ὥσπερ ὄφις ἐκάθευδε. καὶ Ἀριστόδημος ὁ Ἀργεῖος εἰς ὑπερῷον οἴκημα θύραν ἔχον ἐπιρρακτήν, ἧς ἐπάνω τιθεὶς τὸ κλινίδιον ἐκάθευδε μετὰ τῆς ἑταίρας· ἡ δὲ μήτηρ ἐκείνης ὑφεῖλκε κάτωθεν τὸ κλιμάκιον, εἶθ᾽ ἡμέρας πάλιν προσετίθει φέρουσα. πῶς οὗτος, οἴεσθε, τὸ θέατρον ἐπεφρίκει καὶ τὸ ἀρχεῖον, τὸ βουλευτήριον, τὸ συμπόσιον, ὁ τὸν θάλαμον ἑαυτῷ δεσμωτήριον πεποιηκώς; τῷ γὰρ ὄντι δεδίασιν οἱ βασιλεῖς ὑπὲρ τῶν ἀρχομένων, οἱ δὲ τύραννοι τοὺς ἀρχομένους· διὸ τῇ δυνάμει τὸ δέος συναύξουσι· πλειόνων γὰρ ἄρχοντες πλείονας φοβοῦνται.

die Stadtmauern und sagte, indem er nüchtern und wach bliebe, verschaffe er den anderen die Freiheit, sich zu betrinken und zu schlafen.

Man denke ebenso an Cato den Jüngeren in Utica. Nach der Niederlage in der Schlacht befahl er, jedermann zur Küste zu bringen. Nachdem sich alle eingeschifft hatten und er für eine gute Überfahrt gebetet hatte, kehrte er in sein Quartier zurück und nahm sich das Leben. Auf diese Weise lehrte er uns, um wen sich ein Herrscher ängstigen sollte und was ein Herrscher verachten sollte.[11] Klearchos, der Tyrann von Herakleia Pontike hingegen pflegte sich wie eine Schlange in einer Kiste zusammenzurollen, wenn er schlafen ging. Und Aristodemos von Argos pflegte durch eine Falltür in einen Raum im zweiten Stockwerk hinaufzusteigen. Nachdem er sein Bett auf die Tür geschoben hatte, nächtigte er dort mit seiner Geliebten, während die Mutter der Frau unten die Leiter wegzog, um sie am Morgen wieder dorthin zu stellen.[12] Was glaubt ihr, wie sehr wohl das Theater, das Rathaus, der Rathaussaal und die Trinkgelage diesen Mann in Angst

5. Οὐ γὰρ εἰκὸς οὐδὲ πρέπον, ὥσπερ ἔνιοι φιλόσοφοι λέγουσι, τὸν θεὸν ἐν ὕλῃ πάντα πασχούσῃ καὶ πράγμασι μυρίας δεχομένοις ἀνάγκας καὶ τύχας καὶ μεταβολὰς ὑπάρχειν ἀναμεμιγμένον· ἀλλ᾽ ὁ μὲν ἄνω που περὶ τὴν ἀεὶ κατὰ ταὐτὰ ὡσαύτως φύσιν ἔχουσαν ἱδρυμένος ἐν βάθροις ἁγίοις ᾗ φησι Πλάτων, εὐθείᾳ περαίνει κατὰ φύσιν περιπορευόμενος· οἷον δ᾽ ἥλιος ἐν οὐρανῷ μίμημα τὸ περικαλλὲς αὑτοῦ δι᾽ ἐσόπτρου εἴδωλον ἀναφαίνεται τοῖς ἐκεῖνον ἐνορᾶν δι᾽ αὑτοῦ δυνατοῖς, οὕτω τὸ ἐν πόλεσι φέγγος εὐδικίας καὶ λόγου τοῦ περὶ αὑτὸν ὥσπερ εἰκόνα κατέστησεν, ἣν οἱ

und Schrecken versetzten, wenn er schon sein eigenes Schlafgemach in ein persönliches Gefängnis verwandelt hatte? Wahre Könige haben Angst *um* ihre Untertanen, während Tyrannen Angst *vor* ihnen haben.[13] Und so steigern Tyrannen ihre Angst proportional zu ihrer Macht: Je mehr Menschen sie beherrschen, umso mehr Menschen fürchten sie.

5. Es ist in der Tat weder wahrscheinlich noch angemessen, wie manche Philosophen behaupten, dass Gott in vollkommen unbeweglicher Materie existiert oder Substanzen innewohnt, die zahllosen Zwängen sowie Veränderungen des Schicksals oder Schwankungen unterliegen. Stattdessen steht Gott hoch droben, irgendwo nahe jener Natur, die auf immer und ewig dieselbe bleibt, auf einem heiligen Podest, wie Platon es formuliert.[14] Und »auf geradem Wege dahinschreitend, im Einklang mit der Natur, gelangt er zum Ziel«[15]. Genau wie die Sonne am Himmel einfach als wunderschönes Faksimile und Spiegelbild Gottes für diejenigen erscheint, die in der

μακάριοι καὶ σώφρονες ἐκ φιλοσοφίας ἀπογράφονται πρὸς τὸ κάλλιστον τῶν πραγμάτων πλάττοντες ἑαυτούς. ταύτην δ᾽ οὐδὲν ἐμποιεῖ τὴν διάθεσιν ἢ λόγος ἐκ φιλοσοφίας παραγενόμενος· ἵνα μὴ πάσχωμεν τὸ τοῦ Ἀλεξάνδρου, ὃς ἐν Κορίνθῳ Διογένην θεασάμενος καὶ δι᾽ εὐφυΐαν ἀγαπήσας καὶ θαυμάσας τὸ φρόνημα καὶ τὸ μέγεθος τοῦ ἀνδρὸς εἶπεν, "εἰ μὴ Ἀλέξανδρος ἤμην, Διογένης ἂν ἤμην"· ὀλίγου δέων εἰπεῖν, τὴν περὶ αὑτὸν εὐτυχίαν καὶ λαμπρότητα καὶ δύναμιν ὡς κώλυσιν ἀρετῆς καὶ ἀσχολίαν βαρυνόμενος καὶ ζηλοτυπῶν τὸν τρίβωνα καὶ τὴν πήραν, ὅτι τούτοις ἦν ἀνίκητος καὶ ἀνάλωτος Διογένης, οὐχ ὡς ἐκεῖνος ὅπλοις καὶ ἵπποις καὶ σαρίσσαις. ἐξῆν οὖν φιλοσοφοῦντα καὶ τῇ διαθέσει γίγνεσθαι Διογένην καὶ τῇ τύχῃ μένειν Ἀλέξανδρον, καὶ διὰ τοῦτο γενέσθαι Διογένην μᾶλλον, ὅτι ἦν Ἀλέξανδρος, ὡς πρὸς τύχην μεγάλην πολὺ πνεῦμα καὶ σάλον ἔχουσαν ἕρματος πολλοῦ καὶ κυβερνήτου μεγάλου δεόμενον.

Lage sind, ihn darin zu erkennen, so hat Gott in Städten das Licht der Rechtschaffenheit und seiner eigenen Vernunft geschaffen. Dieses Licht fungiert als Bild, das jene, die gesegnet sind und über Selbstbeherrschung verfügen, in sich selbst vermittels der Philosophie zu reproduzieren versuchen, indem sie sich selbst immer mehr nach dem absoluten Maßstab des Guten formen.[16] Nichts anderes als die Vernunft, die durch die Philosophie entwickelt wurde, schafft Charakter in einem Menschen. Wenn wir das verstehen, können wir einen Fehler, wie Alexander ihn machte, vermeiden. Denn als er Diogenes in Korinth sah, bewunderte er ihn wegen seiner naturgegebenen Fähigkeiten und staunte über seinen Intellekt und seine geistige Größe. Dann erklärte er: »Wäre ich nicht Alexander, so wäre ich Diogenes.« Mit diesen Worten bestätigte er im Grunde, dass er von seinem eigenen Glück, seinem Ruhm und seiner Macht niedergedrückt wurde, die seiner Tugend hinderlich waren und ihm keine Zeit für irgendetwas anderes ließen. Des Weiteren erklärte er, dass er den Philosophen

6. Ἐν μὲν γὰρ τοῖς ἀσθενέσι καὶ ταπεινοῖς καὶ ἰδιώταις τῷ ἀδυνάτῳ μιγνύμενον τὸ ἀνόητον εἰς τὸ ἀναμάρτητον τελευτᾷ, ὥσπερ ἐν ὀνείρασι φαύλοις τις ἀνία τὴν ψυχὴν διαταράττει συνεξαναστῆναι ταῖς ἐπιθυμίαις μὴ δυναμένην· ἡ δ᾽ ἐξουσία παραλαβοῦσα τὴν κακίαν νεῦρα τοῖς πάθεσι προστίθησι· καὶ τὸ τοῦ Διονυσίου

um seinen zerlumpten Mantel und die Ledertasche beneidete, denn Diogenes wurde von ihnen weder besiegt noch gefangen gehalten, während er selbst von Rüstung, Pferden und Speeren gezügelt werde.[17] Aber in der Tat wäre es ihm durchaus möglich gewesen, sich der Philosophie zu verschreiben, auf diese Weise charakterlich zu Diogenes zu werden und gleichzeitig den Erfolg des Alexander beizubehalten. Denn weil er Alexander war, hatte er umso mehr Grund, Diogenes zu werden. Im Hinblick auf seinen großen Erfolg, der wie ein Schiff dem Sturm und der rauen See ausgesetzt war, bedurfte er des schweren Ballasts und eines tapferen Lotsen.

6. Da bei Privatleuten, die schwach und unbedeutend sind, mangelnde Intelligenz sich mit fehlender Macht paart, entsteht keinerlei Schaden – ähnlich wie bei Albträumen, durch die die Seele durch ein Gefühl der Trauer heimgesucht wird, die Seele jedoch, obwohl sie willens ist, nicht darauf zu reagieren vermag. Wenn sich aber politische Macht mit Ver-

ἀληθές ἐστιν· ἔφη γὰρ ἀπολαύειν μάλιστα τῆς ἀρχῆς, ὅταν ταχέως ἃ βούλεται ποιῇ. μέγας οὖν ὁ κίνδυνος βούλεσθαι ἃ μὴ δεῖ τὸν ἃ βούλεται ποιεῖν δυνάμενον· "αὐτίκ᾽ ἔπειτά γε μῦθος ἔην, τετέλεστο δὲ ἔργον." ὀξὺν ἡ κακία διὰ τῆς ἐξουσίας δρόμον ἔχουσα πᾶν πάθος ἐξωθεῖ, ποιοῦσα τὴν ὀργὴν φόνον τὸν ἔρωτα μοιχείαν τὴν πλεονεξίαν δήμευσιν. "αὐτίκ᾽ ἔπειθ᾽ ἅμα μῦθος ἔην," καὶ ἀπόλωλεν ὁ προσκρούσας· ὑπόνοια, καὶ τέθνηκεν ὁ διαβληθείς. ἀλλ᾽ ὥσπερ οἱ φυσικοὶ λέγουσι τὴν ἀστραπὴν τῆς βροντῆς ὑστέραν μὲν ἐκπίπτειν ὡς αἷμα τραύματος, προτέραν δὲ φαίνεσθαι, τὸν μὲν ψόφον ἐκδεχομένης τῆς ἀκοῆς τῷ δὲ φωτὶ τῆς ὄψεως ἀπαντώσης· οὕτως ἐν ταῖς ἀρχαῖς φθάνουσιν αἱ κολάσεις τὰς κατηγορίας καὶ προεκπίπτουσιν αἱ καταδίκαι τῶν ἀποδείξεων.

εἴκει γὰρ ἤδη θυμὸς οὐδ᾽ ἔτ᾽ ἀντέχει,
θινῶδες ὡς ἄγκιστρον ἀγκύρας σάλῳ,

dorbenheit paart, so verleiht dies den Emotionen physische Kraft. So erweist sich die Äußerung des Dionysios als zutreffend, der erklärte, sein Dasein als Tyrann am meisten genossen zu haben, wann immer er seine Wünsche schnell erfüllt sah. Es liegt große Gefahr darin, wenn Menschen, die die Macht haben, ihre Wünsche zu verwirklichen, sich Unanständiges wünschen. »Und kaum war das Wort gesprochen, wurde die Tat ausgeführt.«[18] Verderbtheit in Kombination mit politischer Macht verleiht einer jeglichen Emotion in Windeseile Ausdruck: Sie verwandelt Wut in Mord, Liebe in Ehebruch, und Gier führt zur Konfiszierung von Eigentum.[19] »Kaum war das Wort gesprochen«, wurde der Übeltäter dem Tod überantwortet. Kaum wurde der Verdacht erhoben, wurde der Verleumdete getötet. Wissenschaftler erklären uns, dass der Blitz dem Donner folgt, genau wie unweigerlich Blut fließt, nachdem man verwundet wurde. Trotzdem nehmen wir den Blitz zuerst wahr, denn unser Gehör wartet untätig auf Klänge, während unser Gesichtssinn dem Licht aktiv begegnet.[20] Genauso trägt es

ἂν μὴ βάρος ἔχων ὁ λογισμὸς ἐπιθλίβῃ καὶ πιέζῃ τὴν ἐξουσίαν, μιμουμένου τὸν ἥλιον τοῦ ἄρχοντος, ὃς ὅταν ὕψωμα λάβῃ μέγιστον, ἐξαρθεὶς ἐν τοῖς βορείοις, ἐλάχιστα κινεῖται, τῷ σχολαιοτέρῳ τὸν δρόμον εἰς ἀσφαλὲς καθιστάμενος.

7. Οὐδὲ γὰρ λαθεῖν οἷόν τε τὰς κακίας ἐν ταῖς ἐξουσίαις· ἀλλὰ τοὺς μὲν ἐπιληπτικούς, ἂν ἐν ὕψει τινὶ γένωνται καὶ περιενεχθῶσιν, ἴλιγγος ἴσχει καὶ σάλος, ἐξελέγχων τὸ πάθος αὐτῶν, τοὺς δ᾽ ἀπαιδεύτους καὶ ἀμαθεῖς ἡ τύχη μικρὸν ἐκκουφίσασα πλούτοις τισὶν ἢ δόξαις ἢ ἀρχαῖς μετεώρους γενομένους εὐθὺς ἐπιδείκνυσι πίπτοντας· μᾶλλον δ᾽, ὥσπερ

sich in der Sphäre der Regierungsgeschäfte zu. Bestrafungen finden womöglich vor der offiziellen Anklage statt, und Schuldsprüche gehen der Beweisaufnahme voraus. »Denn der Geist gibt bereits nach und hält nicht mehr aus, genau wie der Haken des Ankers, der sich im Sand vergraben hat, nachgibt, wenn die See allzu rau wird«, es sei denn, gewichtige Vernunft gebietet der Macht Einhalt. Denn dann imitiert ein Herrscher die Sonne, die sich am wenigsten bewegt, wenn sie am höchsten steht, nachdem sie hoch in den nördlichen Himmel hinaufgestiegen ist, und die, indem sie sich Zeit lässt, ihren Pfad noch sicherer macht.

7. Natürlich ist es unmöglich, dass Laster bei Menschen in mächtigen Positionen unbemerkt bleiben. Epileptiker fangen an, sich im Kreis zu drehen und vor und zurück zu schaukeln, wenn sie sich auf Anhöhen umherbewegen. Höhe und Bewegung machen ihre Krankheit also augenfälliger. Genauso geht es ungebildeten und ungelehrten Menschen. Hat das Schicksal ihnen eine gewisse heraus-

τῶν κενῶν ἀγγείων οὐκ ἂν διαγνοίης τὸ ἀκέραιον καὶ πεπονηκός, ἀλλ᾽ ὅταν ἐγχέῃς, φαίνεται τὸ ῥέον· οὕτως αἱ σαθραὶ ψυχαὶ τὰς ἐξουσίας μὴ στέγουσαι ῥέουσιν ἔξω ταῖς ἐπιθυμίαις, ταῖς ὀργαῖς, ταῖς ἀλαζονείαις, ταῖς ἀπειροκαλίαις. καίτοι τί δεῖ ταῦτα λέγειν, ὅπου καὶ τὰ σμικρότατα τῶν ἐλλειμμάτων περὶ τοὺς ἐπιφανεῖς καὶ ἐνδόξους συκοφαντεῖται; Κίμωνος ἦν ὁ οἶνος διαβολή, Σκιπίωνος ὁ ὕπνος, Λεύκολλος ἐπὶ τῷ δειπνεῖν πολυτελέστερον ἤκουε κακῶς.

ragende Position beschert – sei es durch Wohlstand oder Ruhm oder ein politisches Amt –, so beleuchtet es ihren anschließenden Sturz nur umso heftiger. Oder um es anders zu formulieren: Wenn Krüge leer sind, kann man nicht unterscheiden zwischen denen, die intakt, und denen, die beschädigt sind. Füllt man sie aber, werden die Lecks sichtbar. Genauso können schadhafte Seelen keine politische Macht ausüben, denn aus ihnen rinnt das Verlangen, der Zorn, die Prahlerei und Vulgarität. Aber warum muss ich mich weiter über dieses Thema auslassen, wenn wir doch wissen, dass Menschen sogar den kleinsten Fehler bei herausragenden und berühmten Anführern kritisieren? Kimon beispielsweise wurde wegen seiner Liebe zum Wein verunglimpft, und Scipio[21] wegen seiner Schlafgewohnheiten, während Lucullus wegen seiner üppigen Mahlzeiten kritisiert wurde.

REGELN DER STAATSKUNST

Die hier dargelegten Prinzipien richteten sich an Menemachos, einen jungen Mann aus Sardes in Kleinasien (der heutigen Türkei), der gerade am Anfang seiner politischen Karriere stand. Wie wir sowohl in dieser Schrift als auch in *Soll ein Greis politisch tätig sein?* lesen, war Plutarch fest davon überzeugt, dass die beste Methode zur politischen Bildung darin bestand, unter einem erfahrenen Herrscher zu dienen, der bereit war, Anfänger anzuleiten und ihr Selbstvertrauen zu stärken, sie aber gleichzeitig vor der harten Realität schützte, bis sie auf eigenen Füßen stehen konnten. Menemachos fehlte jedoch die Zeit für ein derartiges Training on the Job, und so erklärte Plutarch sich bereit, diesen Essay als Lehrbuch für politische Herrschaft zu verfassen. Als Ersatz für die Beobachtung tatsächlicher Herrscher in Aktion bedient sich Plutarch hier diverser Beispiele, sowohl positiver als auch negativer

Natur, die allesamt aus der griechischen und römischen Geschichte stammen, einer Zeit, in der griechische Städte unabhängige Staaten waren und die Römische Republik noch kein Imperium war. Indem er allgemeine Prinzipien herausarbeitet, versucht Plutarch jedoch, die Erfahrungen von Herrschern der Vergangenheit für die Politiker seiner Gegenwart nutzbar zu machen. Zu den Themen, mit denen er sich befasst, gehören persönliche Integrität, die Bedeutung von Freundschaften, wie man seine Mitbürger am besten überzeugt, wie man es vermeidet, seine Vorgesetzten zu provozieren, und die Gefahren umschifft, die mit Rivalität und Neid einhergehen. Die übergreifende Lektion aus dieser Schrift lautet, dass erfolgreiche Handhabung öffentlicher Angelegenheiten auf dem Respekt vor staatlichen Institutionen beruht, auf der Kooperation der Politiker untereinander sowie der Bereitschaft, den eigenen Ehrgeiz dem Wohle des Staates unterzuordnen.

Plutarch hatte viel zu sagen und zahlreiche Beispiele, aus denen er auswählen konnte. Ich habe hier ein paar Auszüge aus der Gesamt-

schrift gewählt, die in Verbindung zu Themen anderer Aufsätze seiner Sammlung stehen und die auch im politischen Leben einer modernen Demokratie oder Organisation von größter Bedeutung sind. Die verschiedenen Themen habe ich durch separate Überschriften kenntlich gemacht, um dem Leser die Orientierung zu erleichtern. Diese Überschriften existieren im griechischen Originaltext so nicht.

***

ΠΟΛΙΤΙΚΑ ΠΑΡΑΓΓΕΛΜΑΤΑ

Εἰ πρὸς ἄλλο τι χρήσασθαι καλῶς ἐστιν ἔχον, ὦ Μενέμαχε, τῷ

> οὔτις τοι τὸν μῦθον ὀνόσσεται ὅσσοι Ἀχαιοί,
> οὐδὲ πάλιν ἐρέει· ἀτὰρ οὐ τέλος ἵκεο μύθων,

καὶ πρὸς τοὺς προτρεπομένους τῶν φιλοσόφων διδάσκοντας δὲ μηδὲν μηδ' ὑποτιθεμένους· ὅμοιοι γάρ εἰσι τοῖς τοὺς λύχνους προμύττουσιν ἔλαιον δὲ μὴ ἐγχέουσιν. ὁρῶν οὖν σε παρωρμημένον ἀξίως τῆς εὐγενείας ἐν τῇ πατρίδι "μύθων τε ῥητῆρ' ἔμεναι πρηκτῆρά τε ἔργων," ἐπειδὴ χρόνον οὐκ ἔχεις ἀνδρὸς φιλοσόφου βίον ὕπαιθρον ἐν πράξεσι πολιτικαῖς καὶ δημοσίοις ἀγῶσι κατανοῆσαι καὶ γενέσθαι παραδειγμάτων ἔργῳ μὴ λόγῳ περαινομένων θεατής, ἀξιοῖς δὲ παραγγέλματα λαβεῖν πολιτικά, τὴν μὲν

Folgende Verse zu zitieren, Menemachos, erweist sich in jeglicher Situation als angemessen: »Kein Achäer wird dich wegen deiner Rede tadeln oder dir widersprechen. Allerdings hast du nicht das letzte Wort.«[22] Und gerade dann sollten wir uns auf sie besinnen, wenn Philosophen, die uns beeinflussen wollen, uns weder etwas beibringen noch irgendetwas erklären. Denn sie sind wie Menschen, die ihre Lampen polieren, jedoch kein Öl hineinfügen. Ich erkenne, dass du ganz gemäß deiner edlen Abstammung den Drang in dir verspürst, in deiner Geburtsstadt »ein Herr der Worte und Taten zu sein«.[23] Da du weder Zeit hast, das Leben des Philosophen im politischen Wirken und öffentlichem Disput zu erlernen, noch Gelegenheit, Beispiele der Tat und des Wortes zunächst nur zu beobachten, mich aber nun um politischen Rat fragst, kann ich wohl kaum guten Gewissens ablehnen. Ich bete also darum, dass meine Bemühungen sowohl dei-

ἄρνησιν οὐδαμῶς ἐμαυτῷ προσήκουσαν εἶναι νομίζω, τὸ δ᾽ ἔργον εὔχομαι καὶ τῆς σῆς ἄξιον σπουδῆς καὶ τῆς ἐμῆς προθυμίας γενέσθαι· τοῖς δὲ παραδείγμασι ποικιλωτέροις, ὥσπερ ἠξίωσας, ἐχρησάμην.

Πρῶτον μὲν οὖν ὑποκείσθω πολιτείᾳ καθάπερ ἔδαφος βέβαιον καὶ ἰσχυρὸν ἡ προαίρεσις ἀρχὴν ἔχουσα κρίσιν καὶ λόγον, ἀλλὰ μὴ πτοίαν ὑπὸ δόξης κενῆς ἢ φιλονεικίας τινὸς ἢ πράξεων ἑτέρων ἀπορίας. ὥσπερ γὰρ οἷς οὐδὲν ἔστιν οἴκοι χρηστόν, ἐν ἀγορᾷ διατρίβουσι, κἂν μὴ δέωνται, τὸν πλεῖστον χρόνον, οὕτως ἔνιοι τῷ μηδὲν ἔχειν ἴδιον ἄλλο πράττειν ἄξιον σπουδῆς ἐμβάλλουσιν ἑαυτοὺς εἰς δημόσια πράγματα, τῇ πολιτείᾳ διαγωγῇ χρώμενοι. πολλοὶ δ᾽ ἀπὸ τύχης ἁψάμενοι τῶν κοινῶν καὶ ἀναπλησθέντες οὐκέτι ῥᾳδίως ἀπελθεῖν δύνανται, ταὐτὸ τοῖς ἐμβᾶσιν εἰς

nen ernsthaften Bemühungen in der Politik als auch meinem Eifer, dir helfen zu wollen, gerecht werden. Überdies führe ich hier eine Vielzahl von Beispielen an, genau wie du es verlangt hast.

DIE RICHTIGE MOTIVATION FÜR EINE POLITISCHE KARRIERE

Zunächst einmal soll die bewusste Entscheidung wie ein festes, starkes Fundament die Basis deiner politischen Aktivität sein. Diese Entscheidung soll zudem ihren Ursprung in Urteilsvermögen und Vernunft haben und nicht in dem eitlen Streben nach Ruhm oder dem Bedürfnis, sich zu messen, oder dem Fehlen anderer sinnvoller Aktivitäten. Denn genau wie es Menschen gibt, die zu Hause nichts Bedeutungsvolles zu tun haben und deshalb ihre ganze Zeit auf dem Marktplatz vertrödeln, auch wenn sie eigentlich gar nichts kaufen müssen, stürzen sich wiederum andere in Ermangelung anderer privater

πλοῖον αἰώρας χάριν εἶτ᾽ ἀποσπασθεῖσιν εἰς πέλαγος πεπονθότες· ἔξω βλέπουσι ναυτιῶντες καὶ ταραττόμενοι, μένειν δὲ καὶ χρῆσθαι τοῖς παροῦσιν ἀνάγκην ἔχοντες·

> λευκᾶς καθύπερθε γαλάνας
> εὐπρόσωποι σφᾶς παρήισαν ἔρωτες
> ναΐας κλαΐδος χαραξιπόντου δαιμονίαν
> ἐς ὕβριν.

οὗτοι καὶ μάλιστα διαβάλλουσι τὸ πρᾶγμα τῷ μετανοεῖν καὶ ἀσχάλλειν, ὅταν ἢ δόξαν ἐλπίσαντες ἀδοξίᾳ περιπέσωσιν, ἢ φοβεροὶ προσδοκήσαντες ἑτέροις ἔσεσθαι διὰ δύναμιν εἰς πράγματα κινδύνους ἔχοντα καὶ ταραχὰς ἄγωνται.

Verpflichtungen in die Regelung öffentlicher Angelegenheiten und widmen sich der Politik, nur um die Zeit totzuschlagen. Oft haben gerade diese Leute, die sich aus einer Laune heraus der Politik verschrieben und sich lange Zeit darin tummelten, hinterher Schwierigkeiten, sich zur Ruhe zu setzen. Ihnen geht es wie den Reisenden, die ein Schiff besteigen, um eine Vergnügungsfahrt zu unternehmen, dann aber plötzlich in tieferen Gewässern landen. Seekrank und voller Angst blicken sie der Küste entgegen, sind jedoch gezwungen, weiter an Bord auszuharren und unter ihrer Lage zu leiden.

»Sie fuhren zur Lust mit fröhlichem Gesichte auf dem weißen Spiegel des Meeres, aber da die Wogen plötzlich sich empörten, sahen sie dem schrecklichen Untergange entgegen.«[24] Diese Menschen verunglimpfen die Politik aufs Schärfste, und zwar wegen ihres eigenen Verdrusses und Sinneswandels, nachdem sie in Misskredit geraten sind, obwohl sie nach Ruhm strebten, oder nachdem sie in gefährliche und stürmische Situationen gerieten, ob-

Ὁ δ᾽ ὡς μάλιστα προσῆκον ἑαυτῷ καὶ κάλλιστον ἔργον ἀπὸ γνώμης καὶ λογισμῷ τὰ κοινὰ πράσσειν ἀρξάμενος ὑπ᾽ οὐδενὸς ἐκπλήττεται τούτων οὐδ᾽ ἀναστρέφεται τὴν γνώμην. οὔτε γὰρ ἐπ᾽ ἐργασίᾳ καὶ χρηματισμῷ προσιτέον τοῖς κοινοῖς, ὡς οἱ περὶ Στρατοκλέα καὶ Δρομοκλείδην ἐπὶ τὸ χρυσοῦν θέρος, τὸ βῆμα μετὰ παιδιᾶς οὕτως ὀνομάζοντες, ἀλλήλους παρεκάλουν· οὔθ᾽ οἷον ἐπιλήπτους ὑπὸ πάθους ἄφνω γενομένους, ὡς Γάιος Γράκχος ἐπὶ θερμοῖς τοῖς περὶ τὸν ἀδελφὸν ἀτυχήμασιν ἀπωτάτω τῶν κοινῶν τὸν βίον θέμενος, εἶθ᾽ ὕβρει τινῶν καὶ λοιδορίᾳ πρὸς αὐτὸν ἀναφλεχθεὶς ὑπ᾽ ὀργῆς, ἐνέπεσε τοῖς κοινοῖς· καὶ ταχὺ μὲν ἐπλήσθη πραγμάτων καὶ δόξης, ζητῶν δὲ παύσασθαι καὶ δεόμενος μεταβολῆς καὶ ἡσυχίας οὐχ εὗρε καταθέσθαι τὴν δύναμιν αὐτοῦ διὰ μέγεθος ἀλλὰ προαπώλετο· τούς τε πρὸς ἅμιλλαν ἢ δόξαν ὥσπερ ὑποκριτὰς εἰς θέατρον ἀναπλάττοντας

wohl sie doch erwartet hatten, dass andere sie wegen ihrer Macht fürchteten.

Aber diejenigen, die sich auf der Basis ihrer Vernunft und ihres gesunden Urteilsvermögens der Politik hingeben, weil sie sie für eine angemessene und ehrenvolle Aufgabe halten, werden von derlei Ergebnissen wohl kaum überrascht werden und sich keines Besseren besinnen. Denn wir dürfen uns den öffentlichen Angelegenheiten nicht um des Gelderwerbs willen hingeben, so wie Stratokles und Dromokleides einander gegenseitig zur »goldenen Ernte« einluden, wie sie scherzhaft die Rednerplattform bezeichneten.[25] Auch dürfen wir nicht übereilt unter dem Eindruck eines plötzlichen Gefühls handeln, so wie Gaius Gracchus es tat. Denn er entzog sich der Politik so weit wie möglich, während die Unruhen seinen Bruder betreffend immer noch brodelten. Dann aber reagierte er erzürnt über die Arroganz bestimmter Menschen und die Beleidigungen, die ihm entgegengeschleudert wurden, und stürzte sich ins öffentliche Leben. Schon bald hatte er jedoch wieder genug von

ἑαυτοὺς ἀνάγκη μετανοεῖν, ἢ δουλεύοντας ὧν ἄρχειν ἀξιοῦσιν ἢ προσκρούοντας οἷς ἀρέσκειν ἐθέλουσιν. ἀλλ᾽ ὥσπερ εἰς φρέαρ οἶμαι τὴν πολιτείαν τοὺς μὲν ἐμπίπτοντας αὐτομάτως καὶ παραλόγως ταράττεσθαι καὶ μετανοεῖν, τοὺς δὲ καταβαίνοντας ἐκ παρασκευῆς καὶ λογισμοῦ καθ᾽ ἡσυχίαν χρῆσθαί τε τοῖς πράγμασι μετρίως καὶ πρὸς μηδὲν δυσκολαίνειν, ἅτε δὴ τὸ καλὸν αὐτὸ καὶ μηδὲν ἄλλο τῶν πράξεων ἔχοντας τέλος.

Regierungsgeschäften und Ruhm, doch obwohl er sein Leben ändern wollte, sich Frieden wünschte und zur Ruhe setzen wollte, brachte er es einfach nicht fertig, auf seine Macht zu verzichten, weil sie so groß geworden war. Und so wurde er getötet, bevor er einen Ausweg gefunden hatte.[26] Wer nur eine Rolle spielt, um an politischem Wettstreit teilzunehmen und dort zu Ruhm und Ehre zu gelangen, so wie es Schauspieler im Theater tun, wird dies bestimmt irgendwann bereuen, entweder weil er zum Sklaven der Menschen wurde, die er zu regieren gedachte, oder weil er mit Menschen aneinandergeriet, denen er zu gefallen suchte. Jene, die zufällig und übereilt in die Politik geraten – als seien sie in einen Brunnen gefallen –, betrachten dies über kurz oder lang als Unglück. Jene aber, die ruhig hinabsteigen, vorbereitet und bewusst, werden ihre Angelegenheiten mit Umsicht regeln und so schnell auch nicht von Unruhe heimgesucht werden, denn sie besitzen das absolute Gute[27], und nichts anderes treibt sie an als das Ziel ihrer Bemühungen.

Οὕτω δὴ τὴν προαίρεσιν ἀπερείσαντας ἐν ἑαυτοῖς καὶ ποιήσαντας ἄτρεπτον καὶ δυσμετάθετον, τρέπεσθαι χρὴ πρὸς κατανόησιν τοῦ ἤθους τῶν πολιτῶν, ὃ μάλιστα συγκραθὲν ἐκ πάντων ἐπιφαίνεται καὶ ἰσχύει. τὸ μὲν γὰρ εὐθὺς αὐτὸν ἐπιχειρεῖν ἠθοποιεῖν καὶ μεθαρμόττειν τοῦ δήμου τὴν φύσιν οὐ ῥᾴδιον οὐδ᾽ ἀσφαλές, ἀλλὰ καὶ χρόνου δεόμενον πολλοῦ καὶ μεγάλης δυνάμεως. δεῖ δ᾽, ὥσπερ οἶνος ἐν ἀρχῇ μὲν ὑπὸ τῶν ἠθῶν κρατεῖται τοῦ πίνοντος ἡσυχῇ δὲ διαθάλπων καὶ κατακεραννύμενος αὐτὸς ἠθοποιεῖ τὸν πίνοντα καὶ μεθίστησιν, οὕτω τὸν πολιτικόν, ἕως ἂν ἰσχὺν ἀγωγὸν ἐκ δόξης καὶ πίστεως κατασκευάσηται, τοῖς ὑποκειμένοις ἤθεσιν εὐάρμοστον εἶναι καὶ στοχάζεσθαι τούτων, ἐπιστάμενον οἷς χαίρειν ὁ δῆμος καὶ ὑφ᾽ ὧν ἄγεσθαι πέφυκεν· οἷον ὁ Ἀθηναίων εὐκίνητός ἐστι πρὸς ὀργήν, εὐμετάθετος πρὸς ἔλεον,

DER CHARAKTER DES VOLKES UND DER HERRSCHER

Wer den festen und unbeugsamen Entschluss gefasst hat, sich der Politik zu verschreiben, muss sich sodann bemühen, den Charakter des Volkes zu verstehen, der sich in einer Vermengung sämtlicher individuellen Charaktere enthüllt und ausgesprochen mächtig ist. Denn das Denken des Volkes zu verändern und die Natur der Menschen anzupassen, ist weder leicht noch gefahrlos möglich, sondern erfordert viel Zeit und große Autorität. So wie der Wein zuerst von der Natur derjenigen bestimmt wird, die ihn trinken, dann aber heimlich, indem er den Körper des Trinkenden erwärmt und sich mit ihm vermischt, dazu übergeht, seinen Charakter zu beherrschen und seinen Zustand zu verändern, so müssen auch Politiker – bis sie sich einen Ruf geschaffen und das Vertrauen in ihre stetige Führung geschaffen haben – sich mit dem bereits existierenden Charakter der Menschen arrangieren und damit arbeiten. Sie müssen verstehen, was dem Volk gefällt,

μᾶλλον ὀξέως ὑπονοεῖν ἢ διδάσκεσθαι καθ᾽ ἡσυχίαν βουλόμενος· ὥσπερ τῶν ἀνδρῶν τοῖς ἀδόξοις καὶ ταπεινοῖς βοηθεῖν προθυμότερος, οὕτω τῶν λόγων τοὺς παιγνιώδεις καὶ γελοίους ἀσπάζεται καὶ προτιμᾷ·τοῖς μὲν ἐπαινοῦσιν αὐτὸν μάλιστα χαίρει, τοῖς δὲ σκώπτουσιν ἥκιστα δυσχεραίνει· φοβερός ἐστιν ἄχρι τῶν ἀρχόντων, εἶτα φιλάνθρωπος ἄχρι τῶν πολεμίων.

Ἕτερον ἦθος τοῦ Καρχηδονίων δήμου, πικρόν, σκυθρωπόν, ὑπήκοον τοῖς ἄρχουσι, βαρὺ τοῖς ὑπηκόοις, ἀγεννέστατον ἐν φόβοις, ἀγριώτατον ἐν ὀργαῖς, ἐπίμονον τοῖς γνωσθεῖσι, πρὸς παιδιὰν καὶ χάριν ἀνήδυντον καὶ σκληρόν· οὐκ ἂν οὗτοι, Κλέωνος ἀξιοῦντος αὐτούς, ἐπεὶ τέθυκε καὶ ξένους ἑστιᾶν μέλλει, τὴν ἐκκλησίαν ὑπερθέσθαι, γελάσαντες ἂν καὶ

und inwieweit es sich lenken und leiten lässt. Die Athener beispielsweise geraten schnell in Zorn, lassen sich ebenso leicht zum Mitleid bewegen und ziehen es vor, schnelle Mutmaßungen über etwas anzustellen, statt in aller Ruhe abzuwarten, bis sie alle Fakten kennen; gern eilen sie einfachen Menschen zu Hilfe, denen es an Ruhm und Ansehen fehlt, und genauso schnell lassen sie sich von Reden begeistern, die spielerisch und humorvoll gehalten sind; sie erfreuen sich am Lob durch andere, fühlen sich aber selten beleidigt von Spott; sie verhalten sich abscheulich sogar ihren Herrschern gegenüber und freundlich sogar ihren Feinden gegenüber.

Der Charakter der Karthager hingegen ist vollkommen anders: Sie sind verbittert, mürrisch, unterwürfig ihren Herrschern gegenüber, hart zu ihren Untertanen, niederträchtig, wenn sie Furcht haben, grausam im Zorn, unbeugsam in ihrem Urteil und unangenehm und streng im Hinblick auf Vergnügungen und Freude. Die Karthager wären nicht lachend und applaudierend von ihren Stühlen

κροτήσαντες ἀνέστησαν· οὐδ᾽ Ἀλκιβιάδην ὄρτυγος ἐν τῷ λέγειν διαφυγόντος ἐκ τοῦ ἱματίου, φιλοτίμως συνθηρεύσαντες ἀπέδωκαν ἄν· ἀλλὰ καὶ ἀπέκτειναν ἄν, ὡς ὑβρίζοντας καὶ τρυφῶντας· ὅπου καὶ Ἄννωνα λέοντι χρώμενον σκευοφόρῳ παρὰ τὰς στρατείας αἰτιασάμενοι τυραννικὰ φρονεῖν ἐξήλασαν. οἶμαι δ᾽ ἂν ἔγωγε μηδὲ Θηβαίους ἀποσχέσθαι γραμμάτων πολεμίων κυρίους γενομένους, ὡς Ἀθηναῖοι Φιλίππου γραμματοφόρους λαβόντες ἐπιστολὴν ἐπιγεγραμμένην Ὀλυμπιάδι κομίζοντας οὐκ ἔλυσαν οὐδ᾽ ἀπεκάλυψαν ἀπόρρητον ἀνδρὸς ἀποδήμου πρὸς γυναῖκα φιλοφροσύνην· οὐδέ γ᾽ αὖ πάλιν Ἀθηναίους, Ἐπαμεινώνδου πρὸς τὴν κατηγορίαν ἀπολογεῖσθαι μὴ θέλοντος ἀλλ᾽ ἀναστάντος ἐκ τοῦ θεάτρου καὶ διὰ τῆς ἐκκλησίας εἰς τὸ γυμνάσιον ἀπιόντος, εὐκόλως ἐνεγκεῖν τὴν ὑπεροψίαν καὶ τὸ φρόνημα τοῦ ἀνδρός· πολλοῦ δ᾽ ἂν ἔτι καὶ Σπαρτιάτας δεῆσαι τὴν Στρατοκλέους ὕβριν ὑπομεῖναι καὶ βωμολοχίαν, πείσαντος μὲν αὐτοὺς εὐαγγέλια θύειν ὡς

aufgesprungen, wenn Kleon sie gebeten hätte, die Versammlung aufzuschieben, weil er gerade erst ein Opfer dargebracht hatte und gleich Gäste zum Abendessen erwartete. Und als Alkibiades bei einer Rede eine Wachtel aus seinem Mantel entkommen ließ, hätten sie sich auch nicht eifrig an der Jagd beteiligt und sie ihm zurückgegeben.[28] Im Gegenteil, sie hätten beide Männer wegen ihres überheblichen und extravaganten Verhaltens getötet. Das können wir aus dem Beispiel des Hanno schließen, den sie tyrannischer Absichten bezichtigten und ihn verbannten, weil er bei Feldzügen einen Löwen als Lasttier benutzte. Ich persönlich glaube auch nicht, dass die Thebaner, nachdem sie sich die Briefe ihrer Feinde angeeignet hatten, diese nicht auch gelesen hätten. Damit stehen sie im Gegensatz zu den Athenern, die zwar Philipps Boten abfingen, dessen Brief an Olympias aber weder öffneten noch die intime Nachricht eines im Ausland weilenden Mannes an seine Frau lasen. Aber die Verachtung und den Stolz eines Epameinondas, der nicht bereit war, sich gegen seine Ankläger zu verteidigen,

νενικηκότας, ἐπεὶ δέ, τῆς ἥττης ἀληθῶς ἀπαγγελθείσης, ἠγανάκτουν, ἐρωτῶντος τὸν δῆμον τί ἠδίκηται, τρεῖς ἡμέρας δι᾽ αὐτὸν ἡδέως γεγονώς. οἱ μὲν οὖν αὐλικοὶ κόλακες ὥσπερ ὀρνιθοθῆραι μιμούμενοι τῇ φωνῇ καὶ συνεξομοιοῦντες ἑαυτοὺς ὑποδύονται μάλιστα καὶ προσάγουσι δι᾽ ἀπάτης τοῖς βασιλεῦσι· τῷ δὲ πολιτικῷ μιμεῖσθαι μὲν οὐ προσήκει τοῦ δήμου τὸν τρόπον, ἐπίστασθαι δὲ καὶ χρῆσθαι πρὸς ἕκαστον, οἷς ἁλώσιμός ἐστιν· ἡ γὰρ ἄγνοια τῶν ἠθῶν ἀστοχίας φέρει καὶ διαπτώσεις οὐχ ἥττονας ἐν ταῖς πολιτείαις ἢ ταῖς φιλίαις τῶν βασιλέων.

sondern das Theater verließ und ins Gymnasium ging[29], hätten die Athener wahrscheinlich nicht so leicht ertragen.[30] Und meiner Meinung nach waren die Spartaner sogar noch weiter davon entfernt, die Arroganz und die Possen des Stratokles zu tolerieren, der die Athener überzeugte, ein Dankesopfer darzubringen, weil sie die gute Nachricht ihres Sieges erhalten hatten. Später, als offenbar wurde, dass Athen in Wirklichkeit besiegt worden war, und die Leute verärgert waren, fragte er sie, wem denn Unrecht widerfahren sei, wenn sie sich aufgrund seiner Aussage ein paar Tage lang amüsiert hätten. Speichellecker bei Hof imitieren die Sprache der Könige – genau wie Vogeljäger das Zwitschern der Vögel. Sie handeln genau wie sie, um sich einzuschmeicheln und den König zu täuschen. Für den Politiker aber ist es unangemessen, die Verhaltensweisen des Volkes zu imitieren. Vielmehr muss er sie verstehen und nach dem wirkungsvollsten Ansatz suchen, um jeden Einzelnen für sich zu gewinnen. Denn die Unkenntnis des Charakters der Menschen führt zu Fehlentscheidungen und

Τὸ μὲν οὖν τῶν πολιτῶν ἦθος ἰσχύοντα δεῖ καὶ πιστευόμενον ἤδη πειρᾶσθαι ῥυθμίζειν ἀτρέμα πρὸς τὸ βέλτιον ὑπάγοντα καὶ πράως μεταχειριζόμενον· ἐργώδης γὰρ ἡ μετάθεσις τῶν πολλῶν. αὐτὸς δ᾽ ὥσπερ ἐν θεάτρῳ τὸ λοιπὸν ἀναπεπταμένῳ βιωσόμενος, ἐξάσκει καὶ κατακόσμει τὸν τρόπον· εἰ δὲ μὴ ῥᾴδιον ἀπαλλάξαι παντάπασι τῆς ψυχῆς τὴν κακίαν, ὅσα γοῦν ἐπανθεῖ μάλιστα καὶ προπίπτει τῶν ἁμαρτημάτων ἀφαιρῶν καὶ κολούων. ἀκούεις γάρ, ὅτι καὶ Θεμιστοκλῆς ἅπτεσθαι τῆς πολιτείας διανοούμενος ἀπέστησε τῶν πότων καὶ τῶν κώμων ἑαυτόν, ἀγρυπνῶν δὲ καὶ νήφων καὶ πεφροντικὼς ἔλεγε πρὸς τοὺς συνήθεις, ὡς οὐκ ἐᾷ καθεύδειν αὐτὸν τὸ Μιλτιάδου τρόπαιον· Περικλῆς δὲ καὶ περὶ τὸ σῶμα καὶ τὴν δίαιταν ἐξήλλαξεν αὑτὸν ἠρέμα βαδίζειν καὶ πράως διαλέγεσθαι καὶ τὸ πρόσωπον ἀεὶ συνεστηκὸς ἐπιδείκνυσθαι

Fehlern, nicht nur in unserem politischen System, sondern auch in der Gefolgschaft der Könige.

Und so muss der Politiker, nachdem er zu Macht gelangt ist und das Vertrauen des Volkes erlangt hat, versuchen, den Charakter der Bürger auszubilden, ihn ruhig der Verbesserung entgegenzuführen und mit Sanftheit zu behandeln, denn die Gesinnung der Menschen zu verändern ist schwierig. Und du, da du den Rest deines Lebens in der Öffentlichkeit wie auf einer Bühne verbringen wirst, musst deine eigene Lebensweise schmücken und gestalten. Wenn es dir schwerfällt, deine Seele ganz und gar von ihren Fehlern zu befreien, dann entferne und mindere jene Fehler, die besonders offensichtlich und hervorstechend sind. Denn wie man hört, hat sogar Themistokles sich, als er beabsichtigte, politisch tätig zu werden, von Alkohol und Gelagen ferngehalten und blieb wachsam, nüchtern und überlegt. Seinen Freunden pflegte er zu sagen, dass Miltiades' Trophäe ihn einfach nicht schlafen lasse.[31] Auch Perikles verwandelte sein Betragen und

καὶ τὴν χεῖρα συνέχειν ἐντὸς τῆς περιβολῆς καὶ μίαν ὁδὸν πορεύεσθαι τὴν ἐπὶ τὸ βῆμα καὶ τὸ βουλευτήριον. οὐ γὰρ εὐμεταχείριστον οὐδὲ ῥᾴδιον ἁλῶναι τὴν σωτήριον ἅλωσιν ὑπὸ τοῦ τυχόντος ὄχλος, ἀλλ᾽ ἀγαπητόν, εἰ μήτ᾽ ὄψει μήτε φωνῇ πτυρόμενος ὥσπερ θηρίον ὕποπτον καὶ ποικίλον ἐνδέχοιτο τὴν ἐπιστασίαν.

Ὧι τοίνυν οὐδὲ τούτων ἐπιμελητέον ἐστὶ παρέργως, ἦπου τῶν περὶ τὸν βίον καὶ τὸ ἦθος ἀμελητέον ὅπως ᾖ ψόγου καθαρὰ καὶ διαβολῆς ἁπάσης; οὐ γὰρ ὧν λέγουσιν ἐν κοινῷ καὶ πράττουσιν οἱ πολιτευόμενοι μόνον εὐθύνας διδόασιν, ἀλλὰ καὶ δεῖπνον αὐτῶν πολυπραγμονεῖται καὶ κοίτη καὶ γάμος καὶ παιδιὰ καὶ σπουδὴ πᾶσα. τί γὰρ δεῖ λέγειν Ἀλκιβιάδην, ὃν περὶ τὰ κοινὰ πάντων ἐνεργότατον ὄντα καὶ στρατηγὸν ἀήττητον ἀπώλεσεν ἡ περὶ

seine tägliche Lebensart. Er ging langsamer, führte seine Gespräche mit Milde und achtete stets auf ein beherrschtes Äußeres, hielt die Hand in seinen Kleidern und ging nur über eine einzige Straße, nämlich diejenige, die zur Rednerplattform und ins Rathaus führte. Denn die Menge lässt sich nicht von jedem Dahergelaufenen beeinflussen oder nachhaltig fesseln. Stattdessen musst du damit zufrieden sein, wenn die Menschen bei deinem Anblick oder deiner Stimme nicht wie furchtsame und scheue Tiere zurückschrecken, sondern deine Autorität akzeptieren.

Sollten Politiker, die sorgsam auf diese Dinge achten müssen, etwa den Zustand ihres eigenen Lebens und Charakters vernachlässigen und sich keine Sorgen darum machen, wie sie Tadel und Verleumdung umgehen können? Denn Politiker müssen nicht nur Rechenschaft für das ablegen, was sie im öffentlichen Rahmen sagen und tun, das Volk ist auch neugierig auf das, was sie zu sich nehmen, auf ihre sexuellen Neigungen, Eheschließungen, Vergnügungen und ihre Interessen. Muss ich

τὴν δίαιταν ἀναγωγία καὶ θρασύτης, καὶ τῶν ἄλλων ἀγαθῶν αὐτοῦ τὴν πόλιν ἀνόνητον ἐποίησε διὰ τὴν πολυτέλειαν καὶ τὴν ἀκολασίαν; ὅπου καὶ Κίμωνος οὗτοι τὸν οἶνον, καὶ Ῥωμαῖοι Σκιπίωνος οὐδὲν ἄλλο ἔχοντες λέγειν τὸν ὕπνον ᾐτιῶντο· Πομπήιον δὲ Μάγνον ἐλοιδόρουν οἱ ἐχθροί, παραφυλάξαντες ἑνὶ δακτύλῳ τὴν κεφαλὴν κνώμενον. ὡς γὰρ ἐν προσώπῳ φακὸς καὶ ἀκροχορδὼν δυσχεραίνεται μᾶλλον ἢ στίγματα καὶ κολοβότητες καὶ οὐλαὶ τοῦ λοιποῦ σώματος, οὕτω τὰ μικρὰ φαίνεται μεγάλα τῶν ἁμαρτημάτων ἐν ἡγεμονικοῖς καὶ πολιτικοῖς ὁρώμενα βίοις διὰ δόξαν, ἣν οἱ πολλοὶ περὶ ἀρχῆς καὶ πολιτείας ἔχουσιν, ὡς πράγματος μεγάλου καὶ καθαρεύειν ἀξίου πάσης ἀτοπίας καὶ πλημμελείας. εἰκότως οὖν Λιούιος Δροῦσος ὁ δημαγωγὸς εὐδοκίμησεν ὅτι, τῆς οἰκίας αὐτοῦ πολλὰ μέρη κάτοπτα τοῖς γειτνιῶσιν ἐχούσης καὶ τῶν τεχνιτῶν τινος ὑπισχνουμένου ταῦτ᾽ ἀποστρέψειν καὶ μεταθήσειν ἀπὸ πέντε μόνων ταλάντων, "δέκα," ἔφη, "λαβὼν ὅλην μου

wieder Alkibiades erwähnen? Obwohl er effektiver als jeder andere für die Öffentlichkeit arbeitete und als General ungeschlagen war, waren sein Mangel an Disziplin und sein kühner Lebensstil letztlich sein Untergang. Durch seine Extravaganz und Zügellosigkeit beraubte er zudem letztlich die Stadt all ihrer Vorteile. Und dann ist da der Fall Kimons, den die Athener wegen seiner Liebe zum Wein schmähten, und Scipio, den die Römer (da sie sonst nichts zu sagen hatten) des übermäßigen Schlafes anklagten. Und Pompeius Magnus' politische Feinde pflegten ihn zu maßregeln, nachdem sie beobachtet hatten, wie er sich den Kopf mit einem Finger kratzte.[32] Denn wie ein Muttermal oder eine Warze im Gesicht mehr Abscheu hervorruft als Male, Geschwülste und Narben auf anderen Körperteilen, so erscheinen den Menschen Fehler groß, sobald sie im Leben von Herrschern und Politikern auftreten. Die Mehrheit glaubt nämlich, dass wichtige Aufgaben, wie Regierungs- oder politische Geschäfte, von Menschen bewältigt werden müssen, die frei von Eigenarten oder Fehlern sind.

ποίησον καταφανῆ τὴν οἰκίαν, ἵνα πάντες ὁρῶσιν οἱ πολῖται πῶς διαιτῶμαι"· καὶ γὰρ ἦν ἀνὴρ σώφρων καὶ κόσμιος. ἴσως δὲ ταύτης οὐδὲν ἔδει τῆς καταφανείας αὐτῷ· διορῶσι γὰρ οἱ πολλοὶ καὶ τὰ πάνυ βαθέως περιαμπέχεσθαι δοκοῦντα τῶν πολιτευομένων ἤθη καὶ βουλεύματα καὶ πράξεις καὶ βίους, οὐχ ἧττον ἀπὸ τῶν ἰδίων ἢ τῶν δημοσίων ἐπιτηδευμάτων τὸν μὲν φιλοῦντες καὶ θαυμάζοντες τὸν δὲ δυσχεραίνοντες καὶ καταφρονοῦντες.

Τί οὖν δή; οὐχὶ καὶ τοῖς ἀσελγῶς καὶ τεθρυμμένως ζῶσιν αἱ πόλεις χρῶνται; καὶ γὰρ αἱ κιττῶσαι λίθους καὶ οἱ ναυτιῶντες ἁλμυρίδας καὶ τὰ τοιαῦτα

Denk nur an den Tribun Livius Drusus, dessen Haus viele Zimmer aufwies, die für seine Nachbarn einsehbar waren. Er wurde hoch geschätzt, doch als ein gewisser Handwerker versprach, diese Räumlichkeiten zu einem Preis von fünf Talenten[33] umzugestalten und zu verlegen, antwortete Drusus: »Nimm zehn und mache dafür das gesamte Haus sichtbar, sodass jeder Bürger sehen kann, wie ich lebe.« Er verfügte nämlich über Selbstbeherrschung und Disziplin. Aber vielleicht wäre eine solche Sichtbarkeit gar nicht notwendig gewesen, denn die Menschen nehmen in Politikern sogar jene Charakterzüge, Ratschläge, Taten und die Lebensart wahr, die tief in ihnen verborgen zu sein scheinen. Sie beurteilen Politiker ebenso sehr nach ihrem Privatleben wie nach ihrem öffentlichen Auftreten, sodass sie manche bewundern, während sie für andere nur Abscheu und Verachtung übrighaben.

»Wie bitte? Lassen Städte nicht auch Menschen für sich arbeiten, die ein zügelloses, ausschweifendes Leben führen?« Natürlich tun sie das. Und schwangere Frauen haben oft Heiß-

βρώματα διώκουσι πολλάκις, εἶτ᾽ ὀλίγον ὕστερον ἐξέπτυσαν καὶ ἀπεστράφησαν· οὕτω καὶ οἱ δῆμοι διὰ τρυφὴν καὶ ὕβριν ἢ βελτιόνων ἀπορίᾳ δημαγωγῶν χρῶνται τοῖς ἐπιτυχοῦσι βδελυττόμενοι καὶ καταφρονοῦντες, εἶτα χαίρουσι τοιούτων εἰς αὐτοὺς λεγομένων, οἷα Πλάτων ὁ κωμικὸς τὸν Δῆμον αὐτὸν λέγοντα ποιεῖ·

> λαβοῦ, λαβοῦ τῆς χειρὸς ὡς τάχιστά
> μου, μέλλω στρατηγὸν χειροτονεῖν
> Ἀγύρριον·

καὶ πάλιν αἰτοῦντα λεκάνην καὶ πτερόν, ὅπως ἐμέσῃ, λέγοντα, “προσίσταταί μου πρὸς τὸ βῆμα Μαντίας” καὶ “βόσκει δυσώδη Κέφαλον, ἐχθίστην νόσον.” ὁ δὲ Ῥωμαίων δῆμος, ὑπισχνουμένου τι Κάρβωνος καὶ προστιθέντος ὅρκον δή τινα καὶ ἀράν, ἀντώμοσεν ὁμοῦ μὴ πιστεύειν. ἐν δὲ Λακεδαίμονι τινὸς ἀνδρὸς ἀκολάστου γνώμην εἰπόντος ἁρμόζουσαν, ἀπέρριψεν ὁ δῆμος, οἱ δ᾽ Ἔφοροι κληρώσαντες ἕνα τῶν γερόντων ἐκέλευσαν εἰπεῖν τὸν

hunger auf Steine, und Menschen, denen übel ist, wählen salzige oder stark gewürzte Nahrung, aber kurz darauf spucken sie alles wieder aus und verschmähen es. Und weil Zügellosigkeit und Arroganz vorherrschen oder bessere Herrscher fehlen, wählt das Volk jene Politiker, die gerade verfügbar sind, auch wenn es sie für abscheulich und verachtenswert hält. Aber dann sind sie froh, wenn sie Worte hören, wie Platon, der Komödiendichter, »der Menge« in den Mund legt: »Nimm, nimm meine Hand, so schnell du kannst! Ich bin dabei, General Agyrrhius zu wählen!« Und dann, als »die Menge« um eine Schale und eine Feder bittet, um sich zu erbrechen, sagen sie: »Mantias hat die Rednertribüne betreten.« Und: »Er nährt den widerlichen und verabscheuungswürdigen Kephalos.« Und als Carbo dem römischen Volk etwas versprach und sein Versprechen gleichzeitig mit einem Eid und einem Fluch besiegelte, leisteten die Menschen einen Gegenschwur, ihm niemals zu trauen. Als in Lakedaimonia eine gewisse zügellose Person ein akzeptables Angebot machte, wies das Volk es zurück. Durch

αὐτὸν λόγον ἐκεῖνον, ὥσπερ εἰς καθαρὸν ἀγγεῖον ἐκ ῥυπαροῦ μετεράσαντες, ὅπως εὐπρόσδεκτος γένηται τοῖς πολλοῖς. οὕτω μεγάλην ἔχει ῥοπὴν ἐν πολιτείᾳ πίστις ἤθους καὶ τοὐναντίον.

Οὐ μὴν ἀμελητέον γε διὰ τοῦτο τῆς περὶ τὸν λόγον χάριτος καὶ δυνάμεως ἐν ἀρετῇ θεμένους τὸ σύμπαν, ἀλλὰ τὴν ῥητορικὴν νομίσαντας μὴ δημιουργὸν ἀλλά τοι συνεργὸν εἶναι πειθοῦς, ἐπανορθωτέον τὸ τοῦ Μενάνδρου "τρόπος ἔσθ᾽ ὁ πείθων τοῦ λέγοντος, οὐ λόγος"· καὶ γὰρ ὁ τρόπος καὶ ὁ λόγος· εἰ μὴ νὴ Δία φήσει τις, ὡς τὸν κυβερνήτην ἄγειν τὸ πλοῖον οὐ τὸ πηδάλιον, καὶ τὸν ἱππέα στρέφειν τὸν ἵππον οὐ τὸν χαλινόν, οὕτω πόλιν πείθειν

das Los wählten die Ephoren einen der Älteren aus ihrer Mitte aus und befahlen ihm, den gleichen Vorschlag zu unterbreiten. So wurde der Vorschlag sozusagen aus einem schmutzigen Gefäß in ein sauberes gegossen, sodass es von der Menge gut angenommen werden konnte. Somit haben sowohl das Vertrauen in den Charakter eines Menschen als auch das fehlende Vertrauen in der Politik großen Einfluss.

DIE MACHT DER REDE

Aber trotzdem dürfen wir die Tugend nicht überschätzen, sondern müssen auch die Macht der Rede im Auge behalten. Rhetorik mag vielleicht nicht der Urheber der Überredungskunst sein, ist aber dennoch ihr Mitstreiter, weshalb wir Menanders Äußerung korrigieren müssen, der behauptete, dass »der Charakter des Redners die Zuhörer überredet, nicht die Rede selbst«. Tatsächlich sind *sowohl* der Charakter *als auch* die Rede bedeutsam. Sonst würde man ja fälschlich davon ausgehen, dass nur der Steuer-

οὐ λόγῳ, ἀλλὰ τρόπῳ χρωμένην ὥσπερ οἴακι καὶ χαλινῷ τὴν πολιτικὴν ἀρετήν, ᾗπερ εὐστροφώτατον ζῷον, ὥς φησι Πλάτων, οἷον ἐκ πρύμνης ἁπτομένην καὶ κατευθύνουσαν. ὅπου γὰρ οἱ μεγάλοι βασιλεῖς ἐκεῖνοι καὶ διογενεῖς, ὡς Ὅμηρός φησιν, ἁλουργίσι καὶ σκήπτροις καὶ δορυφόροις καὶ θεῶν χρησμοῖς ἐξογκοῦσιν ἑαυτούς, καὶ δουλούμενοι τῇ σεμνότητι τοὺς πολλοὺς ὡς κρείττονες, ὅμως ἐβούλοντο "μύθων ῥητῆρες" εἶναι καὶ οὐκ ἠμέλουν τῆς τοῦ λέγειν χάριτος, "οὐδ᾽ ἀγορέων, ἵνα τ᾽ ἄνδρες ἀριπρεπέες τελέθουσιν," οὐδὲ Διὸς Βουλαίου μόνον ἔχρῃζον οὐδ᾽ Ἄρεος Ἐνυαλίου καὶ Στρατίας Ἀθηνᾶς, ἀλλὰ καὶ τὴν Καλλιόπην παρεκάλουν "ἣ δὴ βασιλεῦσιν ἅμ᾽ αἰδοίοισιν ὀπηδεῖ," πραΰνουσα πειθοῖ καὶ κατᾴδουσα τῶν δήμων τὸ αὔθαδες καὶ βίαιον· ἦ που δυνατὸν ἄνθρωπον ἰδιώτην ἐξ ἱματίου καὶ σχήματος δημοτικοῦ πόλιν ἄγειν βουλόμενον ἐξισχῦσαι καὶ κρατῆσαι τῶν πολλῶν, εἰ μὴ λόγον ἔχοι συμπείθοντα καὶ προσαγόμενον; οἱ μὲν

mann das Schiff lenkt, und nicht das Steuer, oder dass der Reiter keine Zügel braucht, um dem Pferd die Richtung vorzugeben, und dass genauso in der Politik die Rede keinen Einfluss hat, sondern nur der Charakter des Staatsmannes quasi als Pinne oder Kandare dient. Und so, so lautet jedenfalls die Argumentation, kann man das Volk von hinten packen und lenken, was – wie Platon sagt – auch die beste Methode ist, um ein Tier voranzutreiben. Aber ich bin anderer Ansicht, denn jene Könige, die großartig waren und, wie Homer es formuliert, direkt von Zeus abstammten, brüsteten sich mit purpurnen Mänteln, Zeptern, Leibwächtern und Orakeln von den Göttern, und da sie sich selbst für erhaben hielten, machten sie sich die Mehrheit zu Untertanen, nur durch ihre Majestät. Dennoch wünschten sie sich, auch »Herren der Worte zu sein«, und vernachlässigten die Gnade der Rede nicht, »genauso wenig wie Versammlungen, um letztlich zu besonderem Ruhm und Ansehen zu gelangen«[34]. Sie sehnten sich nach Zeus, Vorsteher des Hohen Rates der Götter, nach dem kriegerischen Ares und nach

οὖν τὰ πλοῖα κυβερνῶντες ἑτέροις χρῶνται κελευσταῖς, ὁ δὲ πολιτικὸς ἐν ἑαυτῷ μὲν ὀφείλει τὸν κυβερνῶντα νοῦν ἔχειν ἐν ἑαυτῷ δὲ τὸν ἐγκελευόμενον λόγον, ὅπως μὴ δέηται φωνῆς ἀλλοτρίας μηδ᾽ ὥσπερ Ἰφικράτης ὑπὸ τῶν περὶ Ἀριστοφῶντα καταρρητορευόμενος λέγῃ, "βελτίων μὲν ὁ τῶν ἀντιδίκων ὑποκριτὴς δρᾶμα δὲ τοὐμὸν ἄμεινον," μηδὲ πολλάκις δέηται τῶν Εὐριπιδείων ἐκείνων "εἴθ᾽ ἦν ἄφωνον σπέρμα δυστήνων βροτῶν"· καὶ

φεῦ φεῦ, τὸ μὴ τὰ πράγματ᾽ ἀνθρώποις ἔχειν
φωνήν, ἵν᾽ ἦσαν μηδὲν οἱ δεινοὶ λέγειν.

Athene, der Schirmherrin der Soldaten. Aber sie riefen auch Kalliope an, »die ehrwürdige Könige unter ihren Schutz nimmt«[35] und die die Arroganz und Gewalt der Menschen durch Überredungskunst zähmt und verzaubert. Wie also können Privatmänner, die die Stadt führen wollen, die jedoch gewöhnliche Kleidung tragen und ein gewöhnliches Erscheinungsbild haben, über andere triumphieren und sie beherrschen, wenn nicht durch Überredungskunst und eine gewinnende Art der Rede? Jene, die Schiffe steuern, haben andere unter sich, die ihre Befehle lautstark weitergeben. Politiker aber sollten nicht nur den Geist eines Kapitäns in sich tragen, sondern gleichzeitig auch über eine gebieterische Stimme verfügen. Anderenfalls benötigen sie womöglich die Hilfe der Stimme eines anderen oder sagen letztlich – so wie Iphikrates, nachdem Aristophon ihn rhetorisch in die Enge getrieben hatte: »Meine Gegner haben den besseren Schauspieler, aber ich habe das bessere Schauspiel.« Auch sollten Politiker nicht zu häufig auf folgende Verse des Euripides zurückgreifen: »Ich wünschte,

Διὰ τοῦτ᾽ ἦν ἡ κατὰ Περικλέα πολιτεία "λόγῳ μέν," ὥς φησι Θουκυδίδης, "δημοκρατία, ἔργῳ δ᾽ ὑπὸ τοῦ πρώτου ἀνδρὸς ἀρχὴ" διὰ τὴν τοῦ λόγου δύναμιν. ἐπεὶ καὶ Κίμων ἀγαθὸς ἦν καὶ Ἐφιάλτης καὶ Θουκυδίδης, ἀλλ᾽ ἐρωτηθεὶς οὗτος ὑπ᾽ Ἀρχιδάμου τοῦ βασιλέως τῶν Σπαρτιατῶν πότερον αὐτὸς ἢ Περικλῆς παλαίει βέλτιον "οὐκ ἂν εἰδείη τις," εἶπεν· "ὅταν γὰρ ἐγὼ καταβάλω παλαίων, ἐκεῖνος λέγων μὴ πεπτωκέναι νικᾷ καὶ πείθει τοὺς θεωμένους." τοῦτο δ᾽ οὐκ αὐτῷ μόνον ἐκείνῳ δόξαν ἀλλὰ καὶ τῇ πόλει σωτηρίαν ἔφερε· πειθομένη γὰρ αὐτῷ τὴν ὑπάρχουσαν εὐδαιμονίαν ἔσῳζε, τῶν δ᾽ ἐκτὸς ἀπείχετο. Νικίας δὲ τὴν αὐτὴν προαίρεσιν ἔχων, πειθοῦς δὲ τοιαύτης ἐνδεὴς ὢν καὶ καθάπερ ἀμβλεῖ χαλινῷ τῷ λόγῳ πειρώμενος ἀποστρέφειν τὸν

die Kinder geringer Sterblicher wären stumm.« Und »Es ist eine Schande, dass menschliche Taten nicht für sich selbst sprechen können. Dann würden diejenigen, die kluge Reden führen, nichts bewirken.«

Und so war das politische System Athens, wie Thukydides sagt, unter Perikles nur »dem Namen nach eine Demokratie, tatsächlich aber stand es unter der Alleinherrschaft des Ersten Bürgers und Anführers«[36], und das ausschließlich dank seiner rhetorischen Fähigkeiten. Nun war Kimon ein guter Mann, genau wie Ephialtes und Thukydides[37], aber als Archidamos, der spartanische König, Thukydides fragte, ob er oder Perikles der bessere Ringer seien, antwortete dieser: »Das weiß niemand, denn wann immer wir miteinander ringen und ich ihn zu Boden werfe, wendet er ein, dass er gar nicht niedergeworfen wurde, überzeugt auch die Zuschauer davon und gewinnt die Partie!« Diese Fähigkeit brachte Perikles nicht nur Ruhm, sondern der Stadt auch die Rettung: Überzeugt von seinen Argumenten bewahrte Athen den Wohlstand, den es besaß, und hielt sich von Streitigkeiten des Auslandes fern.

δῆμον, οὐ κατέσχεν οὐδ᾽ ἐκράτησεν, ἀλλ᾽ ᾤχετο βίᾳ φερόμενος εἰς Σικελίαν καὶ συνεκτραχηλιζόμενος. τὸν μὲν οὖν λύκον οὔ φασι τῶν ὤτων κρατεῖν, δῆμον δὲ καὶ πόλιν ἐκ τῶν ὤτων ἄγειν δεῖ μάλιστα, μή, καθάπερ ἔνιοι τῶν ἀγυμνάστων περὶ λόγον λαβὰς ἀμούσους καὶ ἀτέχνους ζητοῦντες ἐν τοῖς πολλοῖς τῆς γαστρὸς ἕλκουσιν εὐωχοῦντες ἢ τοῦ βαλλαντίου διδόντες, ἢ πυρρίχας τινὰς ἢ μονομάχων θεάματα παρασκευάζοντες ἀεὶ δημαγωγοῦσι, μᾶλλον δὲ δημοκοποῦσι. δημαγωγία γὰρ ἡ διὰ λόγου πειθομένων ἐστίν, αἱ δὲ τοιαῦται τιθασεύσεις τῶν ὄχλων οὐδὲν ἀλόγων ζῴων ἄγρας καὶ βουκολήσεως διαφέρουσιν.

Nikias hatte den gleichen Plan, doch ihm fehlte eine ähnliche Fähigkeit, die Menschen auch nur um ein Jota durch seine Rede zu überzeugen oder sie zu lenken, weshalb er weder Herrschaft noch Kontrolle erlangte. Fortgerissen durch die Gewalt der Menschen wandte er sich nach Sizilien und stürzte ins Verderben.[38] Man sagt, den Wolf solle man nicht an den Ohren fassen. Doch um Menschen oder eine Stadt zu regieren, ist dies der einzige Weg. Einige, die keine rhetorische Übung besitzen, versuchen, die Menschen mit uneleganten und unklugen Mitteln in ihren Bann zu ziehen. Indem sie Gelage veranstalten, appellieren sie an den Magen der Menschen. Indem sie ihnen Geschenke machen, appellieren sie an ihre Geldbörse. Auch veranstalten sie ständig Kriegstänze oder Gladiatorenkämpfe, um die Menschen zu führen, womit sie allerdings vielmehr den Mob hofieren. Denn wahre Herrschaft über die Menschen ist die Herrschaft über jene, die durch die Rede überzeugt wurden. Den Mob aber wie oben beschrieben zu zähmen, unterscheidet sich in nichts von der Treibjagd auf irrationale Tiere.

Δεῖ δὲ καὶ φωνῆς εὐεξίᾳ καὶ πνεύματος ῥώμῃ πρὸς οὐ φαῦλον ἀλλὰ πάμμαχον ἀγῶνα τὸν τῆς πολιτείας ἠθληκότα κομίζειν τὸν λόγον, ὡς μὴ πολλάκις ἀπαγορεύοντα καὶ σβεννύμενον ὑπερβάλλῃ τις αὐτὸν "ἅρπαξ κεκράκτης, Κυκλοβόρου φωνὴν ἔχων." Κάτων δέ, περὶ ὧν οὐκ ἤλπιζε πείσειν τῷ προκατέχεσθαι χάρισι καὶ σπουδαῖς τὸν δῆμον ἢ τὴν βουλήν, ἔλεγε τὴν ἡμέραν ὅλην ἀναστὰς καὶ τὸν καιρὸν οὕτως ἐξέκρουε. περὶ μὲν οὖν τῆς τοῦ λόγου παρασκευῆς καὶ χρείας ἱκανὰ ταῦτα τῷ δυναμένῳ τὸ ἀκόλουθον προσεξευρίσκειν.

Und so muss man in den politischen Wettstreit – der kein Scharmützel, sondern eine ausgewachsene Schlacht ist – eine gut ausgebildete rhetorische Fähigkeit mitbringen, sowohl was den Nachdruck der Stimme als auch die Kraft des Atems angeht, sodass man, wenn man erschöpft und ausgelaugt ist, nicht von einem »habgierigen Raufbold mit der Stimme des Kykloborus«[39] übertönt wird. Als beispielsweise Cato der Jüngere nicht davon ausging, die Menschen oder den Senat überzeugen zu können, denn sie waren bereits durch Gefälligkeiten und Verhetzung beeinflusst worden, erhob er sich und sprach sodann den ganzen Tag. Auf diese Weise hielt er den Senat davon ab, eine Entscheidung zu treffen. Was die Vorbereitung und den Einsatz deiner rhetorischen Fähigkeiten also anbelangt, ist das, was ich hier geschrieben habe, ausreichend, denn du vermagst selbst herauszufinden, was daraus folgt.

Εἰσβολαὶ δὲ καὶ ὁδοὶ δύο τῆς πολιτείας εἰσίν, ἡ μὲν ταχεῖα καὶ λαμπρὰ πρὸς δόξαν οὐ μὴν ἀκίνδυνος, ἡ δὲ πεζοτέρα καὶ βραδυτέρα τὸ δ᾽ ἀσφαλὲς ἔχουσα μᾶλλον. οἱ μὲν γὰρ εὐθὺς ὥσπερ ἐξ ἄκρας πελαγίου πράξεως ἐπιφανοῦς καὶ μεγάλης ἐχούσης δὲ τόλμαν ἄραντες ἀφῆκαν ἐπὶ τὴν πολιτείαν, ἡγούμενοι λέγειν ὀρθῶς τὸν Πίνδαρον ὡς

> ἀρχομένου δ᾽ ἔργου πρόσωπον χρὴ
> θέμεν τηλαυγές·

καὶ γὰρ δέχονται προθυμότερον οἱ πολλοὶ κόρῳ τινὶ καὶ πλησμονῇ τῶν συνήθων τὸν ἀρχόμενον, ὥσπερ ἀγωνιστὴν θεαταί, καὶ τὸν φθόνον ἐκπλήττουσιν αἱ λαμπρὰν ἔχουσαι καὶ ταχεῖαν αὔξησιν ἀρχαὶ καὶ δυνάμεις. οὔτε γὰρ πῦρ φησιν ὁ Ἀρίστων καπνὸν ποιεῖν οὔτε δόξαν φθόνον, ἣν εὐθὺς ἐκλάμψῃ καὶ ταχέως, ἀλλὰ τῶν κατὰ μικρὸν αὐξανομένων καὶ σχολαίως

WIE MAN DIE ARENA BETRITT

Es gibt zwei Straßen, auf denen man sich der Politik nähern kann: eine ist schnell und schillernd, führt zum Ruhm, birgt aber einige Gefahren in sich, während die andere langsamer und prosaischer ist, aber ein sichereres Fundament bietet. Jene, die die erste Straße nehmen, brechen direkt von einer glorreichen, großen und wagemutigen Tat auf, als segelten sie von einer Klippe auf die See hinaus. Wenn sie es in die politische Arena schaffen, glauben sie fest an die Berechtigung von Pindars Worten, der sagte: »Zu Beginn einer Unternehmung muss man eine brillante Fassade präsentieren.«[40] Denn das Volk heißt den Neuling umso eifriger willkommen, weil es genug von den gewohnten Politikern hat, genau wie die Zuschauer bei einem Schauspiel den neuen Schauspieler willkommen heißen. Überdies entsteht weniger Neid, wenn eine Person schnell zahlreiche Ämter und Befugnisse an sich reißt. Denn Ariston sagt, dass Feuer nicht unbedingt Rauch verursacht und Ruhm nicht zwingend

ἄλλον ἀλλαχόθεν ἐπιλαμβάνεσθαι· διὸ πολλοὶ πρὶν ἀνθῆσαι περὶ τὸ βῆμα κατεμαράνθησαν. ὅπου δ᾿, ὥσπερ ἐπὶ τοῦ Λάδα λέγουσιν, "ὁ ψόφος ἦν ὕσπληγος ἐν οὔασιν," ἔνθα κἀστεφανοῦτο πρεσβεύων ἢ θριαμβεύων ἢ στρατηγῶν ἐπιφανῶς, οὔθ᾿ οἱ φθονοῦντες οὔθ᾿ οἱ καταφρονοῦντες ὁμοίως ἐπὶ τοιούτων ἰσχύουσιν. οὕτω παρῆλθεν εἰς δόξαν Ἄρατος, ἀρχὴν ποιησάμενος πολιτείας τὴν Νικοκλέους τοῦ τυράννου κατάλυσιν· οὕτως Ἀλκιβιάδης, τὰ Μαντινικὰ συστήσας ἐπὶ Λακεδαιμονίους. Πομπήιος δὲ καὶ θριαμβεύειν ἠξίου μήπω παριὼν εἰς σύγκλητον· οὐκ ἐῶντος δὲ Σύλλα, "πλείονες," ἔφη, "τὸν ἥλιον ἀνατέλλοντα προσκυνοῦσιν ἢ δυόμενον"· καὶ Σύλλας ὑπεῖξε τοῦτ᾿ ἀκούσας. καὶ Σκιπίωνα δὲ Κορνήλιον οὐκ ἀφ᾿ ἧς ἔτυχεν ἀρχῆς ὁ Ῥωμαίων δῆμος ἀγορανομίαν μετερχόμενον ἐξαίφνης ὕπατον ἀπέδειξε παρὰ τὸν νόμον, ἀλλὰ θαυμάσας αὐτοῦ μειρακίου μὲν ὄντος τὴν ἐν Ἰβηρίᾳ μονομαχίαν καὶ νίκην, μικρὸν δ᾿ ὕστερον

Neid, wenn beides schlagartig und schnell aufflammt, aber wenn sich Menschen ihr Ansehen Stück für Stück aufbauen, und das womöglich gemächlich, dann werden sie von allen Seiten angegriffen. Aus diesem Grund welken zahlreiche vielversprechende Herrscher auf der Rednertribüne dahin, noch bevor sie Gelegenheit haben, zu erblühen. Und das Gleiche, was man sich in Bezug auf den Sprinter Ladas erzählt, dass »der Klang des Rennbeginns seine Ohren erfüllte«, gilt, wenn Personen geehrt werden, weil sie als Gesandte gedient haben, einen Triumph feiern oder als General brillante Leistungen vollbracht haben. Keiner ihrer Neider oder Spötter kann hier seinen Einfluss geltend machen. Aratos verdiente sich seinen Ruf, indem er den Fall des Tyrannen Nikokles zu seiner ersten politischen Amtshandlung machte. Alkibiades' erste Amtshandlung bestand darin, eine Allianz mit Mantineia gegen die Lakedaimonier einzugehen. Pompeius war der Ansicht, einen Triumph verdient zu haben, als er noch gar nicht in den Senat gewählt worden war, und als Sulla das nicht zulassen

τὰ πρὸς Καρχηδόνι χιλιαρχοῦντος ἔργα, περὶ ὧν καὶ Κάτων ὁ πρεσβύτερος ἀνεφώνησεν, "οἶος πέπνυται, τοὶ δὲ σκιαὶ ἀίσσουσιν."

Νῦν οὖν ὅτε τὰ πράγματα τῶν πόλεων οὐκ ἔχει πολέμων ἡγεμονίας οὐδὲ τυραννίδων καταλύσεις οὐδὲ συμμαχικὰς πράξεις, τίν' ἄν τις ἀρχὴν ἐπιφανοῦς λάβοι καὶ λαμπρᾶς πολιτείας; αἱ δίκαι τε λείπονται αἱ δημόσιαι καὶ πρεσβεῖαι πρὸς αὐτοκράτορα ἀνδρὸς διαπύρου καὶ θάρσος ἅμα καὶ νοῦν ἔχοντος δεόμεναι. πολλὰ δ'

wollte, erklärte Pompeius: »Beim Aufgang verehren mehr Menschen die Sonne als bei ihrem Untergang.« Und das römische Volk wählte Scipio Aemilianus wider das Gesetz zum Konsul, obwohl er sich nur für das Amt des Ädils bewarb, und zwar keineswegs, weil er die normale Politikerlaufbahn eingeschlagen hatte. Vielmehr bewunderten sie ihn, weil er noch als sehr junger Mann eine einzige Schlacht in Iberia gewonnen hatte und wegen der Taten, die er bald darauf als Militärtribun im Kampf gegen Karthago vollbracht hatte. Diese Leistungen veranlassten Cato den Älteren zu dem Ausruf, dass Scipio »allein Intelligenz besitzt, während der Rest nur wie Schatten umherhuscht«[41].

Aber in unserer Zeit, in der herausragende Leistungen im Krieg oder der Sturz von Tyrannen oder Feldzüge mit Verbündeten nicht mehr zu den Angelegenheiten der Städte gehören, stellt sich die Frage, was für einen auffälligen und brillanten ersten Auftritt in der Politik wir überhaupt machen können? Da wären öffentliche Gerichtsverhandlungen oder

ἔστι καὶ τῶν παρειμένων ἐν ταῖς πόλεσι καλῶν ἀναλαμβάνοντα καὶ τῶν ἐξ ἔθους φαύλου παραδυομένων ἐπ᾽ αἰσχύνῃ τινὶ τῆς πόλεως ἢ βλάβῃ μεθιστάντα πρὸς αὑτὸν ἐπιστρέφειν. ἤδη δὲ καὶ δίκη μεγάλη καλῶς δικασθεῖσα καὶ πίστις ἐν συνηγορίᾳ πρὸς ἀντίδικον ἰσχυρὸν ὑπὲρ ἀσθενοῦς καὶ παρρησία πρὸς ἡγεμόνα μοχθηρὸν ὑπὲρ τοῦ δικαίου κατέστησεν ἐνίους εἰς ἀρχὴν πολιτείας ἔνδοξον.

Τὴν δ᾽ ἀσφαλῆ καὶ σχολαίαν εἵλοντο πολλοὶ τῶν ἐνδόξων, Ἀριστείδης, Φωκίων, Παμμένης ὁ Θηβαῖος, Λεύκολλος ἐν Ῥώμῃ, Κάτων, Ἀγησίλαος ὁ Λακεδαιμόνιος· τούτων γὰρ ἕκαστος, ὥσπερ οἱ κιττοὶ τοῖς ἰσχύουσι τῶν δένδρων περιπλεκόμενοι

Gesandtschaften zum Caesar, für die Menschen erforderlich sind, die zwar ehrgeizig sind und doch sowohl Mut als auch Verstand besitzen. Auch gibt es viele andere Gelegenheiten, die du zu deinen Gunsten nutzen kannst, entweder, indem du gute Bräuche wieder aufleben lässt, die in unseren Städten vernachlässigt wurden, oder indem du Bräuche abschaffst, die durch schlechte Gewohnheiten entstanden sind und der Stadt Schande machen oder Schaden zufügen. Denkbar wäre auch ein Auftritt vor Gericht, bei dem du gut argumentierst, indem du im guten Glauben einen Schwächeren gegen einen starken Gegner verteidigst, oder eine offene Rede gegen einen korrupten Herrscher, die du um der Gerechtigkeit willen hältst. All dies kann dem angehenden Staatsmann einen ruhmreichen Start in die Politik ermöglichen.

Aber viele, die großen Ruhm erlangt haben, wählten den langsamen und stetigen Weg; so zum Beispiel Aristeides, Phokion, Pammenes von Theben, Lucullus der Römer, Cato der Ältere und Agesilaos der Lacedaimonier. Genau wie Efeu sich an starken Bäumen empor-

συνεξανίστανται, προσδραμὼν ἀνδρὶ πρεσβυτέρῳ νέος ἔτι καὶ ἄδοξος ἐνδόξῳ, κατὰ μικρὸν αἰρόμενος ὑπὸ τῆς περὶ ἐκεῖνον δυνάμεως καὶ συναυξανόμενος ἤρεισε καὶ κατερρίζωσεν ἑαυτὸν εἰς τὴν πολιτείαν. Ἀριστείδην μὲν γὰρ ηὔξησε Κλεισθένης καὶ Φωκίωνα Χαβρίας, Λεύκολλον δὲ Σύλλας, Κάτωνα δὲ Μάξιμος, Ἐπαμεινώνδας δὲ Παμμένη, καὶ Λύσανδρος Ἀγησίλαον· ἀλλ᾿ οὗτος μὲν ὑπὸ φιλοτιμίας ἀκαίρου καὶ ζηλοτυπίας διὰ δόξαν ὑβρίσας ἀπέρριψε ταχὺ τὸν καθηγεμόνα τῶν πράξεων· οἱ δ᾿ ἄλλοι καλῶς καὶ πολιτικῶς καὶ ἄχρι τέλους ἐθεράπευσαν καὶ συνεπεκόσμησαν, ὥσπερ τὰ πρὸς ἥλιον ὑφιστάμενα σώματα, τὸ λαμπρῦνον αὐτοὺς πάλιν ἀφ᾿ ἑαυτῶν αὔξοντες καὶ συνεκφωτίζοντες. οἱ γοῦν Σκιπίωνι βασκαίνοντες ὑποκριτὴν αὐτὸν ἀπεφαίνοντο τῶν πράξεων ποιητὴν δὲ Λαίλιον τὸν ἑταῖρον, ὁ δὲ Λαίλιος ὑπ᾿ οὐδενὸς ἐπήρθη τούτων ἀλλ᾿ ἀεὶ διετέλεσε τῇ Σκιπίωνος ἀρετῇ καὶ δόξῃ συμφιλοτιμούμενος. Ἀφράνιος

rankt und mit ihnen zur Krone hinaufwächst, so wandte sich jeder dieser Männer, als sie noch jung und unbekannt waren, an einen angesehenen älteren Staatsmann. So wurden sie Schritt für Schritt durch die Autorität des älteren Mannes emporgehoben und gewannen an Format. Indem sie mit ihm zusammenarbeiteten, verbanden und verwurzelten sie sich tief und fest im politischen Leben. Auf diese Weise half Kleisthenes Aristeides zu wachsen; Chabrias half Phokion; Sulla half Lucullus; Fabius Maximus half Cato dem Älteren; Epameinondas half Pammenes; und Lysander half Agesilaos. Doch Agesilaos, der von unangebrachtem Ehrgeiz und Neid auf Lysanders Ruf getrieben war, beleidigte den Mann, der sein Mentor gewesen war, und verschmähte ihn. Die restlichen Männer jedoch wussten die Älteren, die ihnen zur Größe verholfen hatten, bis zum Ende zu schätzen, verhielten sich nobel, handelten politisch klug und trugen dazu bei, ihre Mentoren zu ehren. Sie waren wie Himmelskörper, die das Sonnenlicht widerspiegeln. Indem sie ihre Mentoren ehrten, erhöhten sie auch ihre

δὲ Πομπηίου φίλος, εἰ καὶ πάνυ ταπεινὸς ἦν, ὅμως ἐπίδοξος ὢν ὕπατος αἱρεθήσεσθαι, Πομπηίου σπουδάζοντος ἑτέροις, ἀπέστη τῆς φιλοτιμίας εἰπὼν οὐκ ἂν οὕτω λαμπρὸν αὐτῷ γενέσθαι τὸ τυχεῖν ὑπατείας, ὡς ἀνιαρὸν ἅμα καὶ δυσχερές, εἰ Πομπηίου μὴ θέλοντος μηδὲ συμπράττοντος· ἐνιαυτὸν οὖν ἀνασχόμενος μόνον οὔτε τῆς ἀρχῆς ἀπέτυχε καὶ τὴν φιλίαν διετήρησε. τοῖς δ᾽ οὕτω χειραγωγουμένοις ὑφ᾽ ἑτέρων ἐπὶ δόξαν ἅμα συμβαίνει χαρίζεσθαί τε πολλοῖς, κἂν τι συμβαίνῃ δύσκολον, ἧττον ἀπεχθάνεσθαι· διὸ καὶ Φίλιππος Ἀλεξάνδρῳ παρῄνει κτᾶσθαι φίλους, ἕως ἔξεστι, βασιλεύοντος ἑτέρου πρὸς χάριν ὁμιλοῦντα καὶ φιλοφρονούμενον.

eigene Stellung und brachten sich selbst zum Strahlen. Die Kritiker des Scipio Aemilianus erklärten, er sei lediglich ein Schauspieler und sein Freund Laelius sei der eigentliche Autor seiner Taten. Aber Laelius hatte kein Ohr für diese Schmeicheleien und hörte nie auf, sich Scipios Tugend und Ruhm anzuschließen. Afranius, der Freund des Pompeius, erwartete trotz seiner Bescheidenheit, zum Konsul gewählt zu werden. Als aber Pompeius andere Kandidaten unterstützte, verzichtete Afranius auf seine ehrgeizigen Pläne und erklärte, dass die Würde des Konsuls nicht ruhmreich sei und ihm sogar Kummer und Leid bereiten würde, wenn Pompeius nicht wünsche, dass er dieses Amt innehabe und ihn nicht unterstütze. Nachdem er nur ein weiteres Jahr ausgeharrt hatte, gewann er nicht nur die Wahl zum Konsul, sondern erhielt sich auch Pompeius' Freundschaft.[42] Und so kommt es, dass jene, die sich unter die Fittiche eines Mentors begeben und auf diese Weise ihren guten Ruf ausbauen, bei den Menschen wohlgelitten sind und sich weniger Feindseligkeit gegenübersehen, wenn sie in Schwierig-

Αἱρεῖσθαι δὲ δεῖ τὸν ἀρχόμενον πολιτείας ἡγεμόνα μὴ ἁπλῶς τὸν ἔνδοξον καὶ δυνατόν, ἀλλὰ καὶ τὸν δι᾽ ἀρετὴν τοιοῦτον. ὡς γὰρ οὐ πᾶν δένδρον ἐθέλει προσίεσθαι καὶ φέρειν περιπλεκομένην τὴν ἄμπελον ἀλλ᾽ ἔνια καταπνίγει καὶ διαφθείρει τὴν αὔξησιν αὐτῆς, οὕτως ἐν ταῖς πόλεσιν οἱ μὴ φιλόκαλοι, φιλότιμοι δὲ καὶ φίλαρχοι μόνον, οὐ προΐενται τοῖς νέοις πράξεων ἀφορμάς, ἀλλ᾽ ὥσπερ τροφὴν ἑαυτῶν τὴν δόξαν ἀφαιρουμένους πιέζουσιν ὑπὸ φθόνου καὶ καταμαραίνουσιν· ὡς Μάριος ἐν Λιβύῃ καὶ πάλιν ἐν Γαλατίᾳ πολλὰ διὰ Σύλλα κατορθώσας ἐπαύσατο χρώμενος, ἀχθεσθεὶς μὲν αὐτοῦ τῇ αὐξήσει, πρόφασιν δὲ τὴν σφραγῖδα ποιησάμενος ἀπέρριψεν· ὁ γὰρ Σύλλας, ὅτε τῷ Μαρίῳ στρατηγοῦντι συνῆν ταμιεύων ἐν Λιβύῃ,

keiten geraten. Aus diesem Grund riet Philipp Alexander, so lange wie möglich die Tatsache für sich zu nutzen, dass jemand anders König war, und Freundschaften zu schließen, indem er angenehme Gespräche führte und andere freundlich behandelte.

Doch wer sich als angehender Staatsmann einen Mentor sucht, sollte nicht nur Wert auf dessen Ansehen und Macht legen. Vielmehr sollte er jemanden wählen, der sich Ansehen und Macht aufgrund seiner Tugend erarbeitet hat. Nicht jeder Baum ist bereit, die Ranke anzunehmen und wachsen zu lassen, die sich um seine Zweige schlingt. Manche Bäume ersticken die Ranke und lassen sie absterben. Genauso gibt es Menschen in unseren Städten, die sich nicht vom Guten[43] leiten lassen, sondern nur darauf aus sind, Ehrenbezeugungen und Ämter anzuhäufen. Sie geben jungen Menschen deshalb keine Gelegenheit, ihren staatsbürgerlichen Pflichten nachzukommen. Stattdessen sind sie neidisch auf die Nachwuchspolitiker, unterdrücken sie und verdrängen sie, als könnten die jungen Leute sie

πεμφθεὶς ὑπ᾽ αὐτοῦ πρὸς Βῶκχον ἤγαγεν Ἰογόρθαν αἰχμάλωτον· οἷα δὲ νέος φιλότιμος, ἄρτι δόξης γεγευμένος, οὐκ ἤνεγκε μετρίως τὸ εὐτύχημα, γλυψάμενος δ᾽ εἰκόνα τῆς πράξεως ἐν σφραγῖδι τὸν Ἰογόρθαν αὐτῷ παραδιδόμενον ἐφόρει· καὶ τοῦτ᾽ ἐγκαλῶν ὁ Μάριος ἀπέρριψεν αὐτόν· ὁ δὲ πρὸς Κάτουλον καὶ Μέτελλον ἄνδρας ἀγαθοὺς καὶ Μαρίῳ διαφόρους μεταστὰς ταχὺ τὸν Μάριον ἐξήλασε καὶ κατέλυσε τῷ ἐμφυλίῳ πολέμῳ μικροῦ δεήσαντα τὴν Ῥώμην ἀνατρέψαι. Σύλλας μέντοι καὶ Πομπήιον ἐκ νέου μὲν ἦρεν ὑπεξανιστάμενος αὐτῷ καὶ τὴν κεφαλὴν ἀποκαλυπτόμενος ἐπιόντι, καὶ τοῖς ἄλλοις νέοις πράξεων ἡγεμονικῶν μεταδιδοὺς ἀφορμάς, ἐνίους δὲ καὶ παροξύνων ἄκοντας, ἐνέπλησε φιλοτιμίας καὶ ζήλου τὰ στρατεύματα· καὶ πάντων ἐκράτησε βουλόμενος εἶναι μὴ μόνος ἀλλὰ πρῶτος καὶ μέγιστος ἐν πολλοῖς καὶ μεγάλοις. τούτων οὖν ἔχεσθαι δεῖ τῶν ἀνδρῶν καὶ τούτοις ἐμφύεσθαι, μή, καθάπερ ὁ Αἰσώπου βασιλίσκος ἐπὶ τῶν ὤμων τοῦ

ihres eigenen Ruhms berauben, der ihr täglich Brot darstellt. So erreichte Marius durch Sullas Verhandlungsgeschick nicht nur viel in Libyen, sondern später auch in Gallien; dennoch hörte er auf, Sulla Pflichten zu übertragen, und entließ ihn. Im Grunde ärgerte er sich nur über dessen vermehrtes politisches Ansehen, nutzte aber Sullas Siegelring als Vorwand. Denn als Sulla als Quästor Marius in seinem Feldzug in Libyen unterstütze, schickte ihn Marius auf eine Mission, die die Einnahme Jugurthas zur Folge hatte. Weil er jung und ehrgeizig war und schon einen Vorgeschmack auf seinen Ruhm gekostet hatte, reagierte Sulla nicht mit Bescheidenheit auf seinen Erfolg. Stattdessen ließ er einen Siegelring anfertigen mit einer Abbildung der Auslieferung Jugurthas an ihn, den er auch zu tragen pflegte. Aufgrund dieses Vergehens wurde er von Marius aus dessen Diensten entlassen. Also schwor Sulla Catulus und Metellus Gefolgschaft, guten Männern, die gleichzeitig Marius' Gegner waren. Schnell trieben sie Marius ins Exil und setzten ihn durch einen Bürgerkrieg ab, nachdem dieser beinahe

ἀετοῦ κομισθεὶς αἰφνίδιον ἐξέπτη καὶ προέφθασεν, οὕτω τὴν ἐκείνων δόξαν ὑφαρπάζοντας αὑτοὺς ἀλλὰ παρ᾽ ἐκείνων ἅμα μετ᾽ εὐνοίας καὶ φιλίας λαμβάνοντας, ὡς οὐδ᾽ ἄρξαι καλῶς τοὺς μὴ πρότερον ὀρθῶς δουλεύσαντας, ᾗ φησιν ὁ Πλάτων, δυναμένους.

einen Umsturz in Rom erwirkt hätte. Sulla hingegen förderte den Aufstieg des Pompeius schon in dessen jungen Jahren, pflegte sich bei Pompeius' Eintreten zu erheben und seine Kopfbedeckung abzunehmen.[44] Außerdem gab er auch anderen jungen Männern Gelegenheit, Führungsrollen zu übernehmen. Er ging sogar so weit, eher zurückhaltende junge Männer zu ermutigen. Auf diese Weise weckte er in seinen Armeen Ehrgeiz und Begeisterung. Letztlich aber herrschte er über alle, denn er wünschte nicht allein an der Macht zu sein, sondern nur der erste und großartigste unter vielen großartigen Männern. Dies ist die Art von Mentor, an der wir uns orientieren müssen. Aesops Zaunkönig flog auf dem Rücken eines Adlers in die Lüfte, löste sich jedoch dann von ihm und war so der Vogel, der am höchsten hinaufgelangte.[45] Auf diese Weise dürfen wir unseren Mentoren den Ruhm allerdings nicht wegschnappen. Stattdessen müssen sie uns Anteil an ihrem Ruhm gewähren, ebenso wie ihr Wohlwollen und ihre Freundschaft. Denn wie Platon sagt: »Menschen können keine guten

Ἕπεται δὲ τούτοις ἡ περὶ φίλων κρίσις, μήτε τὴν Θεμιστοκλέους ἐπαινοῦσα μήτε τὴν Κλέωνος διάνοιαν. ὁ μὲν γὰρ Κλέων, ὅτε πρῶτον ἔγνω τῆς πολιτείας ἅπτεσθαι, τοὺς φίλους συναγαγὼν εἰς ταὐτὸ διελύσατο τὴν φιλίαν πρὸς αὐτούς, ὡς πολλὰ τῆς ὀρθῆς καὶ δικαίας προαιρέσεως μαλάσσουσαν ἐν τῇ πολιτείᾳ καὶ παράγουσαν· ἄμεινον δ᾽ ἂν ἐποίησε τὴν φιλοπλουτίαν ἐκβαλὼν τῆς ψυχῆς καὶ τὴν φιλονεικίαν καὶ φθόνου καὶ κακοηθείας καθήρας αὑτόν· οὐ γὰρ ἀφίλων αἱ πόλεις ἀνδρῶν καὶ ἀνεταίρων ἀλλὰ χρηστῶν καὶ σωφρόνων δέονται· νυνὶ δὲ τοὺς μὲν φίλους ἀπήλασεν, "ἑκατὸν δὲ κύκλῳ κεφαλαὶ κολάκων οἰμωξομένων ἐλιχμῶντο" περὶ αὐτόν, ὡς οἱ κωμικοὶ λέγουσι· καὶ τραχὺς ὢν

Herrscher sein, wenn sie nicht vorher gute Diener waren.«[46]

POLITISCHE FREUNDSCHAFTEN

Dein nächster Schritt besteht darin, dir ein Urteil über deine Freunde zu bilden, wofür ich weder die Gesinnung des Themistokles noch des Kleon empfehle. Als Kleon nämlich beschloss, in die Politik zu gehen, scharte er seine Freunde um sich und beendete seine Freundschaft mit ihnen, weil er der Ansicht war, dass Freundschaften die Fähigkeit zu korrekten und gerechten politischen Entscheidungen in hohem Maße schwächen und korrumpieren. Er wäre allerdings besser beraten gewesen, wenn er sich von der Gier und der Streitsucht in seiner Seele losgesagt und sich von Neid und Häme freigemacht hätte. Denn Städte können Menschen nicht brauchen, denen Freunde und Gefährten fehlen, sondern sie benötigen Herrscher, die hilfreich sind und über Selbstbeherrschung verfügen. Er aber jagte seine

πρὸς τοὺς ἐπιεικεῖς καὶ βαρὺς αὖθις ὑπέβαλλε τοῖς πολλοῖς πρὸς χάριν ἑαυτόν, "γεροντάγωγῶν κἀναμισθαρνεῖν διδούς," καὶ τὸ φαυλότατον καὶ τὸ νοσοῦν μάλιστα τοῦ δήμου προσεταιριζόμενος ἐπὶ τοὺς ἀρίστους. ὁ δὲ Θεμιστοκλῆς πάλιν πρὸς τὸν ἀποφηνάμενον, ὡς ἄρξει καλῶς ἴσον ἅπασι παρέχων ἑαυτόν, "μηδέποτ᾽," εἶπεν, "εἰς τοιοῦτον ἐγὼ καθίσαιμι θρόνον, ἐν ᾧ πλέον οὐχ ἕξουσιν οἱ φίλοι παρ᾽ ἐμοῦ τῶν μὴ φίλων," οὐδ᾽ οὗτος ὀρθῶς τῇ φιλίᾳ κατεπαγγελλόμενος τὴν πολιτείαν καὶ τὰ κοινὰ καὶ δημόσια ταῖς ἰδίαις χάρισι καὶ σπουδαῖς ὑφιέμενος. καίτοι πρός γε Σιμωνίδην ἀξιοῦντά τι τῶν μὴ δικαίων "οὔτε ποιητής," ἔφη, "σπουδαῖός ἐστιν ᾄδων παρὰ μέλος οὔτ᾽ ἄρχων ἐπιεικὴς παρὰ τὸν νόμον χαριζόμενος."

Freunde nun einmal fort, »hundert verfluchte Speichellecker steckten die Köpfe zusammen und zerrissen sich den Mund darüber« und scharten sich um ihn, wie die Komödiendichter es formulieren.[47] Er wurde grob und anmaßend zu denen, die vernünftig und gerecht waren, und er ordnete sich der Allgemeinheit unter, um ihre Gunst zu erlangen, »hegte und pflegte sie wie alte Männer und verschaffte ihnen ein Einkommen«. Und schließlich tat er sich mit dem kranken und niedrigsten Element des Volkes gegen die Aristokratie zusammen. Wenn wiederum dem Themistokles jemand erklärte, dass er gut regiere, indem er jedermann gleich behandele, so antwortete er: »Möge ich niemals auf jener Art von Thron sitzen, der mich davon abhält, meinen Freunden mehr zu geben als jedem anderen.« Aber er tat nicht gut daran, sich in politischen Entscheidungen seinen Freunden zu verpflichten. Ebenso falsch war es, öffentliche Angelegenheiten und das Wohl der Allgemeinheit privaten Gefälligkeiten und Interessen unterzuordnen. Als jedoch Simonides einen ungerechtfertigten Gefallen ein-

Δεινὸν γὰρ ὡς ἀληθῶς καὶ σχέτλιον, εἰ ναύτας μὲν ἐκλέγεται κυβερνήτης καὶ κυβερνήτην ναύκληρος

> εὖ μὲν ἐνὶ πρύμνῃ οἰήιον, εὖ δὲ κεραίην
> εἰδότας ἐντείνασθαι ἐπορνυμένου
> ἀνέμοιο·

καί τις ἀρχιτέκτων ὑπουργοὺς καὶ χειροτέχνας, οἳ μὴ διαφθεροῦσιν αὐτοῦ τοὔργον ἀλλ᾽ ἄριστα συνεκπονήσουσιν· ὁ δὲ πολιτικός, ἀριστοτέχνας τις ὢν κατὰ Πίνδαρον καὶ δημιουργὸς εὐνομίας καὶ δίκης, οὐκ εὐθὺς αἱρήσεται φίλους ὁμοιοπαθεῖς καὶ ὑπηρέτας καὶ συνενθουσιῶντας αὐτῷ πρὸς τὸ καλόν, ἀλλ᾽ ἄλλους πρὸς ἄλλην ἀεὶ χρείαν κάμπτοντας αὐτὸν ἀδίκως καὶ βιαίως· οὐδέν τ᾽ ὀφθήσεται διαφέρων οἰκοδόμου

forderte, antwortete Themistokles: »Ein Dichter, der beim Gesang das Metrum nicht einhält, ist nicht gut, und ein Herrscher des Volkes, der das Gesetz verletzt, um jemandem eine Gunst zu erweisen, ist ungerecht.«

Aber wenn der Steuermann eines Schiffes seine Seeleute auswählt und der Kapitän seinen Steuermann, Menschen, »die genau wissen, wie sie das Achterruder bedienen müssen und die Rah spannen müssen, wenn der Wind auffrischt«, und wenn ein Architekt jene Arbeiter und Handwerker auswählt, die seine Arbeit nicht zunichtemachen, sondern ihm sogar dabei helfen, sie auf bestmögliche Weise auszuführen, dann wäre es wirklich schrecklich und schädlich, wenn Politiker, die schon Pindar als höchste Künstler bezeichnete, da sie für geordnete Regierungsgeschäfte und Gerechtigkeit sorgen, sich nicht von Anfang an Freunde und Untergebene suchten, die ihre Leidenschaften und ihre Begeisterung für das wahrhaft Gute teilen, sondern stattdessen Freunde wählten, die sie manipulieren und sie sich gewaltsam für andere Zwecke nutzbar machen. In

τινὸς ἢ τέκτονος ἀπειρίᾳ καὶ πλημμελείᾳ γωνίαις χρωμένου καὶ κανόσι καὶ στάθμαις, ὑφ᾽ ὧν διαστρέφεσθαι τοὔργον ἔμελλεν· ὄργανα γὰρ οἱ φίλοι ζῶντα καὶ φρονοῦντα τῶν πολιτικῶν ἀνδρῶν εἰσι, καὶ οὐ δεῖ συνολισθάνειν αὐτοῖς παραβαίνουσιν, ἀλλὰ προσέχειν ὅπως μηδ᾽ ἀγνοούντων αὐτῶν ἐξαμαρτάνωσι. τοῦτο γὰρ καὶ Σόλωνα κατῄσχυνε καὶ διέβαλε πρὸς τοὺς πολίτας· ἐπεὶ γὰρ ἐν νῷ λαβὼν τὰ ὀφλήματα κουφίσαι καὶ τὴν σεισάχθειαν (τοῦτο δ᾽ ἦν ὑποκόρισμα χρεῶν ἀποκοπῆς) εἰσενεγκεῖν ἐκοινώσατο τοῖς φίλοις· οἱ δ᾽ ἔργον ἀδικώτατον ἔπραξαν· ἐδανείσαντο γὰρ ὑποφθάσαντες ἀργύριον πολὺ καὶ μετ᾽ ὀλίγον χρόνον εἰς φῶς τοῦ νόμου προαχθέντος οἱ μὲν ἐφάνησαν οἰκίας τε λαμπρὰς καὶ γῆν συνεωνημένοι πολλὴν ἐξ ὧν ἐδανείσαντο χρημάτων, ὁ δὲ Σόλων αἰτίαν ἔσχε συναδικεῖν ἠδικημένος.

diesem Fall würden sie sich nicht von einem Baumeister oder Zimmermann unterscheiden, der durch Unerfahrenheit und Irrtum Winkel, Lineal und Lotschnur falsch benutzt und auf diese Weise ein windschiefes Haus baut. Denn Freunde sind die lebenden und denkenden Hilfsmittel des Politikers. Staatsmänner dürfen keinesfalls bei Fehltritten der Freunde mit ihnen stolpern, sondern vielmehr auf der Hut sein und Irrtümer vermeiden, auch wenn ihre Freunde sich irren. Solon beispielsweise geriet in den Sog der Verfehlungen seiner Freunde und schädigte auf diese Weise seinen Ruf beim Volk. Denn nachdem er einen Schuldennachlass beschlossen hatte, um die Last »abzuschütteln« (so bezeichnete er den Erlass), informierte er zunächst seine Freunde, die sich sodann ungerechtfertigt bereicherten. Schnell borgten sie sich große Geldsummen, und als kurze Zeit darauf das Gesetz offiziell erlassen wurde, stellte sich heraus, dass seine Freunde prächtige Häuser und große Landstücke von dem geliehenen Geld gekauft hatten. Solon, der durch ihr Verhalten sogar selbst geschädigt

Ἐπεὶ δὲ "πάσαις κορυδαλλίσι" κατὰ Σιμωνίδην "χρὴ λόφον ἐγγενέσθαι" καὶ πᾶσα πολιτεία φέρει τινὰς ἔχθρας καὶ διαφοράς, οὐχ ἥκιστα προσήκει καὶ περὶ τούτων ἐσκέφθαι τὸν πολιτικόν. οἱ μὲν οὖν πολλοὶ τὸν Θεμιστοκλέα καὶ τὸν Ἀριστείδην ἐπαινοῦσιν ἐπὶ τῶν ὅρων τὴν ἔχθραν ἀποτιθεμένους, ὁσάκις ἐπὶ πρεσβείαν ἢ στρατηγίαν ἐξίοιεν, εἶτα πάλιν ἀναλαμβάνοντας. ἐνίοις δὲ καὶ τὸ Κρητίνου τοῦ Μάγνητος ὑπερφυῶς ἀρέσκει· Ἑρμείᾳ γὰρ ἀντιπολιτευόμενος ἀνδρὶ οὐ δυνατῷ μὲν φιλοτίμῳ δὲ καὶ λαμπρῷ τὴν ψυχήν, ἐπεὶ κατέσχεν ὁ Μιθριδατικὸς πόλεμος, τὴν πόλιν ὁρῶν κινδυνεύουσαν ἐκέλευσε τὸν Ἑρμείαν

worden war, wurde danach vorgeworfen, sie in ihrem ungerechten Streben unterstützt zu haben.

ZUSAMMENARBEIT VON STAATSMÄNNERN UND VOLK

»Alle Lerchen brauchen eine Baumkrone«, sagt Simonides, und sämtliche politische Arbeit bringt Feindschaft und Meinungsverschiedenheiten mit sich. Da dies der Fall ist, sollte der Politiker intensiv darüber nachdenken. Heute loben die meisten Menschen Themistokles und Aristeides, die ihre wechselseitige Feindschaft an der Landesgrenze ablegten, wann immer sie eine Gesandtschaft oder ein Feldzug außer Landes führte, nur um sie nach ihrer Rückkehr sofort wieder aufzunehmen. Und die Öffentlichkeit preist Kretinas von Magnisia, den politischen Gegner des Hermias, eines Mannes, der keine Macht mehr innehatte, aber dennoch eine ehrgeizige und brillante Seele besaß. Als der Krieg gegen Mithridates ausbrach, erkannte

τὴν ἀρχὴν παραλαβόντα χρῆσθαι τοῖς πράγμασιν, αὐτοῦ μεταστάντος· εἰ δὲ βούλεται στρατηγεῖν ἐκεῖνον, αὐτὸν ἐκποδὼν ἀπελθεῖν, ὡς μὴ φιλοτιμούμενοι πρὸς ἀλλήλους ἀπολέσειαν τὴν πόλιν. ἤρεσεν ἡ πρόκλησις τῷ Ἑρμείᾳ, καὶ φήσας ἑαυτοῦ πολεμικώτερον εἶναι τὸν Κρητίναν ὑπεξῆλθε μετὰ παίδων καὶ γυναικός. ὁ δὲ Κρητίνας ἐκεῖνόν τε προύπεμψε, τῶν ἰδίων χρημάτων ἐπιδοὺς ὅσα φεύγουσιν ἦν ἢ πολιορκουμένοις χρησιμώτερα, καὶ τὴν πόλιν ἄριστα στρατηγήσας παρ᾽ οὐδὲν ἐλθοῦσαν ἀπολέσθαι περιεποίησεν ἀνελπίστως. εἰ γὰρ εὐγενὲς καὶ φρονήματος μεγάλου τὸ ἀναφωνῆσαι "φιλῶ τέκν᾽, ἀλλὰ πατρίδ᾽ ἐμὴν μᾶλλον φιλῶ," πῶς οὐκ ἐκείνοις γε προχειρότερον εἰπεῖν ἑκάστῳ "μισῶ τὸν δεῖνα καὶ βούλομαι ποιῆσαι κακῶς, ἀλλὰ πατρίδ᾽ ἐμὴν μᾶλλον φιλῶ"; τὸ γὰρ μὴ θέλειν διαλυθῆναι πρὸς ἐχθρόν, ὧν ἕνεκα δεῖ καὶ φίλον προέσθαι, δεινῶς ἄγριον καὶ θηριῶδες. οὐ μὴν ἀλλὰ βέλτιον οἱ περὶ Φωκίωνα

Kretinas, dass die Stadt in Gefahr war. Er bat Hermias, die Regierungsgeschäfte der Stadt zu übernehmen, während er selbst das Land verlassen wollte. Falls Hermias das lieber war, könne er aber auch selbst die Befehlsgewalt übernehmen, während Hermias ins Exil ging. Auf diese Weise wollte er verhindern, dass ihre Rivalität die Stadt letztlich zerstörte. Der Vorschlag gefiel Hermias, und da er der Meinung war, dass Kretinas mehr Kriegsgeschick besaß als er selbst, zog er sich mitsamt seiner Frau und seinen Kindern aus Magnisia zurück. Kretinas gab ihm eine Eskorte und versorgte ihn zudem aus eigenen Mitteln mit Geld, das Fliehende stets nötiger haben als Belagerte. Danach übernahm er die Regierungsgeschäfte und rettete die Stadt wider alle Erwartung vor dem wahrscheinlichen Untergang. Wenn schon der Ausspruch »Ich liebe meine Kinder, aber mein Land liebe ich mehr« als edel gilt und von großem Charakter zeugt, sollte es da beiden nicht umso leichter gefallen sein zu sagen: »Ich hasse diesen Mann und möchte ihm schaden, mein Land aber liebe ich mehr?« Denn

καὶ Κάτωνα, μηδ᾽ ὅλως ἔχθραν τινὰ πρὸς πολιτικὰς τιθέμενοι διαφοράς, ἀλλὰ δεινοὶ καὶ ἀπαραίτητοι μόνον ἐν τοῖς δημοσίοις ἀγῶσιν ὄντες μὴ προέσθαι τὸ συμφέρον, ἐν δὲ τοῖς ἰδίοις ἀμηνίτως καὶ φιλανθρώπως χρώμενοι τοῖς ἐκεῖ διαφερομένοις.

Δεῖ γὰρ ἐχθρὸν μηδένα πολίτην νομίζειν, ἂν μή τις, οἷος Ἀριστίων ἢ Νάβις ἢ Κατιλίνας, νόσημα καὶ ἀπόστημα πόλεως ἐγγένηται· τοὺς δ᾽ ἄλλως ἀπᾴδοντας ὥσπερ ἁρμονικὸν ἐπιτείνοντα καὶ χαλῶντα πράως εἰς τὸ ἐμμελὲς ἄγειν, μὴ τοῖς ἁμαρτάνουσι σὺν ὀργῇ καὶ πρὸς ὕβριν ἐπιφυόμενον, ἀλλ᾽ ὡς Ὅμηρος ἠθικώτερον· "ὦ πέπον, ἦ τ᾽ ἐφάμην σε περὶ φρένας ἔμμεναι ἄλλων" καὶ "οἶσθα καὶ

wenn wir sogar in Situationen, in denen wir womöglich sogar unsere Angehörigen im Stich lassen müssen, nicht bereit sind, uns mit unseren persönlichen Feinden zu versöhnen, so sind wir barbarisch und brutal. Aber Phokion und Cato[48] waren sogar noch besser, denn ihre politischen Auseinandersetzungen waren überhaupt nicht von Feindschaft geprägt. Wenn sie miteinander auf politischer Ebene stritten, waren sie beide halsstarrig und wichen nicht von ihrer Meinung ab, aber nur, solange es um das öffentliche Wohl ging. Persönliche Unstimmigkeiten mit ihren politischen Gegnern aber handhabten sie menschlich und ruhig.

Im Grunde jedoch sollte man überhaupt keinen Bürger als persönlichen Feind betrachten außer diejenigen – wie Aristion oder Nabis oder Catilina –, die sich als Pest für die Stadt erwiesen haben.[49] Aber jene Menschen, mit denen es ansonsten zu Verstimmungen gekommen ist, muss man sanft wieder einstimmen, wie ein Musiker seine Saiten spannt oder lockert, um wieder mit ihnen zu harmonieren, statt sie wütend und unverschämt anzugreifen, sobald sie einen Feh-

ἄλλον μῦθον ἀμείνονα τοῦδε νοῆσαι." ἂν τέ τι χρηστὸν εἴπωσιν ἢ πράξωσι, μὴ τιμαῖς ἀχθόμενον αὐτῶν μηδὲ λόγων εὐφήμων ἐπὶ καλοῖς ἔργοις φειδόμενον· οὕτω γὰρ ὅ τε ψόγος ὅπου δεῖ πίστιν ἕξει, καὶ πρὸς τὴν κακίαν διαβαλοῦμεν αὐτοὺς αὔξοντες τὴν ἀρετὴν καὶ ταῦτα παραβάλλοντες ἐκείνοις ὡς ἄξια καὶ πρέποντα μᾶλλον. ἐγὼ δὲ καὶ μαρτυρεῖν ἀξιῶ τὰ δίκαια καὶ τοῖς διαφόροις τὸν πολιτικὸν ἄνδρα καὶ βοηθεῖν κρινομένοις πρὸς τοὺς συκοφάντας καὶ ταῖς διαβολαῖς ἀπιστεῖν, ἂν ὦσιν ἀλλότριαι τῆς προαιρέσεως αὐτῶν· ὥσπερ ὁ Νέρων ἐκεῖνος ὀλίγον ἔμπροσθεν ἢ κτεῖναι τὸν Θρασέαν μάλιστα μισῶν καὶ φοβούμενος, ὅμως ἐγκαλοῦντός τινος ὡς κακῶς κεκριμένου καὶ ἀδίκως, "ἐβουλόμην ἄν," ἔφη, "Θρασέαν οὕτως ἐμὲ φιλεῖν, ὡς δικαστὴς ἄριστός ἐστιν."

ler machen. Man sollte eher taktvoll mit ihnen umgehen, etwa wie Homer, der beispielsweise sagte: »Mein Freund, ich hielt dich immer für klüger als alle anderen.«[50] Und: »Du weißt, wie man eine bessere Rede hält als diese.«[51] Und wenn die anderen etwas Gutes sagen oder tun, darf man keinesfalls die Ehrenbezeugungen missgönnen, die ihnen zuteilwerden oder ihnen Lob für ihre guten Taten vorenthalten. Denn nur dann wird die Kritik, die man übt, wann immer sie nötig ist, auch ernst genommen. Man verhindert menschliches Fehlverhalten, indem man die Tugend der anderen fördert und ihnen vor Augen hält, welche Handlungsweisen wertvoll und angemessen sind. Ich persönlich glaube, dass Politiker gutes Zeugnis für diejenigen ablegen sollten, mit denen sie auf politischer Ebene im Widerstreit stehen. Sie sollten die Betreffenden vor Gericht vertreten und sie gegen falsche Anschuldigungen und Verleumdung beschützen, falls die Aussagen dem sonstigen Verhalten des Betreffenden nicht entsprechen. So handelte selbst der ruchlose Nero, kurz bevor er Thrasea zum Tode verurteilte: Obwohl

Πολιτείας δ᾽ οἱ μὲν εἰς ἅπαν ἐνδύονται μέρος, ὥσπερ ὁ Κάτων, οὐδεμιᾶς ἀξιοῦντες εἰς δύναμιν ἀπολείπεσθαι φροντίδος οὐδ᾽ ἐπιμελείας τὸν ἀγαθὸν πολίτην· καὶ τὸν Ἐπαμεινώνδαν ἐπαινοῦσιν, ὅτι φθόνῳ καὶ πρὸς ὕβριν ἀποδειχθεὶς τέλμαρχος ὑπὸ τῶν Θηβαίων οὐκ ἠμέλησεν, ἀλλ᾽ εἰπὼν ὡς οὐ μόνον ἀρχὴ ἄνδρα δείκνυσιν ἀλλὰ καὶ ἀρχὴν ἀνήρ, εἰς μέγα καὶ σεμνὸν ἀξίωμα προήγαγε τὴν τελμαρχίαν, οὐδὲν οὖσαν πρότερον ἀλλ᾽ ἢ περὶ τοὺς στενωποὺς ἐκβολῆς κοπρίων καὶ ῥευμάτων ἀποτροπῆς ἐπιμέλειάν τινα.

er ihn besonders hasste und fürchtete, unterstützte Nero ihn, wenn jemand Thrasea eines unfairen und ungerechten Gerichtsurteils bezichtigte, und sagte: »Ich wünschte, Thrasea wäre ein ebenso guter Freund, wie er ein guter Richter ist.«

EIN HERRSCHER SOLLTE ALLES GEBEN, ABER NICHT ALLES TUN

Manche Staatsmänner, wie zum Beispiel Cato, mischten sich in sämtliche Einzelheiten des Regierungsgeschäfts ein in dem Glauben, dass gute Bürger gemäß ihren besten Fähigkeiten nie in ihrer Sorge und ihrem Einsatz für den Staat nachlassen. Und man lobte Epameinondas, weil er seine Pflichten nie vernachlässigte, auch nicht, als die Thebaner ihm aus Neid und um ihn zu beleidigen ein unwichtiges Amt übertrugen. Im Gegenteil, er erklärte, dass ein Amt einen Mann nicht nur auszeichnet, sondern dass ein Mann auch das Amt auszeichnet. Dann ging er dazu über, dieser unwichtigen

κἀγὼ δ᾽ ἀμέλει παρέχω γέλωτα τοῖς παρεπιδημοῦσιν, ὁρώμενος ἐν δημοσίῳ περὶ τὰ τοιαῦτα πολλάκις· ἀλλὰ βοηθεῖ μοι τὸ τοῦ Ἀντισθένους μνημονευόμενον· θαυμάσαντος γάρ τινος, εἰ δι᾽ ἀγορᾶς αὐτὸς φέρει τάριχος, "ἐμαυτῷ γ᾽," εἶπεν· ἐγὼ δ᾽ ἀνάπαλιν πρὸς τοὺς ἐγκαλοῦντας, εἰ κεράμῳ παρέστηκα διαμετρουμένῳ καὶ φυράμασι καὶ λίθοις παρακομιζομένοις, "οὐκ ἐμαυτῷ γε," φημί, "ταῦτ᾽ οἰκοδομῶν ἀλλὰ τῇ πατρίδι." καὶ γὰρ εἰς ἄλλα πολλὰ μικρὸς ἄν τις εἴη καὶ γλίσχρος αὑτῷ διοικῶν καὶ δι᾽ αὑτὸν πραγματευόμενος· εἰ δὲ δημοσίᾳ καὶ διὰ τὴν πόλιν, οὐκ ἀγεννής, ἀλλὰ μεῖζον τὸ μέχρι μικρῶν ἐπιμελὲς καὶ πρόθυμον. ἕτεροι δὲ σεμνότερον οἴονται καὶ μεγαλοπρεπέστερον εἶναι τὸ τοῦ Περικλέους· ὧν καὶ Κριτόλαός ἐστιν ὁ Περιπατητικὸς ἀξιῶν, ὥσπερ ἡ Σαλαμινία ναῦς Ἀθήνησι καὶ ἡ Πάραλος οὐκ ἐπὶ πᾶν ἔργον ἀλλ᾽ ἐπὶ τὰς ἀναγκαίας καὶ μεγάλας κατεσπῶντο πράξεις, οὕτως ἑαυτῷ πρὸς τὰ κυριώτατα καὶ μέγιστα χρῆσθαι, ὡς ὁ τοῦ κόσμου βασιλεύς,

Tätigkeit zu Größe und Ansehen zu verhelfen, obwohl zuvor nichts weiter dazugehört hatte als die Reinigung der Straßen von Dung und die Ableitung von Wasser. Und zweifellos lachen Menschen, die unsere Stadt besuchen, auch über mich, wenn sie mich in aller Öffentlichkeit ähnliche Pflichten verrichten sehen, wie es häufig vorkommt. Aber in dieser Situation kommt mir die denkwürdige Bemerkung des Antisthenes in den Sinn. Denn wenn jemand sich überrascht zeigte, weil Antisthenes seinen gepökelten Fisch eigenhändig über den Markt trug, pflegte er zu sagen. »Natürlich tue ich das, denn der Fisch ist schließlich für mich selbst bestimmt.«[52] Wenn man mich also deshalb tadelt, weil ich anwesend bin, wenn Ziegel ausgemessen oder Zement und Steine geliefert werden, sage ich zu den Betreffenden: »Seht her, ich baue diese Dinge nicht für mich selbst, sondern für meine Geburtsstadt.« Und so ist es mit vielen anderen kleinen Projekten: Die Menschen gelten als unbedeutend und engstirnig, wenn sie diese Projekte selbst beaufsichtigen und sie nur für sich selbst ver-

τῶν ἄγαν γὰρ ἅπτεται θεός, τὰ μικρὰ δ᾽
εἰς τύχην ἀνεὶς ἐᾷ

κατὰ τὸν Εὐριπίδην.

Ὁὐδὲ γὰρ τοῦ Θεαγένους τὸ φιλότιμον ἄγαν καὶ φιλόνεικον ἐπαινοῦμεν, ὃς οὐ μόνον τὴν περίοδον νενικηκὼς ἀλλὰ καὶ πολλοὺς ἀγῶνας, οὐ παγκρατίῳ

wirklichen, aber wenn sie sie als Dienst an der Öffentlichkeit und für die Stadt verwirklichen, sind derlei Tätigkeiten alles andere als würdelos. Tatsächlich werden die Sorge und der Eifer, die sie kleinen Dingen widmen, sogar noch umso bedeutender. Andere jedoch glauben, dass die Haltung des Perikles ehrenhafter und seinem hohen Rang angemessener war. Unter ihnen ist auch Kritolaos, das Oberhaupt der peripatetischen Schule. Er glaubt, dass es mit Politikern ist wie mit *Salaminia* und *Paralus*, den Staatsschiffen Athens. Sie waren nicht für gewöhnliche Aufgaben vorgesehen, sondern für wichtige und große Missionen. Genauso sollten ihm zufolge politische Herrscher sich nur den wichtigsten und bedeutsamsten Angelegenheiten widmen und dem Beispiel des Königs des Universums folgen, von dem Euripides sagt: »Für die großen Dinge sorgt Gott, die kleinen überlässt er dem Zufall.«

Dem stimme ich nicht zu. Und genauso wenig gefällt mir der übermäßige Ehrgeiz und die Streitsucht des Theagenes, eines Mannes, der bei den vier großen Spielen[53] und bei vie-

μόνον ἀλλὰ καὶ πυγμῇ καὶ δολίχῳ, τέλος ἡρῷα δειπνῶν ἐπιταφίου τινός, ὥσπερ εἰώθει, προτεθείσης ἅπασι τῆς μερίδος, ἀναπηδήσας διεπαγκρατίασεν, ὡς οὐδένα νικᾶν δέον αὐτοῦ παρόντος· ὅθεν ἤθροισε χιλίους καὶ διακοσίους στεφάνους, ὧν συρφετὸν ἄν τις ἡγήσαιτο τοὺς πλείστους. οὐδὲν οὖν τούτου διαφέρουσιν οἱ πρὸς πᾶσαν ἀποδυόμενοι πολιτικὴν πρᾶξιν, ἀλλὰ μεμπτούς τε ταχὺ ποιοῦσιν ἑαυτοὺς τοῖς πολλοῖς, ἐπαχθεῖς τε γίγνονται καὶ κατορθοῦντες ἐπίφθονοι, κἂν σφαλῶσιν, ἐπίχαρτοι, καὶ τὸ θαυμαζόμενον αὐτῶν ἐν ἀρχῇ τῆς ἐπιμελείας εἰς χλευασμὸν ὑπονοστεῖ καὶ γέλωτα.

Τῇ μὲν γὰρ εὐνοίᾳ καὶ κηδεμονίᾳ δεῖ μηδενὸς ἀφεστάναι τῶν κοινῶν, ἀλλὰ

len anderen Wettkämpfen siegreich war und der nicht nur im Pankration[54] gewann, sondern auch im Faustkampf und Langstreckenlauf. Nach seinen Triumphen wohnte er eines Tages einem Gelage am Schrein eines gewissen Helden bei, und nachdem jedem wie üblich seine Mahlzeit serviert worden war, sprang er auf, um sich erneut im Pankration zu messen in der festen Überzeugung, dass kein anderer siegreich sein dürfe, solange er selbst ebenfalls an dem Wettkampf teilnahm. Demzufolge sammelte er eintausendzweihundert Siegerkränze, die allerdings größtenteils wertlos sein mögen. Jene, die sich für jegliche Gelegenheit, Herrscher zu werden, ausziehen[55], unterscheiden sich in keiner Weise von Theagenes: Schnell werden sie von den Menschen verachtet; man fühlt sich von ihnen erdrückt und neidet ihnen den Erfolg; und man freut sich, wenn sie scheitern; so werden ebenjene Eigenschaften, die ihnen zu Beginn ihrer Tätigkeit Bewunderung einbrachten, zum Quell von Spott und Hohn.

Also dürfen wir uns nicht fernhalten von einer jeglichen öffentlichen Aufgabe, sondern

πᾶσι προσέχειν καὶ γιγνώσκειν ἕκαστα, μηδ᾽ ὥσπερ ἐν πλοίῳ σκεῦος ἱερὸν ἀποκεῖσθαι τὰς ἐσχάτας περιμένοντα χρείας τῆς πόλεως καὶ τύχας· ἀλλ᾽ ὡς οἱ κυβερνῆται τὰ μὲν ταῖς χερσὶ δι᾽ αὑτῶν πράττουσι, τὰ δ᾽ ὀργάνοις ἑτέροις δι᾽ ἑτέρων ἄπωθεν καθήμενοι περιάγουσι καὶ στρέφουσι, χρῶνται δὲ καὶ ναύταις καὶ πρῳρεῦσι καὶ κελευσταῖς, καὶ τούτων ἐνίους ἀνακαλούμενοι πολλάκις εἰς πρύμναν ἐγχειρίζουσι τὸ πηδάλιον· οὕτω τῷ πολιτικῷ προσήκει παραχωρεῖν μὲν ἑτέροις ἄρχειν καὶ προσκαλεῖσθαι πρὸς τὸ βῆμα μετ᾽ εὐμενείας καὶ φιλανθρωπίας, κινεῖν δὲ μὴ πάντα τὰ τῆς πόλεως τοῖς αὑτοῦ λόγοις καὶ ψηφίσμασιν ἢ πράξεσιν, ἀλλ᾽ ἔχοντα πιστοὺς καὶ ἀγαθοὺς ἄνδρας ἕκαστον ἑκάστῃ χρείᾳ κατὰ τὸ οἰκεῖον προσαρμόττειν· ὡς Περικλῆς Μενίππῳ μὲν ἐχρῆτο πρὸς τὰς στρατηγίας, δι᾽ Ἐφιάλτου δὲ τὴν ἐξ Ἀρείου πάγου βουλὴν ἐταπείνωσε, διὰ δὲ Χαρίνου τὸ κατὰ Μεγαρέων ἐκύρωσε ψήφισμα, Λάμπωνα δὲ Θουρίων οἰκιστὴν ἐξέπεμψεν. οὐ

müssen guten Willen zeigen und Sorge, müssen aufmerksam sein und bewandert in allem. Wir dürfen uns nicht verstecken wie »der heilige Anker« auf einem Schiff[56] und darauf warten, dass unsere Stadt in tiefe Not gerät oder ein Unglück erleidet. Denken wir vielmehr an die Steuermänner auf einem Schiff. Sie bedienen die Pinne eigenhändig, aber sie drehen und wenden auch andere Hilfsmittel, und zwar mit Hilfe der Mannschaft, während sie selbst in einigem Abstand dasitzen. Sie verlassen sich also auf die Matrosen, Bootsleute und den Wachmann am Bug, und häufig lassen sie einige dieser Mitglieder der Mannschaft ans Steuer kommen und vertrauen ihnen die Pinne an. Genauso ist es angemessen, dass Politiker sich mit Wohlwollen und Freundlichkeit unterwerfen, anderen gestatten, zu regieren und auf die Rednerplattform gerufen zu werden. Sie dürfen auch nicht sämtliche öffentlichen Geschäfte durch eigene Reden, Dekrete und Entscheidungen regeln, sondern brauchen Assistenten, die vertrauenswürdig und von gutem Charakter sind. Jedem von ihnen müssen sie

γὰρ μόνον, τῆς δυνάμεως εἰς πολλοὺς διανέμεσθαι δοκούσης, ἧττον ἐνοχλεῖ τῶν φθόνων τὸ μέγεθος, ἀλλὰ καὶ τὰ τῶν χρειῶν ἐπιτελεῖται μᾶλλον. ὡς γὰρ ὁ τῆς χειρὸς εἰς τοὺς δακτύλους μερισμὸς οὐκ ἀσθενῆ πεποίηκεν ἀλλὰ τεχνικὴν καὶ ὀργανικὴν αὐτῆς τὴν χρῆσιν, οὕτως ὁ πραγμάτων ἑτέροις ἐν πολιτείᾳ μεταδιδοὺς ἐνεργοτέραν ποιεῖ τῇ κοινωνίᾳ τὴν πρᾶξιν· ὁ δ᾿ ἀπληστίᾳ δόξης ἢ δυνάμεως πᾶσαν αὑτῷ τὴν πόλιν ἀνατιθεὶς καὶ πρὸς ὃ μὴ πέφυκε μηδ᾿ ἤσκηται προσάγων αὑτόν, ὡς Κλέων πρὸς τὸ στρατηγεῖν, Φιλοποίμην δὲ πρὸς τὸ ναυαρχεῖν, Ἀννίβας δὲ πρὸς τὸ δημηγορεῖν, οὐκ ἔχει παραίτησιν ἁμαρτάνων ἀλλὰ προσακούει τὸ τοῦ Εὐριπίδου "τέκτων γὰρ ὢν ἔπρασσες οὐ ξυλουργικά" λέγειν ἀπίθανος ὢν ἐπρέσβευες ἢ ῥᾴθυμος ὢν ᾠκονόμεις, ψήφων ἄπειρος ἐταμίευες ἢ γέρων καὶ ἀσθενὴς ἐστρατήγεις. Περικλῆς δὲ καὶ πρὸς Κίμωνα διενείματο τὴν δύναμιν, αὐτὸς μὲν ἄρχειν ἐν ἄστει, τὸν δὲ πληρώσαντα τὰς ναῦς τοῖς βαρβάροις

die Aufgabe zuweisen, für die sie am besten geeignet sind. So übertrug Perikles dem Minippos die Generalswürde, kontrollierte die Macht des Areopag mit Hilfe des Ephialtes, erließ das Dekret, mit dem er die Stadt Megara bestrafte, durch Charinus und entsandte Lampon, um die Kolonie in Thurioi zu gründen. Wenn die Macht scheinbar unter vielen Leuten aufgeteilt ist, plagt uns nicht nur weniger Neid, sondern wir können unseren Verpflichtungen auch besser nachkommen. Denn genau wie die Hand in Finger aufgeteilt ist und dadurch keineswegs schwächer, sondern im Gegenteil ein nützliches und praktisches Instrument ist, so machen jene, die die politische Macht mit anderen teilen, die Regierungsarbeit durch ihre Kooperation deutlich wirkungsvoller. Im Gegensatz dazu gibt es einige, die von einem unstillbaren Hunger nach Ruhm und Macht getrieben sind. Sie laden die volle Verantwortung für die Stadt auf ihre eigenen Schultern und übertragen sich selbst Aufgaben, für die sie weder von Natur aus begabt noch ausgebildet sind. So handhabte es Kleon, als er General

πολεμεῖν· ἦν γὰρ ὁ μὲν πρὸς πολιτείαν ὁ δὲ πρὸς πόλεμον εὐφυέστερος.

Ἐπεὶ δὲ παντὶ δήμῳ τὸ κακόηθες καὶ φιλαίτιον ἔνεστι πρὸς τοὺς πολιτευομένους καὶ πολλὰ τῶν χρησίμων, ἂν μὴ στάσιν ἔχῃ μηδ᾽ ἀντιλογίαν, ὑπονοοῦσι πράττεσθαι συνωμοτικῶς, καὶ

wurde, oder Philopoimen als Admiral oder Hannibal, als er sich an die Ratsversammlung wandte. Für das Scheitern solcher Menschen gibt es keine Entschuldigung. Überdies müssen sie die Kritik erdulden, die Euripides folgendermaßen formuliert: »Du bist ein Zimmermann, aber du hast nicht mit Holz gearbeitet.« Wir könnten aber auch sagen: »Du bist kein überzeugender Redner, aber du warst als Gesandter tätig«, »Du bist nachlässig, aber du arbeitetest in der Verwaltung«, »Du bist unerfahren im Rechnungswesen, warst aber Schatzmeister.« Oder: »Du bist alt und zittrig, führtest aber eine Armee an.« Perikles jedoch teilte seine Macht mit Kimon. Er regierte in Athen, während sein Konkurrent Mannschaften für die Schiffe der Stadt aushob und im Ausland Krieg führte, denn Perikles war eher für die Politik geschaffen, Kimon aber eher für den Krieg.

In jeder Stadt gibt es Menschen, die böswillig sind und nur darauf aus, Fehler bei ihren politischen Führern zu finden. Und auch wenn sie keine Vetternwirtschaft oder Opposition feststellen, gehen sie oft davon aus, dass

τοῦτο διαβάλλει μάλιστα τὰς ἑταιρείας καὶ φιλίας, ἀληθινὴν μὲν ἔχθραν ἢ διαφορὰν οὐδεμίαν ἑαυτοῖς ὑπολειπτέον, ὡς ὁ τῶν Χίων δημαγωγὸς Ὀνομάδημος οὐκ εἴα τῇ στάσει κρατήσας πάντας ἐκβάλλειν τοὺς ὑπεναντίους "ὅπως," ἔφη, "μὴ πρὸς τοὺς φίλους ἀρξώμεθα διαφέρεσθαι, τῶν ἐχθρῶν παντάπασιν ἀπαλλαγέντες." τοῦτο μὲν γὰρ εὔηθες· ἀλλ᾽ ὅταν ὑπόπτως ἔχωσιν οἱ πολλοὶ πρός τι πρᾶγμα καὶ μέγα καὶ σωτήριον, οὐ δεῖ πάντας ὥσπερ ἀπὸ συντάξεως ἥκοντας τὴν αὐτὴν λέγειν γνώμην, ἀλλὰ καὶ δύο καὶ τρεῖς διαστάντας ἀντιλέγειν ἠρέμα τῶν φίλων, εἶθ᾽ ὥσπερ ἐξελεγχομένους μετατίθεσθαι· συνεφέλκονται γὰρ οὕτω τὸν δῆμον, ὑπὸ τοῦ συμφέροντος ἄγεσθαι δόξαντες. ἐν μέντοι τοῖς ἐλάττοσι καὶ πρὸς μέγα μηδὲν διήκουσιν οὐ χεῖρόν ἐστι καὶ ἀληθῶς ἐᾶν διαφέρεσθαι τοὺς φίλους, ἕκαστον ἰδίῳ λογισμῷ χρώμενον, ὅπως περὶ τὰ κυριώτατα καὶ μέγιστα φαίνωνται πρὸς τὸ βέλτιστον οὐκ ἐκ παρασκευῆς ὁμοφρονοῦντες.

viele politische Entscheidungen das Ergebnis von Verschwörungen sind, was wiederum insbesondere zu Kritik an den politischen Verbindungen ihrer Herrscher und ihren Freundschaften führt. Politiker müssen dauerhafte Feindseligkeit oder Unstimmigkeiten untereinander vermeiden, wie es Onomademus, der Demagoge von Chios, handhabte. Nachdem er siegreich aus einem innerparteilichen Streit hervorgegangen war, ließ er nicht zu, dass seine Partei sämtliche Feinde aus der Stadt vertrieb, und begründete seine Entscheidung folgendermaßen: »Es besteht die Gefahr, dass wir, nachdem wir uns unserer Feinde vollkommen entledigt haben, auch noch unsere Freunde bekämpfen.« Diese Haltung ist einfältig. Aber immer wenn die Leute einem wichtigen oder nützlichen Vorschlag misstrauisch gegenüberstehen, sollte man keineswegs jedem Politiker gestatten, vorzutreten und sich dafür auszusprechen, als habe man sich vorher abgesprochen. Stattdessen sollten zwei oder drei der eigenen Freunde sich offen dagegen aussprechen und dann so tun, als seien ihre Argu-

Φύσει μὲν οὖν ἄρχων ἀεὶ πόλεως ὁ πολιτικὸς ὥσπερ ἡγεμὼν ἐν μελίτταις, καὶ τοῦτο χρὴ διανοούμενον ἔχειν τὰ δημόσια διὰ χειρός· ἃς δ᾽ ὀνομάζουσιν ἐξουσίας καὶ χειροτονοῦσιν ἀρχὰς μήτ᾽ ἄγαν διώκειν καὶ πολλάκις, οὐ γὰρ σεμνὸν οὐδὲ δημοτικὸν ἡ φιλαρχία· μήτ᾽ ἀπωθεῖσθαι, τοῦ δήμου κατὰ νόμον διδόντος καὶ καλοῦντος· ἀλλὰ κἂν ταπεινότεραι τῆς δόξης ὦσι, δέχεσθαι καὶ συμφιλοτιμεῖσθαι·

mente entkräftet worden, und ihre Meinung ändern. Durch diese Kriegslist werden deine Freunde die Menge mit sich ziehen, denn sie scheinen ja überzeugt worden zu sein, dass die betreffende Entscheidung sich für die Stadt vorteilhaft auswirkt. In weniger wichtigen Angelegenheiten jedoch kann es nicht schaden, deinen Freunden zu erlauben, sich auf ihre eigenen Überlegungen zu verlassen und aus vollem Herzen zu widersprechen. Wenn dann die wichtigen Fragen auf den Tisch kommen, hat es den Anschein, als habe man einen Konsens über die beste Strategie erreicht, und zwar ohne vorherige Absprachen.

Es ist ganz natürlich, dass Politiker die Führung in einer Stadt übernehmen, genau wie die Bienenkönigin beim Bienenvolk das Sagen hat. Dies müssen Staatsmänner bei der Handhabung öffentlicher Angelegenheiten stets im Hinterkopf haben. Dennoch sollten sie jene Ämter, in die sie gewählt wurden und die ihnen Macht verleihen, nicht auf aggressive oder übertriebene Weise ausfüllen, denn es zeugt weder von Ehrenhaftigkeit noch von demokratischer

δίκαιον γὰρ ὑπὸ τῶν μειζόνων κοσμουμένους ἀρχῶν ἀντικοσμεῖν τὰς ἐλάττονας, καὶ τῶν μὲν βαρυτέρων οἷον στρατηγίας Ἀθήνησι καὶ πρυτανείας ἐν Ῥόδῳ καὶ βοιωταρχίας παρ᾽ ἡμῖν, ὑφίεσθαί τι καὶ παρενδιδόναι μετριάζοντα ταῖς δὲ μικροτέραις ἀξίωμα προστιθέναι καὶ ὄγκον, ὅπως μήτε περὶ ταύτας εὐκαταφρόνητοι μήτ᾽ ἐπίφθονοι περὶ ἐκείνας ὦμεν.

Gesinnung, zu sehr an seinem Amt zu kleben. Genauso wenig sollten sie aber eine Ernennung ausschlagen, wenn man sie zum Dienst an der Allgemeinheit beruft und ihnen von Gesetzes wegen die Macht überträgt. Auch Positionen, die unter ihrer Würde sind, sollten sie akzeptieren und eifrig darin ihren Dienst versehen, denn Politiker, die ein gewisses Ansehen genießen, weil sie höhere Ämter innehatten, sind verpflichtet, das Format unwichtigerer Ämter zu steigern, indem sie auch diese ausfüllen. Im Hinblick auf die bedeutendsten Ämter, wie die Generalswürde in Athen, einen Platz im Stadtrat zu Rhodos oder die Leitung der uns verbündeten Böotischen Städte[57], sind Politiker ebenfalls verpflichtet, mit Augenmaß zu herrschen, zeitweise anderen nachzugeben und geringere Ämter zu ehren und auszuzeichnen. Auf diese Weise können wir vermeiden, dass man uns entweder verachtet oder beneidet.

Εἰσιόντα δ᾽ εἰς ἅπασαν ἀρχὴν οὐ μόνον ἐκείνους δεῖ προχειρίζεσθαι τοὺς λογισμούς, οὓς ὁ Περικλῆς αὐτὸν ὑπεμίμνησκεν ἀναλαμβάνων τὴν χλαμύδα, "πρόσεχε, Περίκλεις· ἐλευθέρων ἄρχεις, Ἑλλήνων ἄρχεις, πολιτῶν Ἀθηναίων"· ἀλλὰ κἀκεῖνο λέγειν πρὸς ἑαυτόν, "ἀρχόμενος ἄρχεις, ὑποτεταγμένης πόλεως ἀνθυπάτοις, ἐπιτρόποις Καίσαρος· 'οὐ ταῦτα λόγχη πεδιάς,' οὐδ᾽ αἱ παλαιαὶ Σάρδεις οὐδ᾽ ἡ Λυδῶν ἐκείνη δύναμις"· εὐσταλεστέραν δεῖ τὴν χλαμύδα ποιεῖν, καὶ βλέπειν ἀπὸ τοῦ στρατηγίου πρὸς τὸ βῆμα, καὶ τῷ στεφάνῳ μὴ πολὺ φρονεῖν μηδὲ πιστεύειν, ὁρῶντα τοὺς καλτίους ἐπάνω τῆς κεφαλῆς· ἀλλὰ μιμεῖσθαι τοὺς ὑποκριτάς, πάθος μὲν ἴδιον καὶ ἦθος καὶ ἀξίωμα τῷ ἀγῶνι προστιθέντας, τοῦ δ᾽ ὑποβολέως ἀκούοντας καὶ μὴ παρεκβαίνοντας τοὺς ῥυθμοὺς καὶ τὰ μέτρα τῆς διδομένης ἐξουσίας ὑπὸ τῶν κρατούντων. ἡ γὰρ ἔκπτωσις οὐ φέρει

KENNE DEINEN PLATZ UND DAS AUSMASS DEINER MACHT

Zu Beginn jeder Amtszeit solltest du dir den Glaubenssatz des Perikles vor Augen führen, den dieser jedes Mal wiederholte, wenn er den Mantel des Generals überzog. »Denk daran, oh Perikles, dass du über freie Menschen herrschst; du herrschst über Griechen und die Bürger von Athen.« Und sage dir auch noch Folgendes: »Du bist ein Statthalter, aber du selbst unterstehst ebenfalls einem Herrscher; du regierst eine Stadt, die dem Prokonsul untersteht, der wiederum der Repräsentant Cäsars ist. ›Das Schlachtfeld ist leer‹[58]; Das alte Sardes ist untergegangen, ebenso wie die berühmte lydische Armee.«[59] Du musst den Mantel tragen, der deinen Umständen angemessen ist. Wende den Blick ab vom Generalhauptquartier und schaue stattdessen hinüber zur Rednerplattform; du darfst niemals zu hoch von einem Ort denken oder deiner Krone zu viel Vertrauen schenken, nur weil der Prokonsul dich zu zermalmen droht. Mach es stattdessen

συριγμὸν οὐδὲ χλευασμὸν οὐδὲ κλωγμόν, ἀλλὰ πολλοῖς μὲν ἐπέβη "δεινὸς κολαστὴς πέλεκυς αὐχένος τομεύς," ὡς τοῖς περὶ Παρδάλαν τὸν ὑμέτερον ἐκλαθομένοις τῶν ὅρων· ὁ δέ τις ἐκριφεὶς εἰς νῆσον γέγονε κατὰ τὸν Σόλωνα

Φολεγάνδριος ἢ Σικινήτης, ἀντί γ᾿
Ἀθηναίου πατρίδ᾿ ἀμειψάμενος.

Τὰ μὲν γὰρ μικρὰ παιδία τῶν πατέρων ὁρῶντες ἐπιχειροῦντα τὰς κρηπῖδας ὑποδεῖσθαι καὶ τοὺς στεφάνους περιτίθεσθαι μετὰ παιδιᾶς γελῶμεν, οἱ δ᾿ ἄρχοντες ἐν ταῖς πόλεσιν ἀνοήτως τὰ τῶν προγόνων ἔργα καὶ φρονήματα

wie die Schauspieler; sie lassen ihre eigenen Gefühle, ihren Charakter und ihre Würde in ihr Spiel mit einfließen, gehorchen aber dennoch dem Souffleur, der ihnen die Zeilen vorsagt, und verstoßen auch nicht gegen Rhythmus und Metrum ihrer Rolle, die ihnen von jenen zugewiesen wurden, die die Aufführung leiten[60]. Denn eine Übertretung im Amt hat nicht nur Buhrufe, Spott oder Häme zufolge. »Der grässliche Scherge, die Axt, die den Hals durchtrennt« sauste schon auf so viele politische Anführer herab, so zum Beispiel auch auf deinen Mitbürger Pardalas, als er seine Grenzen überschritt. Wieder ein anderer wurde auf eine Insel verbannt und wurde – um mit den Worten Solons zu sprechen – »ein Folegandrier oder Sizilier. Er war nicht länger Athener, nachdem er seine Heimat verlassen musste.«

Wenn wir kleine Kinder dabei beobachten, wie sie im Spiel die Stiefel des Vaters anziehen und Kränze auf den Kopf setzen, müssen wir unwillkürlich lachen. Aber wenn unsere Herrscher törichterweise das Volk ermutigen, jene Handlungen, Gesinnungen und Leistungen

καὶ πράξεις ἀσυμμέτρους τοῖς παροῦσι καιροῖς καὶ πράγμασιν οὔσας μιμεῖσθαι κελεύοντες ἐξαίρουσι τὰ πλήθη, γέλωτά τε ποιοῦντες οὐκέτι γέλωτος ἄξια πάσχουσιν, ἂν μὴ πάνυ καταφρονηθῶσι. πολλὰ γάρ ἔστιν ἄλλα τῶν πρότερον Ἑλλήνων διεξιόντα τοῖς νῦν ἠθοποιεῖν καὶ σωφρονίζειν, ὡς Ἀθήνησιν ὑπομιμνήσκοντα μὴ τῶν πολεμικῶν, ἀλλ᾽ οἷόν ἐστι τὸ ψήφισμα τὸ τῆς ἀμνηστίας ἐπὶ τοῖς τριάκοντα· καὶ τὸ ζημιῶσαι Φρύνιχον τραγῳδίᾳ διδάξαντα τὴν Μιλήτου ἅλωσιν· καὶ ὅτι, Θήβας Κασάνδρου κτίζοντος, ἐστεφανηφόρησαν· τὸν δ᾽ ἐν Ἄργει πυθόμενοι σκυταλισμόν, ἐν ᾧ πεντακοσίους καὶ χιλίους ἀνῃρήκεσαν ἐξ αὑτῶν οἱ Ἀργεῖοι, περιενεγκεῖν καθάρσιον περὶ τὴν ἐκκλησίαν ἐκέλευσαν· ἐν δὲ τοῖς Ἁρπαλείοις τὰς οἰκίας ἐρευνῶντες μόνην τὴν τοῦ γεγαμηκότος νεωστὶ παρῆλθον. ταῦτα γὰρ καὶ νῦν ἔξεστι ζηλοῦντας ἐξομοιοῦσθαι τοῖς προγόνοις· τὸν δὲ Μαραθῶνα καὶ τὸν Εὐρυμέδοντα καὶ τὰς Πλαταιάς, καὶ ὅσα τῶν παραδειγμάτων

ihrer Vorfahren zu imitieren, die für unsere modernen Zeiten und Umstände gar nicht mehr angemessen sind, so scheint das ebenfalls lächerlich zu sein. Die Konsequenzen jedoch sind alles andere als ein Witz. Im besten Fall kommen die Verantwortlichen damit davon, dass sie vom Volk verachtet werden. Trotzdem haben die Griechen von früher genug Leistungen vorzuweisen, auf die sich politische Herrscher stützen und von denen sie berichten können, um den Charakter ihrer Zeitgenossen zu formen und sie Selbstbeherrschung zu lehren. So sollten Staatsmänner das Volk von Athen beispielsweise nicht an die großen Siege im Krieg erinnern, sondern vielmehr an das Amnestiedekret nach der Vertreibung der dreißig Tyrannen[61] oder an die Bestrafung des Phrynichos, weil er die Eroberung Milets in einer Tragödie verewigte[62], oder daran, wie sich die Leute mit Kränzen schmückten, um den Wiederaufbau Thebens durch Kassander zu feiern[63]. Oder daran, wie die Athener nach der Erschlagung von eintausendfünfhundert ihrer Mitbürger durch die Argiver reagierten:

οἰδεῖν ποιεῖ καὶ φρυάττεσθαι διακενῆς τοὺς πολλούς, ἀπολιπόντας ἐν ταῖς σχολαῖς τῶν σοφιστῶν.

Οὐ μόνον δὲ δεῖ παρέχειν αὑτόν τε καὶ τὴν πατρίδα πρὸς τοὺς ἡγεμόνας ἀναίτιον, ἀλλὰ καὶ φίλον ἔχειν ἀεί τινα τῶν ἄνω δυνατωτάτων, ὥσπερ ἕρμα τῆς πολιτείας βέβαιον· αὐτοὶ γάρ εἰσι Ῥωμαῖοι πρὸς τὰς πολιτικὰς σπουδὰς προθυμότατοι τοῖς φίλοις· καὶ καρπὸν ἐκ φιλίας ἡγεμονικῆς λαμβάνοντας, οἷον ἔλαβε Πολύβιος καὶ Παναίτιος τῇ Σκιπίωνος εὐνοίᾳ πρὸς αὐτοὺς μεγάλα τὰς πατρίδας ὠφελήσαντες, εἰς εὐδαιμονίαν δημοσίαν

Sie ließen ein Reinigungsopfer um die Versammlung herumtragen. Auch kann man sich daran erinnern, wie im Rahmen der Harpalos-Affäre sämtliche Häuser durchsucht wurden mit Ausnahme des einen, in dem ein frisch vermähltes Paar wohnte[64]. Denn nur in dieser Hinsicht sollten moderne Athener ihren Vorfahren nacheifern. Die Schilderung anderer Leistungen jedoch, wie die Schlachten bei Marathon, beim Fluss Eurymedon und bei Platea oder ähnliche Ereignisse, auf die die Menschen sich einiges einbilden, sollte man lieber den Lehrern und ihren Schulen überlassen.

Ein Staatsmann sollte dafür sorgen, dass nicht nur er selbst, sondern auch seine Geburtsstadt in den Augen der römischen Herrscher über jeden Zweifel erhaben sind. Außerdem sollte man unter den mächtigen Würdenträgern immer einen Freund haben, jemanden, der die eigenen politischen Aktivitäten unterstützt. In der Tat sind die Römer durchaus gern bereit, die politischen Interessen ihrer Verbündeten zu fördern. Überdies kann eine Freundschaft zu einem römischen Herrscher auf edelste

ἐξενέγκασθαι καλόν. Ἄρειόν τε Καῖσαρ, ὅτε τὴν Ἀλεξάνδρειαν εἷλε, διὰ χειρὸς ἔχων καὶ μόνῳ προσομιλῶν τῶν συνήθων συνεισήλασεν, εἶτα τοῖς Ἀλεξανδρεῦσι τὰ ἔσχατα προσδοκῶσι καὶ δεομένοις ἔφη διαλλάττεσθαι διά τε τὸ μέγεθος τῆς πόλεως καὶ διὰ τὸν οἰκιστὴν Ἀλέξανδρον, "καὶ τρίτον," ἔφη, "τῷ φίλῳ μου τούτῳ χαριζόμενος." ἆρά γ᾽ ἄξιον τῇ χάριτι ταύτῃ παραβαλεῖν τὰς πολυταλάντους ἐπιτροπὰς καὶ διοικήσεις τῶν ἐπαρχιῶν, ἃς διώκοντες οἱ πολλοὶ γηράσκουσι πρὸς ἀλλοτρίαις θύραις, τὰ οἴκοι προλιπόντες· ἢ τὸν Εὐριπίδην ἐπανορθωτέον ᾄδοντα καὶ λέγοντα, ὡς εἴπερ ἀγρυπνεῖν χρὴ καὶ φοιτᾶν ἐπ᾽ αὔλειον ἑτέρου καὶ ὑποβάλλειν ἑαυτὸν ἡγεμονικῇ συνηθείᾳ, πατρίδος πέρι κάλλιστον ἐπὶ ταῦτα χωρεῖν, τὰ δ᾽ ἄλλα τὰς ἐπὶ τοῖς ἴσοις καὶ δικαίοις φιλίας ἀσπάζεσθαι καὶ φυλάττειν;

Weise zum Wohlstand deiner Stadt beitragen, so wie Polybios und Panaitios ihren jeweiligen Städten zum Vorteil gereichten, da ihnen Scipio wohlgesonnen war. Man denke auch an den Fall von Augustus und Areios. Nachdem Augustus Alexandria eingenommen hatte, hielt er mit Areios im Gefolge in der Stadt Einzug und unterhielt sich ausschließlich mit ihm und nicht mit den anderen Gefährten[65]. Die Bewohner Alexandrias erwarteten, nun hart behandelt zu werden, und beschworen Augustus, sie zu verschonen. Da verkündete er, dass er Frieden mit ihnen schließen wolle, zum einen aufgrund des Ruhmes der Stadt und zu Ehren ihres Gründers Alexander. »Und drittens«, so fügte er hinzu, »als Gefallen, den ich meinem Freund hier erweise.« Diese Art von Gefallen ist viel wertvoller als ein einträglicher Posten als Statthalter oder in der Provinzverwaltung, um den manche so lange vor den Türen der Herrscher betteln[66], dass sie alt darüber werden und ihre Angelegenheiten zu Hause vernachlässigen. Vielleicht sollten wir uns auf die Verse des Euripides besinnen: »Wenn wir

Ποιοῦντα μέντοι καὶ παρέχοντα τοῖς κρατοῦσιν εὐπειθῆ τὴν πατρίδα δεῖ μὴ προσεκταπεινοῦν, μηδὲ τοῦ σκέλους δεδεμένου προσυποβάλλειν καὶ τὸν τράχηλον, ὥσπερ ἔνιοι, καὶ μικρὰ καὶ μείζω φέροντες ἐπὶ τοὺς ἡγεμόνας ἐξονειδίζουσι τὴν δουλείαν, μᾶλλον δ᾽ ὅλως τὴν πολιτείαν ἀναιροῦσι, καταπλῆγα καὶ περιδεᾶ καὶ πάντων ἄκυρον ποιοῦντες. ὥσπερ γὰρ οἱ χωρὶς ἰατροῦ μήτε δειπνεῖν μήτε λούεσθαι συνεθισθέντες οὐδ᾽ ὅσον ἡ φύσις δίδωσι χρῶνται τῷ ὑγιαίνειν, οὕτως οἱ παντὶ δόγματι καὶ συνεδρίῳ καὶ χάριτι καὶ διοικήσει προσάγοντες ἡγεμονικὴν κρίσιν ἀναγκάζουσιν ἑαυτῶν μᾶλλον ἢ βούλονται δεσπότας εἶναι τοὺς

schon die ganze Nacht aufbleiben müssen, um andere zu hofieren und uns der Gesellschaft unserer Anführer zu unterwerfen, dann ist es höchst ehrenhaft, wenn wir dies um unserer Stadt willen tun. Aber in sämtlichen anderen Fällen sollten wir Freundschaften willkommen heißen und fördern, die wir auf der Grundlage der Gleichheit und Gerechtigkeit schließen.«[67]

Natürlich müssen wir dafür sorgen, dass unsere Städte der Obrigkeit gehorchen, dürfen sie deshalb aber noch lange nicht demütigen. Nur weil die Beine der Stadt gefesselt wurden, muss man ihr die Kette nicht auch noch um den Hals legen. Einige bürgerliche Herrscher tun das jedoch, indem sie große und kleine Angelegenheiten den römischen Statthaltern berichten und auf diese Weise die Schande der Sklaverei über ihre Stadt bringen. Oft zerstören sie dadurch ihr politisches System, sodass die Menschen zögerlich, furchtsam und schließlich vollkommen machtlos werden. Denn genau wie Leute, die es sich zur Gewohnheit gemacht haben, ohne den Rat eines Arztes weder zu speisen noch zu baden, weshalb sie nicht einmal mehr jenes

ἡγουμένους. αἰτία δὲ τούτου μάλιστα πλεονεξία καὶ φιλονεικία τῶν πρώτων· ἢ γὰρ ἐν οἷς βλάπτουσι τοὺς ἐλάττονας ἐκβιάζονται φεύγειν τὴν πόλιν ἢ περὶ ὧν διαφέρονται πρὸς ἀλλήλους οὐκ ἀξιοῦντες ἐν τοῖς πολίταις ἔχειν ἔλαττον ἐπάγονται τοὺς κρείττονας· ἐκ τούτου δὲ καὶ βουλὴ καὶ δῆμος καὶ δικαστήρια καὶ ἀρχὴ πᾶσα τὴν ἐξουσίαν ἀπόλλυσι.

Δεῖ δὲ τοὺς μὲν ἰδιώτας ἰσότητι, τοὺς δὲ δυνατοὺς ἀνθυπείξει πραΰνοντα κατέχειν ἐν τῇ πολιτείᾳ καὶ διαλύειν τὰ πράγματα, πολιτικήν τινα ποιούμενον αὐτῶν ὥσπερ νοσημάτων ἀπορρήτων ἰατρείαν, αὐτόν τε μᾶλλον ἡττᾶσθαι βουλόμενον ἐν τοῖς πολίταις ἢ νικᾶν ὕβρει καὶ καταλύσει τῶν οἴκοι δικαίων, τῶν τ᾽

Maß an Gesundheit haben, das die Natur uns so freimütig gewährt, genauso suchen einige Politiker den Rat der Römer in jeglicher Hinsicht, bei jedem Dekret, bei jeder Ratsversammlung, jeder bürgerlichen Ehrenbezeugung oder jedem Verwaltungsakt. Dadurch zwingen sie die römischen Statthalter, ihre Herren zu werden, sogar gegen deren Willen. Dieses Verhalten ist vornehmlich die Folge der Gier und Streitsucht führender Persönlichkeiten, die Schwächere angreifen und zwingen, aus der Stadt zu fliehen, oder die bei jedem noch so winzigen Konflikt die römischen Autoritäten anrufen, weil sie keine Niederlage ertragen können. Demzufolge verlieren der Senat, die Ratsversammlung, die Gerichtshöfe und jedes bürgerliche Amt an Macht.

Ein guter Staatsmann muss das gesamte Volk in seine politischen Entscheidungen mit einbeziehen. Er muss die Privatleute dadurch beruhigen, dass er für Gleichheit sorgt, und die mächtigen Bürger, indem er sich ihrer Mitarbeit versichert. Überdies müssen größere Probleme durch eine Art politischer Therapie gelöst werden, als handele es sich um eine

ἄλλων ἑκάστου δεόμενον καὶ διδάσκοντα τὴν φιλονεικίαν ὅσον ἐστὶ κακόν· νῦν δ᾽ ὅπως μὴ πολίταις καὶ φυλέταις οἴκοι καὶ γείτοσι καὶ συνάρχουσιν ἀνθυπείξωσι μετὰ τιμῆς καὶ χάριτος, ἐπὶ ῥητόρων θύρας καὶ πραγματικῶν χεῖρας ἐκφέρουσι σὺν πολλῇ βλάβῃ καὶ αἰσχύνῃ τὰς διαφοράς. οἱ μὲν γὰρ ἰατροὶ τῶν νοσημάτων ὅσα μὴ δύνανται παντάπασιν ἀνελεῖν ἔξω τρέπουσιν εἰς τὴν ἐπιφάνειαν τοῦ σώματος· ὁ δὲ πολιτικός, ἂν μὴ δύνηται τὴν πόλιν ἀπράγμονα παντελῶς διαφυλάττειν, ἐν αὐτῇ γε πειράσεται τὸ ταρασσόμενον αὐτῆς καὶ στασιάζον ἀποκρύπτων ἰᾶσθαι καὶ διοικεῖν, ὡς ἂν ἥκιστα τῶν ἐκτὸς ἰατρῶν καὶ φαρμάκων δέοιτο. ἡ μὲν γὰρ προαίρεσις ἔστω τοῦ πολιτικοῦ τῆς ἀσφαλείας ἐχομένη καὶ φεύγουσα τὸ ταρακτικὸν τῆς κενῆς δόξης καὶ μανικόν, ὡς εἴρηται· τῇ μέντοι διαθέσει φρόνημα καὶ

μένος πολυθαρσὲς ἐνέστω ἄτρομον,
οἷόν τ᾽ ἄνδρας ἐσέρχεται, οἳ περὶ

schwere Krankheit. Im politischen Geben und Nehmen sollten Staatsmänner es vorziehen, lieber zu verlieren, statt durch Gewalt oder die Beschneidung staatsbürgerlicher Rechte zu gewinnen. Sie müssen von anderen eine ähnliche Denkungsart verlangen, indem sie ihnen vermitteln, wie destruktiv politische Rivalität sein kann. Aber tatsächlich sind Politiker dieser Tage nicht bereit, ihren Mitbürgern, Stämmen[68] oder Nachbarn auf ehrenhafte und würdevolle Weise nachzugeben, genauso wenig wie ihren Amtskollegen. Sie tragen ihre Streitigkeiten geradewegs ins Haus der Advokaten, legen sie in die Hände von Anwälten, was ebenso zu ihrem eigenen Schaden wie zu ihrer Schande ist. Wenn Ärzte nicht in der Lage sind, eine Krankheit vollständig zu heilen, versuchen sie, sie in die äußeren Teile des Körpers zu treiben. Aber ein guter Politiker, der seine Stadt nicht ganz vor Misshelligkeiten schützen kann, wird versuchen, die störenden Elemente und die Vetternwirtschaft zunächst im Verborgenen zu halten und sie sodann auf eine Art zu behandeln und zu handhaben, die so wenig äu-

πάτρης
ἀνδράσι δυσμενέεσσι

καὶ πράγμασι δυσκόλοις καὶ καιροῖς ἀντερείδουσι καὶ διαμάχονται. δεῖ γὰρ οὐ ποιεῖν χειμῶνας αὐτὸν ἀλλὰ μὴ προλείπειν ἐπιπεσόντων, οὐδὲ κινεῖν τὴν πόλιν ἐπισφαλῶς, σφαλλομένῃ δὲ καὶ κινδυνευούσῃ βοηθεῖν, ὥσπερ ἄγκυραν ἱερὰν ἀράμενον ἐξ αὑτοῦ τὴν παρρησίαν ἐπὶ τοῖς μεγίστοις.

ßere Maßnahmen und Medizin erfordert wie möglich. Denn wie bereits dargelegt, sollten Staatsmänner die bewusste Entscheidung treffen, Stabilität zu fördern und den Wahnsinn und das Chaos zu meiden, die aus dem eitlen Streben nach Ruhm erwachsen. Ein Anführer muss jedoch auch kühn sein und »von Zuversicht, Furchtlosigkeit und Kraft erfüllt sein, wie jene Männer, die sich bei der Verteidigung ihres Vaterlandes feindlichen Mächten gegenübersehen«[69]. Außerdem muss er bereit sein, unter schwierigen Umständen und in harten Zeiten zu kämpfen. Politiker sollten selbst nie einen Sturm anzetteln, trotzdem müssen sie sich auf ihre Kraft besinnen, sobald ein Sturm über sie hinwegbraust. Staatsmänner dürfen niemals die Ursache von Unruhen sein, wenn aber Unruhe und Gefahr droht, müssen sie ihrer Stadt zu Hilfe eilen, indem sie Probleme frei heraus und direkt ansprechen, als ließen sie in der größten Not jenen »heiligen Anker« fallen.

Ἱερὸν δὲ χρῆμα καὶ μέγα πᾶσαν ἀρχὴν οὖσαν καὶ ἄρχοντα δεῖ μάλιστα τιμᾶν, τιμὴ δ᾽ ἀρχῆς ὁμοφροσύνη καὶ φιλία πρὸς συνάρχοντας πολὺ μᾶλλον ἢ στέφανοι καὶ χλαμὺς περιπόρφυρος. οἱ δὲ τὸ συστρατεύσασθαι καὶ συνεφηβεῦσαι φιλίας ἀρχὴν τιθέμενοι, τὸ δὲ συστρατηγεῖν καὶ συνάρχειν ἔχθρας αἰτίαν λαμβάνοντες, ἓν τῶν τριῶν κακῶν οὐ διαπεφεύγασιν· ἢ γὰρ ἴσους ἡγούμενοι τοὺς συνάρχοντας αὐτοὶ στασιάζουσιν ἢ κρείττονας φθονοῦσιν ἢ ταπεινοτέρους καταφρονοῦσι. δεῖ δὲ καὶ θεραπεύειν τὸν κρείττονα καὶ κοσμεῖν τὸν ἥττονα καὶ τιμᾶν τὸν ὅμοιον, ἀσπάζεσθαι δὲ καὶ φιλεῖν ἅπαντας, ὡς οὐ διὰ τραπέζης οὐδὲ κώθωνος οὐδ᾽ ἐφ᾽ ἑστίας, ἀλλὰ κοινῇ καὶ δημοσίᾳ ψήφῳ φίλους γεγονότας καὶ τρόπον τινὰ πατρῴαν τὴν ἀπὸ τῆς πατρίδος εὔνοιαν ἔχοντας. ὁ γοῦν Σκιπίων ἤκουσεν ἐν Ῥώμῃ κακῶς, ὅτι φίλους ἑστιῶν ἐπὶ τῇ καθιερώσει τοῦ Ἡρακλείου

BEHANDELE ANDERE MIT RESPEKT

Vor allem aber müssen wir jegliches öffentliche Amt ehren, es wie etwas Großartiges und Heiliges behandeln. Wir müssen jeglichem Amtsinhaber unseren Respekt erweisen, in dem Wissen, dass Eintracht und Freundschaft mit unseren Kollegen einem öffentlichen Amt viel eher zur Ehre gereichen als Kränze und purpurne Mäntel. Männer, die von Jugend an als Soldaten ausgebildet werden, schließen bereits in jungen Jahren feste Freundschaften. Doch dann müssen sie sich die Generalstabswürde oder ein gewähltes Amt teilen, und schon kommt es zur Zwietracht. Sie müssen sodann zwischen drei Übeln wählen. Entweder glauben sie daran, dass ihre Kollegen ihnen gleichgestellt sind und bekämpfen sie; oder sie halten sie für überlegen, weshalb sie sie beneiden; oder sie halten sie für minderwertig, dann verachten sie sie. Wir jedoch müssen dem höhergestellten Kollegen unsere Achtung erweisen, dem Unterlegenen helfen, besser zu werden, und den Gleichrangigen ehren.

τὸν συνάρχοντα Μόμμιον οὐ παρέλαβε· καὶ γάρ, εἰ τἄλλα μὴ φίλους ἐνόμιζον ἑαυτούς, ἐν τοῖς γε τοιούτοις ἠξίουν τιμᾶν καὶ φιλοφρονεῖσθαι διὰ τὴν ἀρχήν. ὅπου τοίνυν ἀνδρὶ τἄλλα θαυμασίῳ τῷ Σκιπίωνι μικρὸν οὕτω φιλανθρώπευμα παραλειφθὲν ὑπεροψίας ἤνεγκε δόξαν, ἦπου κολούων ἄν τις ἀξίωμα συνάρχοντος ἢ πράξεσιν ἐχούσαις φιλοτιμίαν ἐπηρεάζων ἢ πάντα συλλήβδην ἀνατιθεὶς ἅμα καὶ περιάγων ὑπ᾽ αὐθαδείας εἰς ἑαυτὸν ἐκείνου δ᾽ ἀφαιρούμενος, ἐπιεικὴς ἂν φανείη καὶ μέτριος; μέμνημαι νέον ἐμαυτὸν ἔτι πρεσβευτὴν μεθ᾽ ἑτέρου πεμφθέντα πρὸς ἀνθύπατον, ἀπολειφθέντος δέ πως ἐκείνου, μόνον ἐντυχόντα καὶ διαπραξάμενον· ὡς οὖν ἔμελλον ἐπανελθὼν ἀποπρεσβεύειν, ἀναστὰς ὁ πατὴρ κατ᾽ ἰδίαν ἐκέλευσε μὴ λέγειν "ᾠχόμην" ἀλλ᾽ "ᾠχόμεθα," μηδ᾽ "εἶπον" ἀλλ᾽ "εἴπομεν," καὶ τἄλλα συνεφαπτόμενον οὕτω καὶ κοινούμενον ἀπαγγέλλειν. οὐ γὰρ μόνον ἐπιεικὲς τὸ τοιοῦτον καὶ φιλάνθρωπόν ἐστιν,

Überdies müssen wir jedermann willkommen heißen und freundlich behandeln, und zwar nicht, weil wir beim Abendessen oder beim Gelage oder in unserem Haus Freundschaft mit dem Betreffenden geschlossen haben, sondern weil wir durch die Stimme des Volkes Freunde geworden sind. Und wir müssen uns ins Gedächtnis rufen, dass unser gegenseitiges Wohlwollen eine Art Erbe aus unseren Geburtsstädten ist. In der Tat wurde Scipio Aemilianus in Rom kritisiert, weil er zu Ehren des Herkules-Tempels für seine Freunde ein Fest gab, es aber versäumte, seinen Kollegen Mummius einzuladen[70]. Denn auch wenn sie sich nicht unbedingt als Freunde bezeichneten, so hatten sie es doch immer für richtig befunden, einander in öffentlichen Angelegenheiten respektvoll und höflich zu behandeln, da sie sich ihr Amt teilten. Vor dem Hintergrund, dass sogar dem Scipio, der ansonsten in jeder Hinsicht bewundert wurde, nun plötzlich herablassendes Verhalten nachgesagt wurde, weil er einen solch kleinen Akt der Freundlichkeit vernachlässigte, stellt sich die Frage,

ἀλλὰ καὶ τὸ λυποῦν τὸν φθόνον ἀφαιρεῖ τῆς δόξης. ὅθεν οἱ μεγάλοι καὶ δαίμονα καὶ τύχην τοῖς κατορθώμασι συνεπιγράφουσιν, ὡς Τιμολέων ὁ τὰς ἐν Σικελίᾳ καταλύσας τυραννίδας Αὐτοματίας ἱερὸν ἱδρύσατο· καὶ Πύθων ἐπὶ τῷ Κότυν ἀποκτεῖναι θαυμαζόμενος καὶ τιμώμενος ὑπὸ τῶν Ἀθηναίων "ὁ θεός," ἔφη, "ταῦτ᾽ ἔπραξε, τὴν χεῖρα παρ᾽ ἐμοῦ χρησάμενος." Θεόπομπος δ᾽ ὁ βασιλεὺς τῶν Λακεδαιμονίων πρὸς τὸν εἰπόντα σῴζεσθαι τὴν Σπάρτην διὰ τοὺς βασιλεῖς ἀρχικοὺς ὄντας "μᾶλλον," ἔφη, "διὰ τοὺς πολλοὺς πειθαρχικοὺς ὄντας."

ob wir erwarten können, dass andere Politiker als fair und gemäßigt gelten können, wenn sie das Ansehen ihrer Kollegen schmälern oder deren Bestreben vereiteln, um ihren eigenen Ehrgeiz voranzutreiben, kurz gesagt, die so anmaßend sind, sämtliche politische Aufgaben an sich zu reißen und sie auf diese Weise anderen zu versagen? Als junger Mann, so erinnere ich mich, wurde ich mit jemand anderem zusammen als Gesandter zum Prokonsul geschickt. Aus irgendeinem Grund musste mein Kollege zurückbleiben, also musste ich mich allein mit dem Prokonsul treffen und meinen Auftrag ausführen. Als ich zurückkehrte und Bericht erstatten wollte, nahm mich mein Vater beiseite und riet mir, nicht zu sagen »Ich ging«, sondern »Wir gingen«, und nicht »Ich sagte«, sondern »Wir sagten«, um meinen Kollegen auf diese Weise an dem Erfolg teilhaben zu lassen. Denn solch ein Verhalten ist nicht nur gerecht und menschlich, es verhindert auch Kummer in Form von Neid auf den Ruhm eines anderen. Aus diesem Grund schreiben besonders fähige Staatsmänner ihren Erfolg gern den Göttern

Ὅπου μέντοι μέγα δεῖ τι περανθῆναι καὶ χρήσιμον ἀγῶνος δὲ πολλοῦ καὶ σπουδῆς δεόμενον, ἐνταῦθα πειρῶ τῶν φίλων αἱρεῖσθαι τοὺς κρατίστους ἢ τῶν κρατίστων τοὺς πραοτάτους· ἥκιστα γὰρ ἀντιπράξουσιν οὗτοι καὶ μάλιστα συνεργήσουσι, τὸ φρονεῖν ἄνευ τοῦ φιλονεικεῖν ἔχοντες. οὐ μὴν ἀλλὰ καὶ τῆς ἑαυτοῦ φύσεως ἔμπειρον ὄντα δεῖ πρὸς ὃ χείρων ἑτέρου πέφυκας αἱρεῖσθαι τοὺς μᾶλλον δυναμένους ἀντὶ τῶν ὁμοίων,

oder dem Glück zu. So weihte Timoleon der Göttin des Glücks sogar einen Tempel, nachdem er die Tyrannei in Sizilien beendet hatte. Und als die Athener den Python bewunderten und ihm besondere Ehre zuteilwerden ließen, weil er Kotys getötet hatte, sagte dieser: »Das war das Werk Gottes. Ich war nur sein Handlanger.« Und als behauptet wurde, dass Sparta nur durch die hervorragende Regierung der Könige nicht untergegangen sei, antwortete Theopompos, der König der Lacedaimonier: »Nein, es wurde gerettet, weil die Menschen so hervorragend gehorchen.«

Wann immer eine große und nützliche Tat vollbracht werden muss, eine, bei der große Anstrengung vonnöten ist, sollte man versuchen, die mächtigsten Freunde um sich zu scharen oder besser gesagt diejenigen der mächtigsten Freunde, die am zugänglichsten sind. Sie werden am wenigsten gegen dich arbeiten und besonders kooperativ sein, denn in ihre Art der Weisheit mischt sich keinerlei Streitsucht. Überdies musst du dich selbst kennen. Wenn du dich einer Aufgabe gegenüber-

ὡς ὁ Διομήδης ἐπὶ τὴν κατασκοπὴν μεθ᾽ ἑαυτοῦ τὸν φρόνιμον εἵλετο, τοὺς ἀνδρείους παρελθών. καὶ γὰρ αἱ πράξεις μᾶλλον ἰσορροποῦσι καὶ τὸ φιλόνεικον οὐκ ἐγγίγνεται πρὸς ἀλλήλους τοῖς ἀφ᾽ ἑτέρων ἀρετῶν καὶ δυνάμεων φιλοτιμουμένοις. λάμβανε δὴ καὶ δίκης συνεργὸν καὶ πρεσβείας κοινωνόν, ἂν λέγειν μὴ δυνατὸς ᾖς, τὸν ῥητορικόν, ὡς Πελοπίδας Ἐπαμεινώνδαν·
κἂν ᾖς ἀπίθανος πρὸς ὁμιλίαν τῷ πλήθει καὶ ὑψηλός, ὡς Καλλικρατίδας, τὸν εὔχαριν καὶ θεραπευτικόν· κἂν ἀσθενὴς καὶ δύσεργος τὸ σῶμα, τὸν φιλόπονον καὶ ῥωμαλέον, ὡς Νικίας Λάμαχον. οὕτω γὰρ ἂν ἦν ὁ Γηρυόνης ζηλωτὸς ἔχων σκέλη πολλὰ καὶ χεῖρας καὶ ὀφθαλμούς, εἰ πάντα μιᾷ ψυχῇ διῴκει. τοῖς δὲ πολιτικοῖς ἔξεστι μὴ σώματα μηδὲ χρήματα μόνον, ἀλλὰ καὶ τύχας καὶ δυνάμεις καὶ ἀρετάς, ἂν ὁμονοῶσιν, εἰς μίαν χρείαν συντιθέντας εὐδοκιμεῖν μᾶλλον ἄλλου περὶ τὴν αὐτὴν πρᾶξιν· οὐχ ὥσπερ οἱ Ἀργοναῦται τὸν Ἡρακλέα καταλιπόντες ἠναγκάζοντο

siehst, für die du nicht bestmöglich geeignet bist, dann wähle als Kollegen jene, die fähiger sind als du, statt dich mit Menschen zu umgeben, die dir ähnlich sind. So tat es Diomedes, als er die klügsten Männer als Begleitung auswählte, um den Feind auszukundschaften, die mutigen Männer aber überging.[71] Denn auf diese Weise bleiben politische Entscheidungen im Gleichgewicht. Außerdem verhindert man Streit zwischen ehrgeizigen Menschen, die unterschiedliche Tugenden und Fähigkeiten besitzen. Wenn du also kein Meister der Rhetorik bist, so wähle einen geübten Redner, um dich in einem Prozess oder bei einer Gesandtschaft zu unterstützen, genau wie Pelopidas den Epameinondas wählte. Fehlt es dir an Überzeugungskraft oder bist du im Umgang mit anderen eher hochmütig, so wie Kallikratidas, dann wähle einen Partner, der ein höfliches und einnehmendes Wesen hat; und wenn du schwach und für körperliche Anstrengung nicht gemacht bist, so wähle jemanden, der robust und arbeitsam ist, so wie Nikias den Lamachos. Denn wir würden Gery-

διὰ τῆς γυναικωνίτιδος καταδόμενοι καὶ φαρμακευόμενοι σῴζειν ἑαυτοὺς καὶ κλέπτειν τὸ νάκος.

Χρυσὸν μὲν εἰς ἔνια τῶν ἱερῶν εἰσιόντες ἔξω καταλείπουσι, σίδηρον δ᾿ ὡς ἁπλῶς εἰπεῖν εἰς οὐδὲν συνεισφέρουσιν. ἐπεὶ δὲ κοινόν ἐστιν ἱερὸν τὸ βῆμα Βουλαίου τε Διὸς καὶ Πολιέως καὶ Θέμιδος καὶ Δίκης, αὐτόθεν μὲν ἤδη φιλοπλουτίαν καὶ

on um seine vielen Beine, Hände und Augen beneiden, wenn wir unsere Aufgaben alle mit einer einzigen Seele beherrschen müssten.[72] Wenn Politiker eines Sinnes sind und nicht nur ihre Personen und Ressourcen, sondern auch ihr Glück, ihre Fähigkeiten und ihre Tugenden auf ein einziges Ziel hin ausrichten, werden sie wegen einer gemeinsamen Anstrengung viel mehr geschätzt als für die Leistung als Einzelner. Ganz anders als die Argonauten, die Herkules zurückließen und dadurch gezwungen waren, auf weibliche List zurückzugreifen und das goldene Vlies mit Hilfe von Zaubersprüchen und Zaubertränken zu stehlen.[73]

DIE BELOHNUNG DER POLITIK

Beim Betreten mancher Tempel lassen die Menschen alles Gold, das sie bei sich haben, zurück. Aber um es deutlich zu sagen: Niemand trägt Eisen in einen Tempel hinein. Da die Rednertribüne ein gemeinschaftliches Heiligtum des Zeus Bulaeus, der dem Rat vorsteht,

φιλοχρηματίαν, ὥσπερ σίδηρον μεστὸν ἰοῦ καὶ νόσημα τῆς ψυχῆς, ἀποδυσάμενος εἰς ἀγορὰς καπήλων ἢ δανειστῶν ἀπόρριψον, "αὐτὸς δ᾽ ἀπονόσφι τραπέσθαι" τὸν ἀπὸ δημοσίων χρηματιζόμενον ἡγούμενος ἀφ᾽ ἱερῶν κλέπτειν, ἀπὸ τάφων, ἀπὸ φίλων, ἐκ προδοσίας, ἀπὸ ψευδομαρτυρίας, σύμβουλον ἄπιστον εἶναι, δικαστὴν ἐπίορκον, ἄρχοντα δωροδόκον, οὐδεμιᾶς ἁπλῶς καθαρὸν ἀδικίας. ὅθεν οὐ δεῖ πολλὰ περὶ τούτων λέγειν.

Ἡ δὲ φιλοτιμία, καίπερ οὖσα σοβαρωτέρα τῆς φιλοκερδείας, οὐκ ἐλάττονας ἔχει κῆρας ἐν πολιτείᾳ· καὶ γὰρ τὸ τολμᾶν αὐτῇ πρόσεστι μᾶλλον· ἐμφύεται γὰρ οὐκ ἀργαῖς οὐδὲ ταπειναῖς ἀλλ᾽ ἐρρωμέναις μάλιστα καὶ νεανικαῖς προαιρέσεσι, καὶ τὸ παρὰ τῶν ὄχλων ῥόθιον πολλάκις

und des Zeus Polieus, des Stadtbeschützers, ist, ebenso wie des Gesetzes und der Gerechtigkeit, sollte man beim Betreten sogleich Habgier und Geiz ablegen, genau wie man sich rostigen Eisens oder einer Krankheit der Seele entledigen würde. Verbanne diese Leidenschaften auf den Marktplatz in die Buden der Krämer und Wucherer »und wende dich von ihnen ab«.[74] Sei gewiss, dass Politiker, die sich am Staat bereichern, auch Tempel, Gräber und Freunde bestehlen; dass sie von Verrat und Falschaussagen profitieren; dass sie unzuverlässige Ratgeber, unehrliche Geschworene und korrupte Anführer sind; dass sie, um es einfach zu formulieren, von jeglicher Form des Verbrechens besudelt sind. Weshalb ich an dieser Stelle auch nicht weiter darauf eingehen muss.

Ehrgeiz ist zwar eine beeindruckendere Eigenschaft als Habgier, wirkt sich aber nicht minder zerstörerisch auf ein politisches System aus. Ehrgeiz macht Menschen kühner und rücksichtsloser; er sorgt nicht für schwerfällige und bescheidene Politik, sondern ist eine Eigenschaft besonders energischer und leiden-

συνεξαῖρον αὐτὴν καὶ συνεξωθοῦν τοῖς ἐπαίνοις ἀκατάσχετον ποιεῖ καὶ δυσμεταχείριστον. ὥσπερ οὖν ὁ Πλάτων ἀκουστέον εἶναι τοῖς νέοις ἔλεγεν ἐκ παίδων εὐθύς, ὡς οὔτε περικεῖσθαι χρυσὸν αὐτοῖς ἔξωθεν οὔτε κεκτῆσθαι θέμις, οἰκεῖον ἐν τῇ ψυχῇ συμμεμιγμένον ἔχοντας, αἰνιττόμενος οἶμαι τὴν ἐκ γένους διατείνουσαν εἰς τὰς φύσεις αὐτῶν ἀρετήν· οὕτω παραμυθώμεθα τὴν φιλοτιμίαν, λέγοντες ἐν ἑαυτοῖς ἔχειν χρυσὸν ἀδιάφθορον καὶ ἀκήρατον καὶ ἄχραντον ὑπὸ φθόνου καὶ μώμου τιμήν, ἅμα λογισμῷ καὶ παραθεωρήσει τῶν πεπραγμένων ἡμῖν καὶ πεπολιτευμένων αὐξανόμενον· διὸ μὴ δεῖσθαι γραφομένων τιμῶν ἢ πλαττομένων ἢ χαλκοτυπουμένων, ἐν αἷς καὶ τὸ εὐδοκιμοῦν ἀλλότριόν ἐστιν· ἐπαινεῖται γὰρ οὐχ ᾧ γέγονεν ἀλλ᾽ ὑφ᾽ οὗ γέγονεν ὡς ὁ σαλπικτὴς καὶ ὁ δορυφόρος. ὁ δὲ Κάτων, ἤδη τότε τῆς Ῥώμης καταπιμπλαμένης ἀνδριάντων, οὐκ ἐῶν αὑτοῦ γενέσθαι "μᾶλλον," ἔφη, "βούλομαι πυνθάνεσθαί

schaftlicher Naturen; die Woge des Lobes, die einem vom Mob entgegenflutet, trägt dazu bei, den Ehrgeiz noch zu steigern und aufzublähen, sodass er irgendwann unbeherrschbar und unbändig ist. Platon vertrat die Ansicht, man müsse jungen Menschen von Kindheit an beibringen, dass es nicht recht sei, den eigenen Körper mit Gold zu schmücken oder es zu besitzen, da das wahre Gold in der Seele wohnt, womit er (denke ich) auf die Tugend anspielte, die Teil der menschlichen Natur ist und die jeder von Geburt an besitzt.[75] Genauso wollen wir den Ehrgeiz zügeln. Die Ehre, die uns zuteilwird, können wir als das Gold betrachten, das uns innewohnt, rein, unverfälscht und unbefleckt von Neid oder Vorwurf, und gleichzeitig gesteigert durch das Zusammenzählen und die Begutachtung unserer Taten und politischen Leistungen. Daher brauchen wir keinerlei Ehrbezeugungen, die gemalt, gemeißelt oder in Bronze gegossen wurden. Tatsächlich erhöhen diese nämlich das Ansehen eines anderen, denn sie rufen Bewunderung für denjenigen hervor, der sie geschaffen hat,

τινας, διὰ τί μου ἀνδριὰς οὐ κεῖται ἢ διὰ τί κεῖται." καὶ γὰρ φθόνον ἔχει τὰ τοιαῦτα καὶ νομίζουσιν οἱ πολλοὶ τοῖς μὴ λαβοῦσιν αὐτοὶ χάριν ὀφείλειν, τοὺς δὲ λαβόντας αὐτοῖς καὶ βαρεῖς εἶναι, οἷον ἐπὶ μισθῷ τὰς χρείας ἀπαιτοῦντας. ὥσπερ οὖν ὁ παραπλεύσας τὴν Σύρτιν εἶτ᾽ ἀνατραπεὶς περὶ τὸν πορθμὸν οὐδὲν μέγα πεποίηκεν οὐδὲ σεμνόν, οὕτως ὁ τὸ ταμιεῖον φυλαξάμενος καὶ τὸ δημοσιώνιον ἁλοὺς δὲ περὶ τὴν προεδρίαν ἢ τὸ πρυτανεῖον, ὑψηλῷ μὲν προσέπταικεν ἀκρωτηρίῳ βαπτίζεται δ᾽ ὁμοίως.

statt für den, für den sie bestimmt waren – so wie es bei dem *Trompeter* und dem *Diskobolos* der Fall ist.[76] So beschied Cato der Ältere zu einem Zeitpunkt, da Rom bereits voller Statuen war, dass keine für ihn gemacht werden solle. »Ich würde es vorziehen, wenn die Menschen fragen, warum es keine Statue von mir gibt, statt zu fragen, warum überhaupt eine existiert.« Denn materielle Ehrenbezeugungen rufen Neid hervor. Politikern, denen eine solche Ehre noch nicht zuteilwurde, glaubt das Volk, zu Dank verpflichtet zu sein, während es Politiker, die bereits Ehrenbezeugungen empfangen haben, für anmaßend hält und der Meinung ist, dass sie nur um des materiellen Lohnes willen dem Staat gedient haben. So wie derjenige, der an der Bucht von Syrte[77] vorbeisegelt, aber bei der Überquerung des Meeres kentert, nichts Großartiges oder Edles geleistet hat, so prallt auch der Politiker, der den Schatz und die Staatseinnahmen verwaltet hat, beim Ratsvorsitz oder im Rathaus aber scheitert, gegen die Klippen, sodass sein Schiff sinkt.[78]

Ἄριστος μὲν οὖν ὁ μηδενὸς δεόμενος τῶν τοιούτων ἀλλὰ φεύγων καὶ παραιτούμενος· ἂν δ᾽ ᾖ μὴ ῥᾴδιον δήμου τινὰ χάριν ἀπώσασθαι καὶ φιλοφροσύνην πρὸς τοῦτο ῥυέντος, ὥσπερ οὐκ ἀργυρίτην οὐδὲ δωρίτην ἀγῶνα πολιτείας ἀγωνιζομένοις ἀλλ᾽ ἱερὸν ὡς ἀληθῶς καὶ στεφανίτην, ἐπιγραφή τις ἀρκεῖ καὶ πινάκιον καὶ ψήφισμα καὶ θαλλός, ὡς Ἐπιμενίδης ἔλαβεν ἐξ ἀκροπόλεως καθήρας τὴν πόλιν. Ἀναξαγόρας δὲ τὰς διδομένας ἀφεὶς τιμὰς ᾐτήσατο τὴν ἡμέραν ἐκείνην, καθ' ἣν ἂν τελευτήσῃ, τοὺς παῖδας ἀφιέναι παίζειν καὶ σχολάζειν ἀπὸ τῶν μαθημάτων. οὐ γὰρ μισθὸν εἶναι δεῖ τῆς πράξεως ἀλλὰ σύμβολον τὴν τιμήν, ἵνα καὶ διαμένῃ πολὺν χρόνον. τῶν δὲ Δημητρίου τοῦ Φαληρέως τριακοσίων ἀνδριάντων οὐδεὶς ἔσχεν ἰὸν οὐδὲ πίνον, ἀλλὰ πάντες ἔτι ζῶντος προανηρέθησαν· τοὺς δὲ Δημάδου κατεχώνευσαν εἰς ἀμίδας· καὶ πολλαὶ τοιαῦτα τιμαὶ πεπόνθασιν οὐ μοχθηρίᾳ τοῦ λαβόντος μόνον ἀλλὰ καὶ μεγέθει τοῦ δοθέντος

Der beste Politiker benötigt also keinerlei materielle Ehrenbezeugungen, sondern meidet sie und lehnt sie sogar ab. Aber wenn ein Gefallen oder eine Freundlichkeit nicht so leicht abgewehrt werden kann, weil die Menschen sie unbedingt gewähren wollen, dann ist für Politiker, denen es nicht um Geld oder Geschenke, sondern nur um den Kranz[79] nach einem politischen Wettstreit geht, eine Inschrift vollkommen ausreichend. Auch eine kurze Notiz, ein Dekret oder ein Palmzweig sind ausreichend, so wie man dem Epimenides einen aus der Akropolis gab, nachdem er die Stadt gereinigt hatte. Auch Anaxagoras lehnte die ihm angebotenen Ehrenbezeugungen ab: Stattdessen bat er darum, man möge an seinem Todestag den Kindern einen Ferientag von ihren schulischen Verpflichtungen gewähren und sie spielen lassen. Denn eine Ehrenbezeugung darf kein Lohn für den geleisteten Dienst sein, sondern nur ein Symbol, damit man sich auch später noch daran erinnert. Denkt doch nur an die dreihundert Statuen des Demetrios von Phalerum: Nicht

δυσχερανθεῖσαι. διὸ κάλλιστον καὶ βεβαιότατον εὐτέλεια τιμῆς φυλακτήριον, αἱ δὲ μεγάλαι καὶ ὑπέρογκοι καὶ βάρος ἔχουσαι παραπλησίως τοῖς ἀσυμμέτροις ἀνδριᾶσι ταχὺ περιτρέπονται.

eine einzige setzte Patina an, denn sie alle wurden noch zu seinen Lebzeiten wieder abgebaut. Die Statuen des Demades wiederum wurden zu Nachttöpfen eingeschmolzen. Viele materielle Ehrenbezeugungen erlitten ein ähnliches Schicksal, nachdem die Menschen sich nicht nur über die Sittenlosigkeit des Empfängers, sondern auch über die Größe des Geschenks geärgert hatten. Enthaltsamkeit ist also der beste und vor allem stabilste Wächter der Ehre, während großartige, übertriebene und gewichtige Belohnungen schnell wieder gestürzt werden – genau wie schlecht proportionierte Statuen.

SOLL EIN GREIS POLITISCH TÄTIG SEIN?

Plutarch definierte einen »Greis« als einen Mann von über fünfzig Jahren, der zwanzig oder dreißig Jahre im Dienst des Staates tätig war. Er gibt an, dass auch er selbst beim Verfassen dieser Schrift etwa in diesem Alter war, und er richtet sie an einen gewissen Euphanes, der seinen Angaben zufolge im gleichen Alter ist wie er selbst und eine ähnliche politische Laufbahn hinter sich hat, wenn auch in Athen und nicht in Chaironeia. Die Schrift unterteilt sich in zwei Abschnitte. Im ersten, dem ich die Überschrift *Der Wert eines älteren Staatsmannes* gegeben habe, befasst sich Plutarch mit der Frage, ob ein betagter Staatsmann sich aus dem politischen Geschehen zurückziehen solle. Seine Antwort lautet eindeutig »Nein«, was er mit dem großen Nutzen, den ältere Leute für den Staat haben, begründet. Sie bringen Erfahrung, Weisheit und einen kühlen Kopf mit in die Politik, und

da sie sich bereits ein gewisses Ansehen verschafft haben, mangelt es ihnen am Ehrgeiz, am Ungestüm und an der Streitsucht jüngerer Staatsmänner. Im zweiten Teil mit dem Titel *Die Rolle des betagten Politikers* schmückt Plutarch das Bild des Älteren als Lehrer und Mentor aus. Der Rat, den ihm zufolge die ältere Generation den Jüngeren geben kann, ähnelt in weiten Teilen dem, den er dem jungen Menemachos in *Regeln der Staatskunst* gab. Plutarch erklärt zudem, dass die Fähigkeiten und die Erfahrung von betagten Staatsmännern auf keine andere Weise erworben werden können als durch lebenslanges politisches Wirken. Überdies widmen Politiker sämtliche Aspekte und Phasen ihres Lebens dem Dienst an ihrem Vaterland und dem Volk, den sie auch dann weiter verrichten, wenn sie gerade kein Amt innehaben.

Diese Schrift weist viele Parallelen zu Ciceros *Cato der Ältere über das Alter* auf. Hierbei handelt es sich um einen Dialog zwischen Cato dem Älteren und zwei jüngeren Männern, Scipio Aemilianus und Gaius Laelius. Plutarch

stützt sich bei seiner Argumentation in diesem Essay auf die Erfahrungen dieser drei römischen Politiker. Anscheinend war er der Ansicht, dass insbesondere Cato ein hervorragendes Beispiel dafür war, wie Staatsmänner sich in der letzten Phase ihrer Laufbahn verhalten sollten.

***

ΕΙ ΠΡΕΣΒΥΤΕΡΩι ΠΟΛΙΤΕΥΤΕΟΝ

1. Ὅτι μέν, ὦ Εὔφανες, ἐπαινέτης ὢν Πινδάρου πολλάκις ἔχεις διὰ στόματος ὡς εἰρημένον εὖ καὶ πιθανῶς ὑπ᾽ αὐτοῦ

> τιθεμένων ἀγώνων πρόφασις ἀρετὰν ἐς αἰπὺν ἔβαλε σκότον,

οὐκ ἀγνοοῦμεν. ἐπειδὴ δὲ πλείστας αἱ πρὸς τοὺς πολιτικοὺς ἀγῶνας ἀποκνήσεις καὶ μαλακίαι προφάσεις ἔχουσαι τελευταίαν ὥσπερ τὴν “ἀφ᾽ ἱερᾶς” ἐπάγουσιν ἡμῖν τὸ γῆρας, καὶ μάλιστα δὴ τούτῳ τὸ φιλότιμον ἀμβλύνειν καὶ δυσωπεῖν δοκοῦσαι πείθουσιν εἶναί τινα πρέπουσαν οὐκ ἀθλητικῆς μόνον ἀλλὰ καὶ πολιτικῆς περιόδου κατάλυσιν· οἴομαι δεῖν ἃ πρὸς ἐμαυτὸν ἑκάστοτε λογίζομαι καὶ πρὸς σὲ διελθεῖν περὶ τῆς πρεσβυτικῆς πολιτείας· ὅπως μηδέτερος ἀπολείψει τὴν μακρὰν συνοδίαν μέχρι δεῦρο κοινῇ προερχομένην μηδὲ τὸν πολιτικὸν βίον

1. Mir ist wohl bewusst, oh Euphanes, dass du Pindar bewunderst und häufig eine seiner treffenden Formulierungen zitierst: »Wenn der Wettkampf festgesetzt ist, wirft jede Ausflucht den Mut in tiefste Finsternis.«[80] Im Hinblick auf politische Wettkämpfe finden wir durch Zögern und Schwäche reichlich Ausflüchte, und als letzte Entschuldigung bringt man unser Alter hervor, als sei das »der heiligste Zug«[81]. Durch dieses Argument scheint man unser Streben schmälern und beschämen zu wollen, um uns davon zu überzeugen, dass nicht nur für Sportler, sondern auch für Politiker irgendwann ein anständiges Ende gekommen sei. Da dies so ist, halte ich es für notwendig, dir zu erklären, zu welchem Schluss ich in Bezug auf politische Tätigkeit in hohem Alter gekommen bin. Ich möchte nicht, dass einer von uns den langen Weg verlässt, den wir gemeinsam bis heute gegangen sind, oder unser politisches Leben aufgibt, welches uns wie ein

ὥσπερ ἡλικιώτην καὶ συνήθη φίλον ἀπορρίψας μεταβαλεῖται πρὸς ἄλλον ἀσυνήθη καὶ χρόνον οὐκ ἔχοντα συνήθη γενέσθαι καὶ οἰκεῖον, ἀλλ᾽ ἐμμενοῦμεν οἷς ἀπ᾽ ἀρχῆς προειλόμεθα, ταὐτὸ τοῦ ζῆν καὶ τοῦ καλῶς ζῆν ποιησάμενοι πέρας· εἴ γε δὴ μὴ μέλλοιμεν ἐν βραχεῖ τῷ λειπομένῳ τὸν πολὺν ἐλέγχειν χρόνον, ὡς ἐπ᾽ οὐδενὶ καλῷ μάτην ἀνηλωμένον. Ὀὐ γὰρ ἡ τυραννίς, ὥς τις εἶπε Διονυσίῳ, καλὸν ἐντάφιον· ἀλλ᾽ ἐκείνῳ γε τὴν μοναρχίαν μετὰ τῆς ἀδικίας τό γε μὴ παύσασθαι συμφορὰν τελεωτέραν ἐποίησε. καὶ καλῶς Διογένης ὕστερον ἐν Κορίνθῳ τὸν υἱὸν αὐτοῦ θεασάμενος ἰδιώτην ἐκ τυράννου γεγενημένον "ὡς ἀναξίως," ἔφη, "Διονύσιε, σεαυτοῦ πράττεις· οὐ γὰρ ἐνταῦθά σε μεθ᾽ ἡμῶν ἔδει ζῆν ἐλευθέρως καὶ ἀδεῶς, ἀλλ᾽ ἐκεῖ τοῖς τυραννείοις ἐγκατῳκοδομημένον ὥσπερ ὁ πατὴρ ἄχρι γήρως ἐγκαταβιῶσαι." πολιτεία δὲ δημοκρατικὴ καὶ νόμιμος ἀνδρὸς εἰθισμένου παρέχειν αὑτὸν οὐχ ἧττον ἀρχόμενον ὠφελίμως ἢ ἄρχοντα

alter, guter Freund geworden ist, um sodann ein neues, unbekanntes Leben zu beginnen, das nicht lang genug mehr dauern wird, um uns damit vertraut und gut Freund zu machen. Stattdessen hoffe ich, dass wir jener Tätigkeit treu bleiben, die wir zu Beginn wählten, als wir beschlossen, dass »zu leben« und »ehrenvoll zu leben« ein und dasselbe Ziel sind. Es sei denn natürlich, wir wollen in der kurzen Zeitspanne, die uns noch verbleibt, beweisen, dass wir unser Dasein auf Erden verschwendet und unrühmlich verbracht haben.

DER WERT EINES ÄLTEREN STAATSMANNES

Im Gegensatz zu dem, was jemand einst zu Dionysios sagte, ist die Tyrannei kein edles Leichengewand. Vielmehr kombinierte Dionysios seine lange Regentschaft als Tyrann mit Ungerechtigkeit, was sein Unglück sogar noch umfassender machte. Und später, als Diogenes Dionysios' Sohn in Korinth sah, der wie

καλὸν ἐντάφιον ὡς ἀληθῶς τὴν ἀπὸ τοῦ βίου δόξαν τῷ θανάτῳ προστίθησι· τοῦτο γὰρ "ἔσχατον δύεται κατὰ γᾶς" ὥς φησι Σιμωνίδης, πλὴν ὧν προαποθνήσκει τὸ φιλάνθρωπον καὶ φιλόκαλον καὶ προαπαυδᾷ τῆς τῶν ἀναγκαίων ἐπιθυμίας ὁ τῶν καλῶν ζῆλος, ὡς τὰ πρακτικὰ μέρη καὶ θεῖα τῆς ψυχῆς ἐξιτηλότερα τῶν παθητικῶν καὶ σωματικῶν ἐχούσης· ὅπερ οὐδὲ λέγειν καλὸν οὐδ᾽ ἀποδέχεσθαι τῶν λεγόντων, ὡς κερδαίνοντες μόνον οὐ κοπιῶμεν· ἀλλὰ καὶ τὸ τοῦ Θουκυδίδου παράγειν ἐπὶ τὸ βέλτιον, μὴ τὸ φιλότιμον ἀγήρων μόνον ἡγουμένους, ἀλλὰ μᾶλλον τὸ κοινωνικὸν καὶ πολιτικόν, ο καὶ μύρμηξιν ἄχρι τέλους παραμένει καὶ μελίτταις· οὐδεὶς γὰρ πώποτ᾽ εἶδεν ὑπὸ γήρως κηφῆνα γενομένην μέλιτταν, ὥσπερ ἔνιοι τοὺς πολιτικοὺς ἀξιοῦσιν, ὅταν παρακμάσωσιν, οἴκοι σιτουμένους καθῆσθαι καὶ ἀποκεῖσθαι, καθάπερ ἰῷ σίδηρον ὑπ᾽ ἀργίας τὴν πρακτικὴν ἀρετὴν σβεννυμένην περιορῶντας. ὁ γὰρ Κάτων ἔλεγεν, ὅτι πολλὰς ἰδίας ἔχοντι

ein ganz normaler Bürger lebte, nachdem er selbst ebenfalls als Tyrann geherrscht hatte, sagte der Philosoph berechtigterweise zu ihm: »Du bist des Glückes nicht würdig, das du jetzt erlebst, Dionysios! Denn eigentlich solltest du hier nicht frei und ohne Angst unter uns leben, sondern vielmehr wie dein Vater verborgen im Palast des Tyrannen alt werden.« Doch Menschen, die daran gewöhnt sind, sich als Privatbürger ebenso für den Staat einzusetzen wie als Amtsinhaber, genießen durch ihre demokratische und gesetzestreue politische Aktivität nicht nur im Leben einen guten Ruf, sondern auch nach ihrem Tode. Dieser Ruf sorgt sodann für ein wahrhaft edles Leichentuch, denn es ist das, was – wie Simonides sagt – »als Letztes unter die Erde geht«. Jenen aber, deren Menschlichkeit und Güte vor ihnen stirbt oder die ihren körperlichen Bedürfnissen den Vorrang vor ihrem Engagement für wahre Schönheit und Güte geben, ist solcher Ruhm nicht beschieden, denn in ihrer Seele sind die praktischen und göttlichen Elemente schwächer als die emotionalen und körperlichen.[82] Auch ist

τῷ γήρᾳ κῆρας οὐ δεῖ τὴν ἀπὸ τῆς κακίας ἑκόντας ἐπάγειν αἰσχύνην· πολλῶν δὲ κακιῶν οὐδεμιᾶς ἧττον ἀπραξία καὶ δειλία καὶ μαλακία καταισχύνουσιν ἄνδρα πρεσβύτην, ἐκ πολιτικῶν ἀρχείων καταδυόμενον εἰς οἰκουρίαν γυναικῶν ἢ κατ᾽ ἀγρὸν ἐφορῶντα καλαμητρίδας καὶ θεριστάς· "ὁ δ᾽ Ὀἰδίπους ποῦ καὶ τὰ κλείν᾽ αἰνίγματα;" Τὸ μὲν γὰρ ἐν γήρᾳ πολιτείας ἄρχεσθαι καὶ μὴ πρότερον, ὥσπερ Ἐπιμενίδην λέγουσι κατακοιμηθέντα νεανίαν ἐξεγρέσθαι γέροντα μετὰ πεντήκοντα ἔτη· εἶτα τὴν οὕτω μακρὰν καὶ συμβεβιωκυῖαν ἡσυχίαν ἀποθέμενον ἐμβαλεῖν ἑαυτὸν εἰς ἀγῶνας καὶ ἀσχολίας, ἀήθη καὶ ἀγύμναστον ὄντα καὶ μήτε πράγμασιν ἐνωμιληκότα πολιτικοῖς μήτ᾽ ἀνθρώποις, ἴσως ἂν αἰτιωμένῳ τινὶ παράσχοι τὸ τῆς Πυθίας εἰπεῖν "ὄψ᾽ ἦλθες" ἀρχὴν καὶ δημαγωγίαν διζήμενος, καὶ παρ᾽ ὥραν στρατηγίου κόπτεις θύραν, ὥσπερ τις ἀτεχνότερος ὢν νύκτωρ ἐπίκωμος ἀφιγμένος, ἢ ξένος οὐ τόπον οὐδὲ χώραν ἀλλὰ βίον, οὗ

es nicht richtig, zu behaupten oder anderen zuzustimmen, wenn sie es sagen, dass wir nur dann in unserem Streben nicht ermüden, wenn wir davon auch profitieren. Stattdessen gilt die Äußerung des Thukydides, dass »das Streben nach Ruhm kein Alter kennt«[83]. Überdies sollten wir in Betracht ziehen, dass Gemeinschaft und Politik, die selbst unter Ameisen und Bienen herrschen, ebenfalls alterslos sind. Denn keine Honigbiene wurde aufgrund ihres Alters zur Drohne, wie manche es für Politiker für am besten halten. Sie glauben, dass betagte Staatsmänner nur zu Hause herumsitzen und ihre Mahlzeiten einnehmen sollten und sich ansonsten von der Politik fernzuhalten haben, sodass ihre praktische Erfahrung durch mangelnde Nutzung verblasst, ähnlich wie ein eisernes Werkzeug durch Rost stumpf wird. Cato der Ältere pflegte zu sagen, dass man dem Alter, das an sich schon beschwerlich genug sei, nicht noch freiwillig die Schande des Lasters hinzufügen sollte. Und von vielen Formen des Lasters bringen Müßiggang, Feigheit und moralische Schwäche einem alten Menschen, der sich

μὴ πεπείρασαι, μεταλλάττων. τὸ γὰρ "πόλις ἄνδρα διδάσκει" κατὰ Σιμωνίδην ἀληθές ἐστιν ἐπὶ τῶν ἔτι χρόνον ἐχόντων μεταδιδαχθῆναι καὶ μεταμαθεῖν μάθημα, διὰ πολλῶν ἀγώνων καὶ πραγμάτων μόλις ἐκπονούμενον, ἄνπερ ἐν καιρῷ φύσεως ἐπιλάβηται καὶ πόνον ἐνεγκεῖν καὶδυσημερίαν εὐκόλως δυναμένης. ταῦτα δόξειτις μὴ κακῶς λέγεσθαι πρὸς τὸν ἀρχόμενον ἐν γήρᾳ πολιτείας.

aus dem öffentlichen Leben wie eine Frau ins Haus zurückzieht oder nur noch die Schnitter und Drescher auf dem Feld beaufsichtigt, mehr Schande als alles andere. Einen solchen Menschen können wir zu Recht fragen: »Was wurde aus Oedipus und seinen berühmten Rätseln?«[84]

Was ist, im Gegensatz zu jenen, die sich früh zur Ruhe setzen, mit jenen, die ihre politische Laufbahn erst in fortgeschrittenem Alter beginnen, wie man es sich von Epimenides erzählt, der seine Jugend verschlief und fünfzig Jahre später als alter Mann erwachte? Solche Menschen geben das beschauliche Leben, das sie so lange geführt haben, auf und stürzen sich in Wettkampf und Ämter, wobei sie nicht mit dem politischen Geschäft und den darin tätigen Personen vertraut sind und keinerlei Übung in Staatsdingen besitzen. Dieses Szenario könnte Kritik hervorrufen, wie Pythia sie äußerte: In deinem Streben nach einem Amt und öffentlicher Verantwortung »kommst du zu spät«; du klopfst in der falschen Phase deines Lebens an die Tür des Generalhauptquartiers. Du bist wie der Gast bei einem Gelage, der keine Ahnung

2. Καίτοι τοὐναντίον ὁρῶμεν ὑπὸ τῶν νοῦν ἐχόντων τὰ μειράκια καὶ τοὺς νέους ἀποτρεπομένους τοῦ τὰ κοινὰ πράττειν· καὶ μαρτυροῦσιν οἱ νόμοι διὰ τοῦ κήρυκος

von Umgangsformen hat und deshalb erst spät in der Nacht ankommt. Oder wie ein Fremder, aber nicht wie einer, der an einen anderen Ort oder in ein anderes Land zieht, sondern wie einer, der einen bekannten Lebensstil gegen einen anderen austauscht, welcher ihm vollkommen unbekannt ist. Denn die Äußerung des Simonides »Der Staat selbst unterrichtet den Mann« trifft im Falle jener zu, die noch genug Zeit haben, sich weiterzubilden oder etwas Neues hinzuzulernen. Doch eine solche Erziehung kann man kaum durch viele politische Auseinandersetzungen und Erfahrungen in der Politik vervollkommnen, wenn man im fraglichen Augenblick nicht über eine Natur verfügt, die Ungemach und Widrigkeiten aushalten kann.[85] Dieser Rat trifft wohl den Nerv jener, die in hohem Alter eine politische Karriere anstreben.

2. Andererseits beobachten wir auch, dass junge Leute und Menschen, die gerade erst am Beginn ihrer Laufbahn stehen, durch vernünftige Politiker von öffentlichen Ämtern ferngehalten

ἐν ταῖς ἐκκλησίαις οὐκ Ἀλκιβιάδας οὐδὲ Πυθέας ἀνιστάντες ἐπὶ τὸ βῆμα πρώτους, ἀλλὰ τοὺς ὑπὲρ πεντήκοντ᾽ ἔτη γεγονότας, λέγειν καὶ συμβουλεύειν παρακαλοῦντες· οὐ γὰρ τοιούτους ἀήθεια τόλμης καὶ τριβῆς ἔνδεια καλεῖ πρὸς τροπαῖον κατ᾽ ἀντιστασιωτῶν. ὁ δὲ Κάτων μετ᾽ ὀγδοήκοντ᾽ ἔτη δίκην ἀπολογούμενος ἔφη χαλεπὸν εἶναι βεβιωκότα μετ᾽ ἄλλων ἐν ἄλλοις ἀπολογεῖσθαι. Καίσαρος δὲ τοῦ καταλύσαντος Ἀντώνιον οὔτι μικρῷ βασιλικώτερα καὶ δημωφελέστερα γενέσθαι πολιτεύματα πρὸς τῇ τελευτῇ πάντες ὁμολογοῦσιν· αὐτὸς δὲ τοὺς νέους ἔθεσι καὶ νόμοις αὐστηρῶς σωφρονίζων, ὡς ἐθορύβησαν, "ἀκούσατ᾽," εἶπε, "νέοι γέροντος οὗ νέου γέροντες ἤκουον." ἡ δὲ Περικλέους πολιτεία τὸ μέγιστον ἐν γήρᾳ κράτος ἔσχεν, ὅτε καὶ τὸν πόλεμον ἄρασθαι τοὺς Ἀθηναίους ἔπεισε· καὶ προθυμουμένων οὐ κατὰ καιρὸν μάχεσθαι πρὸς ἑξακισμυρίους ὁπλίτας, ἐνέστη καὶ διεκώλυσε, μονονοὺ τὰ ὅπλα τοῦ δήμου καὶ τὰς κλεῖς τῶν πυλῶν ἀποσφραγισάμενος.

werden. Selbst die Gesetze legen dies fest. So berufen die Herolde bei Versammlungen Männer wie Alkibiades und Pytheas keineswegs als erste auf die Rednertribüne[86], sondern sie rufen zunächst Redner, die älter als fünfzig Jahre sind, dazu auf, ihren Rat abzugeben. Der Grund dafür ist, dass ältere Politiker über viel Erfahrung verfügen und bereits viele kühne Taten vollbracht haben, weshalb sie nicht in die Versuchung geraten, ihre Siege über ihre politischen Gegner zu zählen, wie jüngere Leute es zu tun pflegen. Cato der Ältere sagte im Alter von mehr als achtzig Jahren vor Gericht, dass es ihm nach einem Leben mit einer einzigen Generation schwerfalle, sich vor einer anderen zu verteidigen. Und jeder ist sich einig, dass Caesar (gemeint ist Augustus, der Marcus Antonius besiegte) seine Regentschaft gegen Ende seines Lebens etwas königlicher und vorteilhafter für das Volk gestaltete. Augustus selbst legte der Jugend mit Hilfe von Bestimmungen und Gesetzen scharfe Zügel an, und als sie sich gegen ihn erhoben, antwortete er: »Hört, ihr jungen Männer, auf die Worte eines alten

ἀλλὰ μὴν ἅ γε Ξενοφῶν περὶ Ἀγησιλάου γέγραφεν, αὐτοῖς ὀνόμασιν ἄξιόν ἐστι παραθέσθαι· "ποίας γάρ," φησί, "νεότητος οὐ κρεῖττον τὸ ἐκείνου γῆρας ἐφάνη; τίς μὲν γὰρ τοῖς ἐχθροῖς ἀκμάζων οὕτω φοβερὸς ἦν, ὡς Ἀγησίλαος τὸ μήκιστον τοῦ αἰῶνος ἔχων; τίνος δ᾽ ἐκποδὼν γενομένου μᾶλλον ἥσθησαν οἱ πολέμιοι ἢ Ἀγησιλάου, καίπερ γηραιοῦ τελευτήσαντος; τίς δὲ συμμάχοις θάρσος παρέσχεν ἢ Ἀγησίλαος, καίπερ ἤδη πρὸς τῷ τέρματι τοῦ βίου ὤν; τίνα δὲ νέον οἱ φίλοι πλέον ἐπόθησαν ἢ Ἀγησίλαον γηραιὸν ἀποθανόντα;"

Mannes, dem schon alte Männer zuhörten, als er noch jung war.« Die Staatsführung des Perikles war gerade in hohem Alter besonders durchschlagend. So überzeugte er die Athener sogar davon, einen Krieg anzustreben.[87] Und als die Athener zu einem ungelegenen Zeitpunkt unbedingt eine Schlacht gegen sechzigtausend Hopliten anzetteln wollten, stellte er sich ihnen in den Weg und hielt sie davon ab, indem er sozusagen die Waffen einschloss und die Schlüssel zu den Stadttoren verriegelte. Aber was Xenophon über Agesilaos schrieb, ist es wert, hier wörtlich zitiert zu werden[88]: »Welchem jungen Mann war dieser Mann durch sein hohes Alter nicht offensichtlich überlegen? Wer wurde in der Blüte seiner Jahre so sehr gefürchtet von seinen politischen Gegnern wie Agesilaos zum Ende seines Lebens? Über wessen Dahinscheiden waren seine militärischen Gegner glücklicher als über das des Agesilaos, obwohl er in hohem Alter starb? Wer gab den Verbündeten Mut, obwohl er doch am Ende seines Lebens stand, wenn nicht Agesilaos? Welcher junge Mann wurde von seinen Freun-

3. Εἶτ᾽ ἐκείνους μὲν τηλικαῦτα πράττειν ὁ χρόνος οὐκ ἐκώλυεν, ἡμεῖς δ᾽ οἱ νῦν τρυφῶντες ἐν πολιτείαις, μὴ τυραννίδα μὴ πόλεμόν τινα μὴ πολιορκίαν ἐχούσαις, ἀπολέμους δ᾽ ἁμίλλας καὶ φιλοτιμίας νόμῳ τὰ πολλὰ καὶ λόγῳ μετὰ δίκης περαινομένας ἀποδειλιῶμεν; οὐ μόνον στρατηγῶν τῶν τότε καὶ δημαγωγῶν, ἀλλὰ καὶ ποιητῶν καὶ σοφιστῶν καὶ ὑποκριτῶν ὁμολογοῦντες εἶναι κακίους· εἴγε Σιμωνίδης μὲν ἐν γήρᾳ χοροῖς ἐνίκα, ὡς τοὐπίγραμμα δηλοῖ τοῖς τελευταίοις ἔπεσιν·

> ἀμφὶ διδασκαλίῃ δὲ Σιμωνίδῃ ἕσπετο κῦδος
> ὀγδωκονταέτει παιδὶ Λεωπρέπεος.

Σοφοκλῆς δὲ λέγεται μὲν ὑπὸ παίδων παρανοίας δίκην φεύγων ἀναγνῶναι τὴν ἐν Οἰδίποδι τῷ ἐπὶ Κολωνῷ πάροδον, ἧ ἐστιν ἀρχὴ

den mehr vermisst als Agesilaos, und das, obwohl er als alter Mann starb?«

3. Das Alter hielt jene Staatsmänner nicht von großen Taten ab. Aber sollten wir, die wir heute in Frieden leben und in politischen Systemen, die weder von Tyrannei noch von Krieg oder Belagerung heimgesucht sind, tatsächlich Furcht zeigen, wenn wir es mit harmlosen Auseinandersetzungen und Rivalitäten zu tun haben, die größtenteils gerecht durch Gesetz und Debatte geregelt werden können? Wenn wir Angst haben, bekennen wir damit, dass wir nicht nur den Generälen und beliebten Staatsmännern der Vergangenheit unterlegen sind, sondern sogar den Poeten und Lehrern und Schauspielern. Tatsächlich trug Simonides noch in hohem Alter mit seinen Gesängen in einem Wettbewerb den Sieg davon, wie man an den letzten Versen seines Epigramms erkennt: »Für seine Ausbildung des Chors gebührt Ruhm dem Simonides, dem achtzigjährigen Sohn des Leoprepes.« Und von Sophokles erzählt man sich, dass er laut den ersten Choral seines *Oe-*

εὐίππου, ξένε, τᾶσδε χώρας
ἵκου τὰ κράτιστα γᾶς ἔπαυλα,
τὸν ἀργῆτα Κολωνόν, ἔνθ᾽
ἁ λίγεια μινύρεται
θαμίζουσα μάλιστ᾽ ἀηδὼν
χλωραῖς ὑπὸ βάσσαις.

θαυμαστοῦ δὲ τοῦ μέλους φανέντος, ὥσπερ ἐκ θεάτρου τοῦ δικαστηρίου προπεμφθῆναι μετὰ κρότου καὶ βοῆς τῶν παρόντων. τουτὶ δ᾽ ὁμολογουμένως Σοφοκλέους ἐστὶ τοὐπιγραμμάτιον

ᾠδὴν Ἡροδότῳ τεῦξεν Σοφοκλῆς ἐτέων
ὢν πέντ᾽ ἐπὶ πεντήκοντα.

Φιλήμονα δὲ τὸν κωμικὸν καὶ Ἄλεξιν ἐπὶ τῆς σκηνῆς ἀγωνιζομένους καὶ στεφανουμένους ὁ θάνατος κατέλαβε. Πῶλον δὲ τὸν τραγῳδὸν Ἐρατοσθένης καὶ Φιλόχορος ἱστοροῦσιν ἑβδομήκοντ᾽ ἔτη γεγενημένον ὀκτὼ τραγῳδίας ἐν τέτταρσιν ἡμέραις διαγωνίσασθαι μικρὸν ἔμπροσθεν τῆς τελευτῆς.

dipus auf Kolonos rezitierte, um sich des Vorwurfs seiner Kinder zu erwehren, die ihn für dement hielten: »Du bist angekommen, Fremder, in den mächtigsten Häusern dieses Landes, die berühmt sind für ihre Pferde, den schimmernden Kolonos, dort, wo die Nachtigall ihre süße Melodie in den grünen Tälern erklingen lässt.«[89] Der Gesang war so großartig, dass Sophokles, so erzählt man sich, aus dem Hof geleitet wurde wie aus einem Theater, begleitet vom Applaus und Jubel der Anwesenden. Und es besteht kein Zweifel darüber, dass Sophokles dieses kurze Epigramm verfasste: »Im Alter von fünfundfünfzig schrieb Sophokles ein Lied für Herodotus.«

Der Tod raffte Philemon, den Komödiendichter, und Alexis dahin, als sie auf der Bühne standen und bekränzt wurden. Und Eratosthenes und Philochoros berichten, dass Polos, der tragische Schauspieler, kurz vor seinem Tod im Alter von siebzig Jahren vier Tage lang in acht Tragödien auf der Bühne stand.

4. Ἆρ᾽ οὖν οὐκ αἰσχρόν ἐστι τῶν ἀπὸ σκηνῆς γερόντων τοὺς ἀπὸ τοῦ βήματος ἀγεννεστέρους ὁρᾶσθαι, καὶ τῶν ἱερῶν ὡς ἀληθῶς ἐξισταμένους ἀγώνων ἀποτίθεσθαι τὸ πολιτικὸν πρόσωπον, οὐκ οἶδ᾽ ὁποῖον ἀντιμεταλαμβάνοντας; καὶ γὰρ τὸ τῆς γεωργίας ἐκ βασιλικοῦ ταπεινόν· ὅπου γὰρ ὁ Δημοσθένης φησὶν ἀνάξια πάσχειν τὴν Πάραλον, ἱερὰν οὖσαν τριήρη, ξύλα καὶ χάρακας καὶ βοσκήματα τῷ Μειδίᾳ παρακομίζουσαν, ἦ που πολιτικὸς ἀνὴρ ἀγωνοθεσίας καὶ βοιωταρχίας καὶ τὰς ἐν Ἀμφικτύοσι προεδρίας ἀπολιπών, εἶθ᾽ ὁρώμενος ἐν ἀλφίτων καὶ στεμφύλων διαμετρήσει καὶ πόκοις προβάτων οὐ παντάπασι δόξει τοῦτο δὴ τὸ καλούμενον "ἵππου γῆρας" ἐπάγεσθαι, μηδενὸς ἀναγκάζοντος; ἐργασίας γε μὴν βαναύσου καὶ ἀγοραίας ἅπτεσθαι μετὰ πολιτείαν ὅμοιόν ἐστι τῷ γυναικὸς ἐλευθέρας καὶ σώφρονος ἔνδυμα περισπάσαντα καὶ περίζωμα δόντα συνέχειν ἐπὶ καπηλείου· καὶ γὰρ τῆς πολιτικῆς ἀρετῆς οὕτως ἀπόλλυται τὸ ἀξίωμα καὶ τὸ μέγεθος

4. Ist es nicht eine Schande, dass Greise auf der Bühne angesehener sind als jene, die auf der Rednertribüne auftreten, sodass Letztere den wahrhaft heiligen Wettbewerben entsagen, auf ihre politische Rolle verzichten und sich niedrigen anderen Aufgaben zuwenden? Denn nachdem man König war, ist es wahrhaft erniedrigend, sich dem Ackerbau zu widmen.[90] Demosthenes sagt, dass die *Paralos* unwürdig behandelt worden sei, da sie ein heiliges Schiff gewesen sei, Meidias sie jedoch zum Transport von Holz und Rebpfählen und Viehfutter eingesetzt habe.[91] Wird ein Politiker nicht in gleicher Weise aufs Abstellgeleis verbannt, wenn er sich, wie man so schön sagt, »zur Ruhe setzt« und das Amt des Kampfrichters aufgibt oder das des Böotarchen oder des Vorsitzenden über die Räte der Amphiktyonie, nur um später Gerste zu mahlen, Olivenöl herzustellen oder Schafe zu scheren? Niedrige oder gemeine Arbeiten zu übernehmen, nachdem man in der Politik tätig war, ist, als entkleide man eine freie und anständige Frau und gebe ihr eine Schürze, um sie danach zu zwingen,

πρός τινας οἰκονομίας καὶ χρηματισμοὺς ἀγομένης. Ἂν δ᾽, ὅπερ λοιπόν ἐστι, ῥᾳστώνας καὶ ἀπολαύσεις τὰς ἡδυπαθείας καὶ τὰς τρυφὰς ὀνομάζοντες ἐν ταύταις μαραινόμενον ἡσυχῇ παρακαλῶσι γηράσκειν τὸν πολιτικόν, οὐκ οἶδα ποτέρᾳ δυεῖν εἰκόνων αἰσχρῶν πρέπειν δόξει μᾶλλον ὁ βίος αὐτοῦ· πότερον ἀφροδίσια ναύταις ἄγουσι πάντα τὸν λοιπὸν ἤδη χρόνον οὐκ ἐν λιμένι τὴν ναῦν ἔχουσιν ἀλλ᾽ ἔτι πλέουσαν ἀπολείπουσιν· ἢ καθάπερ ἔνιοι τὸν Ἡρακλέα παίζοντες οὐκ εὖ γράφουσιν ἐν Ὀμφάλης κροκωτοφόρον ἐνδιδόντα Λυδαῖς θεραπαινίσι ῥιπίζειν καὶ παραπλέκειν ἑαυτόν, οὕτω τὸν πολιτικὸν ἐκδύσαντες τὴν λεοντῆν καὶ κατακλίναντες εὐωχήσομεν ἀεὶ καταψαλλόμενον καὶ καταυλούμενον, οὐδὲ τῇ τοῦ Πομπηίου Μάγνου φωνῇ διατραπέντες τῇ πρὸς Λεύκολλον αὐτὸν μὲν εἰς λουτρὰ καὶ δεῖπνα καὶ συνουσίας μεθημερινὰς καὶ πολὺν ἄλυν καὶ κατασκευὰς οἰκοδομημάτων νεοπρεπεῖς μετὰ τὰς στρατείας καὶ πολιτείας

in einer Taverne zu arbeiten. Denn wenn ein Staatsmann auf den Haushalt und den Broterwerb reduziert wird, werden sein Ansehen und seine politische Würde zerstört.

Als letzte Möglichkeit kann man den Ruhestand natürlich auch als »Entspannung und Vergnügen« bezeichnen, um »ein Leben in Luxus und Wohlstand« zu beschreiben. Man kann Politiker dazu auffordern, in einer solchen Umgebung alt zu werden und langsam dahinzuwelken. Doch ich weiß ich nicht, welches der folgenden unrühmlichen Bilder dieses Leben besser beschreibt: Das des Seemanns, der sein aufgetakeltes Schiff verlässt, noch bevor es den Hafen erreicht hat, um sodann den Rest seines Lebens sexuellen Freuden nachzugehen. Oder das der spielerischen und ungenauen Darstellung, die einige Künstler von Herkules am Hof der Omphale geschaffen haben: Wie er sich in safranfarbener Robe von lydischen Dienerinnen bedienen lässt, sich Luft zufächelt und das Haar in Locken legen lässt. Sollen wir Politiker etwa auf ähnliche Weise mit extravaganten Freuden unterhalten, nachdem wir

ἀφεικότα, τῷ δὲ Πομπηίῳ φιλαρχίαν ἐγκαλοῦντα καὶ φιλοτιμίαν παρ᾽ ἡλικίαν· ἔφη γὰρ ὁ Πομπήιος ἀωρότερον εἶναι γέροντι τὸ τρυφᾶν ἢ τὸ ἄρχειν· ἐπεὶ δὲ νοσοῦντι συνέταξε κίχλην ὁ ἰατρός, ἦν δὲ δυσπόριστον καὶ παρ᾽ ὥραν, ἔφη δέ τις εἶναι παρὰ Λευκόλλῳ πολλὰς τρεφομένας, οὐκ ἔπεμψεν οὐδ᾽ ἔλαβεν εἰπών, "οὐκοῦν, εἰ μὴ Λεύκολλος ἐτρύφα, Πομπήιος οὐκ ἂν ἔζησε;"

ihnen das Löwenfell genommen und veranlasst haben, sich am Tisch zurückzulehnen, um für den Rest ihres Lebens in Musik zu schwelgen und sich von den *aulos* bezaubern zu lassen?[92] Wären wir in diesem Fall wirklich taub für den Tadel, den Gnaeus Pompeius Magnus gegenüber Lucullus aussprach? Nach seiner militärischen und politischen Karriere gab Lucullus sich Bädern, ausgedehnten Mahlzeiten, Sex am Tag, Müßiggang und dem Bau von Gebäuden hin, wie junge Männer es zu tun pflegen, während er Pompeius kritisierte, weil dieser sein Amt liebte und einen Ehrgeiz an den Tag legte, von dem Lucullus behauptete, dass er seinem Alter nicht entspräche. Pompeius antwortete, vielmehr sei es unpassend für einen Greis, sich dergestalt dem Luxus hinzugeben, anstatt weiterhin dem Staat zu dienen. Als ein Arzt Pompeius bei einer Krankheit riet, eine Drossel zu essen, der Vogel aufgrund der Jahreszeit aber schwer zu beschaffen war, erfuhr er, dass Drosseln auf Lucullus' Anwesen gezüchtet würden. Aber er ließ sich keine schicken, sondern rief stattdessen aus: »Also

5. Καὶ γὰρ εἰ ζητεῖ πάντως ἡ φύσις τὸ ἡδὺ καὶ τὸ χαίρειν, τὸ μὲν σῶμα τῶν γερόντων ἀπείρηκε πρὸς πάσας, πλὴν ὀλίγων τῶν ἀναγκαίων, τὰς ἡδονάς, καὶ οὐχ "ἡ Ἀφροδίτη τοῖς γέρουσιν ἄχθεται" μόνον, ὡς Εὐριπίδης φησίν, ἀλλὰ καὶ τὰς περὶ πόσιν καὶ βρῶσιν ἐπιθυμίας ἀπημβλυμμένας τὰ πολλὰ καὶ νωδὰς κατέχοντες μόλις οἷον ἐπιθήγουσι καὶ χαράττουσιν· ἐν δὲ τῇ ψυχῇ παρασκευαστέον ἡδονὰς οὐκ ἀγεννεῖς οὐδ᾽ ἀνελευθέρους, ὡς Σιμωνίδης ἔλεγε πρὸς τοὺς ἐγκαλοῦντας αὐτῷ φιλαργυρίαν, ὅτι τῶν ἄλλων ἀπεστερημένος διὰ τὸ γῆρας ἡδονῶν ὑπὸ μιᾶς ἔτι γηροβοσκεῖται τῆς ἀπὸ τοῦ κερδαίνειν. ἀλλ᾽ ἡ πολιτεία καλλίστας μὲν ἡδονὰς ἔχει καὶ μεγίστας, αἷς καὶ τοὺς θεοὺς εἰκός ἐστιν ἢ μόναις ἢ μάλιστα χαίρειν· αὗται δ᾽ εἰσίν, ἃς τὸ εὖ ποιεῖν καὶ καλόν τι πράττειν ἀναδίδωσιν. εἰ γὰρ Νικίας ὁ ζωγράφος

würde Pompeius überleben, nur weil Lucullus Hedonist ist?«

5. Obwohl unsere menschliche Natur durchaus stets nach Vergnügen strebt, haben die Körper der Greise die meisten Freuden aufgegeben, abgesehen vielleicht von einigen wenigen, die notwendig sind. Nicht nur »Aphrodite ist den Alten abgeneigt«, wie Euripides sagt, auch ihr Verlangen nach Essen und Trinken hat meist deutlich nachgelassen. Nur selten läuft ihnen sozusagen das Wasser im Munde zusammen.[93] Doch müssen wir jene Freuden unserer Seele kultivieren, die weder unehrenhaft noch unterwürfig sind, ganz im Gegensatz zu Simonides, der jenen, die ihn des Geizes bezichtigten, zu antworten pflegte, dass das Alter ihn sämtlicher anderen Freuden beraubt habe. Nur das Sammeln von Reichtümern sei ihm geblieben. Aber die Teilnahme an Staatsgeschäften bietet uns die erhabenste und größte aller Freuden, an der allein oder vor allen anderen sogar die Götter womöglich Gefallen finden. Es ist die Freude, die darin liegt, Gutes zu tun und sich nobel zu

οὕτως ἔχαιρε τοῖς τῆς τέχνης ἔργοις, ὥστε τοὺς οἰκέτας ἐρωτᾶν πολλάκις, εἰ λέλουται καὶ ἠρίστηκεν· Ἀρχιμήδην δὲ τῇ σανίδι προσκείμενον ἀποσπῶντες βίᾳ καὶ ἀποδύοντες ἤλειφον οἱ θεράποντες, ὁ δ᾽ ἐπὶ τοῦ σώματος ἀληλιμμένου διέγραφε τὰ σχήματα· Κάνος δ᾽ ὁ αὐλητής, ὃν καὶ σὺ γιγνώσκεις, ἔλεγεν ἀγνοεῖν τοὺς ἀνθρώπους, ὅσῳ μᾶλλον αὑτὸν αὐλῶν ἢ ἑτέρους εὐφραίνει· λαμβάνειν γὰρ ἂν μισθὸν οὐ διδόναι τοὺς ἀκούειν ἐθέλοντας· ἆρ᾽ οὐκ ἐπινοοῦμεν, ἡλίκας ἡδονὰς αἱ ἀρεταὶ τοῖς χρωμένοις ἀπὸ τῶν καλῶν πράξεων καὶ τῶν κοινωνικῶν ἔργων καὶ φιλανθρώπων παρασκευάζουσιν, οὐ κνῶσαι οὐδὲ θρύπτουσαι, ὥσπερ αἱ εἰς σάρκα λεῖαι καὶ προσηνεῖς γινόμεναι κινήσεις; ἀλλ᾽ αὗται μὲν οἰστρῶδες καὶ ἀβέβαιον καὶ μεμιγμένον σφυγμῷ τὸ γαργαλίζον ἔχουσιν, αἱ δ᾽ ἐπὶ τοῖς καλοῖς ἔργοις, οἵων δημιουργὸς ὁ πολιτευόμενος ὀρθῶς ἐστιν, οὐ ταῖς Εὐριπίδου χρυσαῖς πτέρυξιν, ἀλλὰ τοῖς Πλατωνικοῖς ἐκείνοις καὶ οὐρανίοις πτεροῖς ὅμοια τὴν ψυχὴν

verhalten. Nikias, der Maler, hatte solche Freude an seiner Kunst, dass er häufig seine Diener fragen musste, ob er schon gebadet oder zu Mittag gegessen hatte. Auch Archimedes war so vertieft in seine geometrische Tafel, dass seine Diener ihn gewaltsam davon fortziehen müssen, um ihn auszuziehen und zu salben, während er seine Entwürfe weiter in das Öl auf seinem Körper zeichnete.[94] Und Canus, der *aulos*-Spieler, den du auch kennst, pflegte zu sagen, dass keiner wisse, dass er seine eigene Musik viel mehr genösse als seine Zuhörer. Denn wenn sie es wüssten, würden sie Geld von ihm nehmen, statt ihn für sein Spiel auch noch zu bezahlen. Im Lichte dieser Beispiele erkennen wir doch sicher, dass es übermäßige Freude bereitet, seine Tugenden zu leben, Freuden, die aus edlen Taten und gemeinnützigen, philanthropischen Werken erwachsen. Und wir erkennen zudem, wie wir diese Freuden erleben, nämlich ohne die Qual und die Verderbtheit, die mit den angenehmen und verweichlichten Freuden des Fleisches einhergehen. Denn Freuden des Fleisches verursachen einen

μέγεθος καὶ φρόνημα μετὰ γήθους λαμβάνουσαν ἀναφέρουσιν.

6. Ὑπομίμνησκε δὲ σεαυτὸν ὧν πολλάκις ἀκήκοας· ὁ μὲν γὰρ Ἐπαμεινώνδας ἐρωτηθεὶς τί ἥδιστον αὐτῷ γέγονεν, ἀπεκρίνατο τὸ τοῦ πατρὸς ἔτι ζῶντος καὶ τῆς μητρὸς νικῆσαι τὴν ἐν Λεύκτροις μάχην. ὁ δὲ Σύλλας, ὅτε τῶν ἐμφυλίων πολέμων τὴν Ἰταλίαν καθήρας προσέμιξε τῇ Ῥώμῃ πρῶτον, οὐδὲ μικρὸν ἐν τῇ νυκτὶ κατέδαρθεν, ὑπὸ γήθους καὶ χαρᾶς μεγάλης ὥσπερ πνεύματος ἀναφερόμενος τὴν ψυχήν· καὶ ταῦτα περὶ αὑτοῦ γέγραφεν ἐν τοῖς ὑπομνήμασιν. ἄκουσμα μὲν γὰρ ἔστω μηδὲν ἥδιον

Kitzel, der wie rasend ist, ungleichmäßig und pulsierend, während die Freuden, die auf edlen Taten beruhen – wie zum Beispiel auf dem Einsatz für eine gerechte Sache in der Politik –, die Seele erheben, ihr Größe und Sinn und nicht zuletzt Glücksgefühle verleihen. Wir sollten diese edlen Werke nicht mit den goldenen Schwingen des Euripides vergleichen, sondern mit den himmlischen Schwingen, wie Platon sie beschrieben hat.[95]

6. Erinnere dich an die Beispiele, die du schon so oft gehört hast. Als Epameinondas gefragt wurde, was ihn am meisten erfreute, antwortete er, dass es sein Sieg bei der Schlacht bei Leuktra gewesen sei, weil dieser sich noch zu Lebzeiten seiner Eltern zugetragen habe. Und als Sulla in Rom ankam, nachdem er den Bürgerkrieg in Italien beendet hatte, schlief er die ganze Nacht nicht, weil seine Seele von der Freude förmlich davongetragen wurde wie vom Wind; so beschrieb er es jedenfalls in seinen Kommentaren über sich selbst. Ich gebe zu, dass es nichts Angenehmeres als das

ἐπαίνου κατὰ τὸν Ξενοφῶντα, θέαμα δὲ καὶ μνημόνευμα καὶ διανόημα τῶν ὄντων οὐδὲν ἔστιν ὃ τοσαύτην φέρει χάριν, ὅσην πράξεων ἰδίων ἐν ἀρχαῖς καὶ πολιτείαις ὥσπερ ἐν τόποις λαμπροῖς καὶ δημοσίοις ἀναθεώρησις. οὐ μὴν ἀλλὰ καὶ χάρις εὐμενὴς συμμαρτυροῦσα τοῖς ἔργοις καὶ συναμιλλώμενος ἔπαινος, εὐνοίας δικαίας ἡγεμών, οἷόν τι φῶς καὶ γάνωμα τῷ χαίροντι τῆς ἀρετῆς προστίθησι· καὶ δεῖ μὴ περιορᾶν ὥσπερ ἀθλητικὸν στέφανον ἐν γήρᾳ ξηρὰν γενομένην τὴν δόξαν, ἀλλὰ καινὸν ἀεί τι καὶ πρόσφατον ἐπιφέροντα τὴν τῶν παλαιῶν χάριν ἐγείρειν καὶ ποιεῖν ἀμείνω καὶ μόνιμον· ὥσπερ οἱ τεχνῖται, οἷς ἐπέκειτο φροντίζειν σῶον εἶναι τὸ Δηλιακὸν πλοῖον, ἀντὶ τῶν πονούντων ξύλων ἐμβάλλοντες ἄλλα καὶ συμπηγνύντες ἀίδιον ἐκ τῶν τότε χρόνων καὶ ἄφθαρτον ἐδόκουν διαφυλάττειν. Ἔστι δὲ καὶ δόξης καὶ φλογὸς οὐ χαλεπὴ σωτηρία καὶ τήρησις ἀλλὰ μικρῶν ὑπεκκαυμάτων δεομένη, κατασβεσθὲν δὲ καὶ ὑποψυχθὲν οὐδέτερον

Lob gibt, wie schon Xenophon sagt, aber kein Anblick, keine Erinnerung, kein Gedanke an irgendetwas bringt so viel Befriedigung wie das Nachdenken über die Taten, die man an sichtbaren, öffentlichen Orten vollbracht hat, also während man ein Amt innehatte und politisch tätig war. Überdies ebnet freundliche Dankbarkeit, die Zeuge deiner Taten ist und von Lob begleitet wird, den Weg für rechtmäßig verdientes Wohlwollen. Sie verleiht der Freude über die eigene Tugend zusätzlich ganz besonderen Glanz. Wir dürfen unseren Ruf nicht geringschätzen, auch wenn er, wie der Kranz des Athleten, verwelkt und trocken geworden ist, sondern sollten im Gegenteil stets etwas Neues und Frisches hinzufügen. Auf diese Weise beleben wir die Dankbarkeit, die uns für frühere Taten entgegengebracht wurde, neu und festigen unseren Ruf, bis er von Dauer ist. Darin sind wir den Handwerkern vergleichbar, die den Auftrag erhielten, für die Stabilität des delischen Schiffes zu sorgen: Indem sie das morsche Holz durch neues Holz ersetzten, bewahrten sie es offenbar vor dem Verfall.[96]

ἄν τις ἀπραγμόνως πάλιν ἐξάψειεν. ὡς δὲ Λάμπις ὁ ναύκληρος ἐρωτηθεὶς πῶς ἐκτήσατο τὸν πλοῦτον "οὐ χαλεπῶς," ἔφη, "τὸν μέγαν, τὸν δὲ βραχὺν ἐπιπόνως καὶ βραδέως"· οὕτω τῆς πολιτικῆς δόξης καὶ δυνάμεως ἐν ἀρχῇ τυχεῖν οὐ ῥᾴδιόν ἐστι, τὸ δὲ συναυξῆσαι καὶ διαφυλάξαι μεγάλην γενομένην ἀπὸ τῶν τυχόντων ἕτοιμον. οὔτε γὰρ φίλος ὅταν γένηται πολλὰς λειτουργίας ἐπιζητεῖ καὶ μεγάλας, ἵνα μένῃ φίλος, μικροῖς δὲ σημείοις τὸ ἐνδελεχὲς ἀεὶ διαφυλάττει τὴν εὔνοιαν· ἥ τε δήμου φιλία καὶ πίστις οὐκ ἀεὶ δεομένη χορηγοῦντος οὐδὲ προδικοῦντος οὐδ᾽ ἄρχοντος αὐτῇ τῇ προθυμίᾳ συνέχεται καὶ τῷ μὴ προαπολείποντι μηδ᾽ ἀπαγορεύοντι τῆς ἐπιμελείας καὶ φροντίδος. οὐδὲ γὰρ αἱ στρατεῖαι παρατάξεις ἀεὶ καὶ μάχας καὶ πολιορκίας ἔχουσιν, ἀλλὰ καὶ θυσίας ἔστιν ὅτε καὶ συνουσίας διὰ μέσου καὶ σχολὴν ἄφθονον ἐν παιδιαῖς καὶ φλυαρίαις δέχονται. πόθεν γε δὴ τὴν πολιτείαν φοβητέον, ὡς ἀπαραμύθητον καὶ πολύπονον καὶ βαρεῖαν, ὅπου καὶ θέατρα

Zufällig ist es mit dem Erhalt des Ruhmes genau wie mit dem Anheizen eines Feuers. Es fällt nicht schwer, beides am Leben zu erhalten, aber weder der Ruhm noch das Feuer können ohne Anstrengung wieder entzündet werden, wenn sie einmal ausgelöscht oder abgekühlt sind. Als Lampis der Schiffsbesitzer einmal gefragt wurde, wie er zu solchem Wohlstand gelangt war, antwortete er: »Ein Großteil kam ganz leicht, aber der erste, kleinere Teil erforderte Zeit und Mühe.« Es ist also am Anfang schwierig, sich ein gewisses Ansehen und Einfluss in der Politik zu erarbeiten, aber hat man dies einmal erreicht, fällt es leicht, seinen Erfolg zu schützen und zu vermehren, und zwar durch ganz gewöhnliche Taten. Eine einmal geschlossene Freundschaft erfordert nicht allzu viele große Liebesdienste, um weiterhin Bestand zu haben. Aber kleine, häufige Gesten sichern uns das Wohlwollen des Freundes. Um sich die Freundschaft und das Vertrauen des Volkes zu erhalten, muss man weder Chöre fördern noch vor Gericht erscheinen oder ein Amt bekleiden. Man sichert sich beides durch

καὶ πομπαὶ καὶ νεμήσεις καὶ "χοροὶ καὶ Μοῖσα καὶ Ἀγλαΐα" καὶ θεοῦ τινος ἀεὶ τιμὴ τὰς ὀφρῦς λύουσα παντὸς ἀρχείου καὶ συνεδρίου πολλαπλάσιον τὸ ἐπιτερπὲς καὶ κεχαρισμένον ἀποδίδωσιν;

7. Ὃ τοίνυν μέγιστον κακὸν ἔχουσιν αἱ πολιτεῖαι, τὸν φθόνον, ἥκιστα διερείδεται πρὸς τὸ γῆρας· "κύνες γὰρ καὶ βαΰζουσιν ὃν ἂν μὴ γινώσκωσι" καθ᾽ Ἡράκλειτον, καὶ πρὸς τὸν ἀρχόμενον ὥσπερ ἐν θύραις

eifrige Tätigkeit und indem man niemanden im Stich lässt oder seinen Aufträgen oder Verpflichtungen nie den Rücken kehrt. Feldzüge machen es nicht nur erforderlich, Truppen zu befehligen, Schlachten zu schlagen und Belagerungen durchzuführen; manchmal sind auch Opfer notwendig, ebenso wie Festlichkeiten zwischen den Schlachten und viel Freizeit, die man mit Spiel und Belanglosigkeiten verbringt. Warum also soll man sich vor der Staatskunst fürchten, als sei sie trostlos, mühselig und eine Last, wenn die Theater und Paraden, die Landvergaben und »Chöre und die Muse und Aglaia«[97] und die Feste, die immer wieder zu Ehren eines Gottes gegeben werden, Freude und Jubel in jedes Rathaus und jede Ratsversammlung bringen und den Politiker tausendfach mit Freude und Glück belohnen?[98]

7. Mit Neid, dem größten Übel im politischen Leben, hat man es im Alter jedoch nur noch selten zu tun. »Denn die Hunde bellen nur denjenigen an, den sie nicht kennen«, wie Heraklit sagt. Neid fällt also nur jene an, die ihre ersten

τοῦ βήματος μάχεται καὶ πάροδον οὐ δίδωσι· τὴν δὲ σύντροφον καὶ συνήθη δόξαν οὐκ ἀγρίως οὐδὲ χαλεπῶς ἀλλὰ πράως ἀνέχεται. διὸ τὸν φθόνον ἔνιοι τῷ καπνῷ παρεικάζουσι· πολὺς γὰρ ἐν τοῖς ἀρχομένοις διὰ τὸ φλέγεσθαι προεκπίπτων, ὅταν ἐκλάμψωσιν, ἀφανίζεται. καὶ ταῖς μὲν ἄλλαις ὑπεροχαῖς προσμάχονται καὶ διαμφισβητοῦσιν ἀρετῆς καὶ γένους καὶ φιλοτιμίας, ὡς ἀφαιροῦντες αὑτῶν ὅσον ἄλλοις ὑφίενται· τὸ δ᾽ ἀπὸ τοῦ χρόνου πρωτεῖον, ὃ καλεῖται κυρίως πρεσβεῖον, ἀζηλοτύπητόν ἐστι καὶ παραχωρούμενον· οὐδεμιᾷ γὰρ οὕτω τιμῇ συμβέβηκε τὸν τιμῶντα μᾶλλον ἢ τὸν τιμώμενον κοσμεῖν, ὡς τῇ τῶν γερόντων. ἔτι τὴν μὲν ἀπὸ τοῦ πλούτου δύναμιν ἢ λόγου δεινότητος ἢ σοφίας οὐ πάντες αὑτοῖς γενήσεσθαι προσδοκῶσιν, ἐφ᾽ ἣν δὲ προάγει τὸ γῆρας αἰδῶ καὶ δόξαν οὐδεὶς ἀπελπίζει τῶν πολιτευομένων. οὐδὲν οὖν διαφέρει κυβερνήτου πρὸς ἐναντίον κῦμα καὶ πνεῦμα πλεύσαντος ἐπισφαλῶς, εὐδίας

Schritte auf die Rednertribüne tun (er klopft bei ihnen sozusagen an die Tür), und hindert sie am Weitergehen. Er akzeptiert jedoch das Vertraute und Bekannte, das sich bereits einen guten Ruf erarbeitet hat, und zwar nicht wild oder wütend, sondern mit Milde. Deshalb vergleicht so mancher den Neid mit Rauch, der vor jenen, die ihre politische Laufbahn gerade erst entzündet haben, in dichten Schwaden emporsteigt, der sich aber verzieht, sobald die Flamme hell und klar brennt. Einerseits attackieren die Menschen jede andere Form von Überlegenheit und sprechen anderen insbesondere Tugend, Geburtsrecht und Ehrgeiz ab, als ob alles, was sie anderen zugestehen, ihnen selbst verloren ginge. Aber gerade die Vormachtstellung, die man sich im Laufe der Zeit erworben hat, also das, was man als »Vorrecht des Alters« bezeichnet, erregt im Gegensatz dazu nur selten Neid, sondern wird bereitwillig zugestanden. Denn die Ehre, die wir den Älteren erweisen, schmückt denjenigen, der sie gibt, mehr als den, der sie empfängt. Nicht jeder erwartet, wegen seines Reichtums, seiner Redegewandtheit oder Weis-

δὲ καὶ εὐαερίας γενομένης ὁρμίσασθαι ζητοῦντος, ὁ τῷ φθόνῳ διαναυμαχήσας πολὺν χρόνον, εἶτα παυσαμένου καὶ στορεσθέντος, ἀνακρουόμενος ἐκ τῆς πολιτείας καὶ προϊέμενος ἅμα ταῖς πράξεσι τὰς κοινωνίας καὶ τὰς ἑταιρείας. ὅσῳ γὰρ χρόνος γέγονε πλείων, καὶ φίλους πλείονας καὶ συναγωνιστὰς πεποίηκεν, οὓς οὔτε συνεξάγειν ἑαυτῷ πάντας ἐνδέχεται καθάπερ διδασκάλῳ χορὸν οὔτ᾽ ἐγκαταλείπειν δίκαιον· ἀλλ᾽ ὥσπερ τὰ παλαιὰ δένδρα τὴν μακρὰν πολιτείαν οὐ ῥᾴδιόν ἐστιν ἀνασπάσαι πολύρριζον οὖσαν καὶ πράγμασιν ἐμπεπλεγμένην, ἃ πλείονας παρέχει ταραχὰς καὶ σπαραγμοὺς ἀπερχομένοις ἢ μένουσιν. εἰ δέ τι καὶ περίεστι φθόνου λείψανον ἢ φιλονεικίας πρὸς τοὺς γέροντας ἐκ τῶν πολιτικῶν ἀγώνων, κατασβεστέον τοῦτο τῇ δυνάμει μᾶλλον ἢ δοτέον τὰ νῶτα, γυμνοὺς καὶ ἀόπλους ἀπιόντας· οὐ γὰρ οὕτως ἀγωνιζομένοις φθονοῦντες ὡς ἀπειπαμένοις καταφρονήσαντες ἐπιτίθενται.

heit zu besonderem Ansehen zu gelangen, aber es gibt sicher keinen Staatsmann, der nicht auf die Ehrerbietung und das Ansehen hofft, das mit dem Alter einhergeht. Es besteht also kein Unterschied zwischen einerseits dem Steuermann des Schiffes, der, nachdem er in gefährlichen Gewässern dem Sturm getrotzt hat, einen sicheren Ankerplatz sucht, sobald das Wetter sich beruhigt hat und die Winde wieder günstig sind[99], und andererseits dem Politiker, der sich – nach einer erfolgreichen Seeschlacht gegen den Neid, die er im Rahmen seiner langjährigen Laufbahn geschlagen hat – aus dem politischen Leben zurückzieht und, sobald der Neid nachgelassen und alles sich beruhigt hat, Geschäftsverbindungen und Gemeinschaften sowie sämtliche anderen Aktivitäten aufgibt. Denn je länger eine Laufbahn andauert, umso mehr Freunde und Kollegen hat man erworben. Aber diese können einen nicht alle begleiten wie bei einem Dirigenten, der einen Chor leitet. Genauso wenig darf man sie aber so einfach zurücklassen. Eine langjährige Tätigkeit als Staatsmann ist wie ein alter Baum,

8. Μαρτυρεῖ δὲ καὶ τὸ λεχθὲν ὑπ᾽ Ἐπαμεινώνδα τοῦ μεγάλου πρὸς τοὺς Θηβαίους, ὅτε χειμῶνος ὄντος οἱ Ἀρκάδες παρεκάλουν αὐτοὺς ἐν ταῖς οἰκίαις διαιτᾶσθαι παρελθόντας εἰς τὴν πόλιν· οὐ γὰρ εἴασεν, ἀλλὰ "νῦν μέν," ἔφη, "θαυμάζουσιν ὑμᾶς καὶ θεῶνται πρὸς τὰ ὅπλα γυμναζομένους καὶ παλαίοντας·

der zu tief in politischen Geschehen verwurzelt ist, um noch ausgegraben werden zu können. Ein Rückzug sorgt also oft für mehr Turbulenzen und Unruhe als weitere politische Aktivität. Und falls aufgrund ihrer politischen Wettbewerbe doch noch ein Restchen Neid oder Streitsucht gegen unsere Älteren übrig bleibt, so müssen sie beides kraft ihrer Autorität zum Verlöschen bringen, statt sich einfach nur umzudrehen und den Gegnern schutzlos und unbewaffnet den Rücken zuzukehren. Denn wenn sie weiterkämpfen, wird man sie nicht aus Neid angreifen, wenn sie aber der Politik den Rücken kehren, wird man es aus Verachtung sehr wohl tun.

8. Den Beweis dafür erbringt der große Epameinondas in seiner Rede an die Thebaner, als sie mitten im Winter durch Arcadia kamen. Die Arcadier hatten die thebischen Soldaten eingeladen, den Winter in ihren Häusern zu verbringen, aber Epameinondas wollte das nicht zulassen. »Jetzt bewundern sie euch und schauen zu, wie ihr in voller Rüstung eure

ἂν δὲ πρὸς τῷ πυρὶ καθημένους ὁρῶσι τὸν κύαμον κάπτοντας, οὐδὲν αὐτῶν ἡγήσονται διαφέρειν." οὕτω δὴ σεμνόν ἐστι θέαμα πρεσβύτης λέγων τι καὶ πράττων καὶ τιμώμενος, ὁ δ᾽ ἐν κλίνῃ διημερεύων ἢ καθήμενος ἐν γωνίᾳ στοᾶς φλυαρῶν καὶ ἀπομυττόμενος εὐκαταφρόνητος. τοῦτο δ᾽ ἀμέλει καὶ Ὅμηρος διδάσκει τοὺς ὀρθῶς ἀκούοντας· ὁ μὲν γὰρ Νέστωρ στρατευόμενος ἐν Τροίᾳ σεμνὸς ἦν καὶ πολυτίμητος, ὁ δὲ Πηλεὺς καὶ ὁ Λαέρτης οἰκουροῦντες ἀπερρίφησαν καὶ κατεφρονήθησαν. οὐδὲ γὰρ ἡ τοῦ φρονεῖν ἕξις ὁμοίως παραμένει τοῖς μεθεῖσιν αὑτούς, ἀλλ᾽ ὑπ᾽ ἀργίας ἐξανιεμένη καὶ ἀναλυομένη κατὰ μικρὸν ἀεί τινα ποθεῖ φροντίδος μελέτην, τὸ λογιστικὸν καὶ πρακτικὸν ἐγειρούσης καὶ διακαθαιρούσης·

> λάμπει γὰρ ἐν χρείαισιν, ὥσπερ
> εὐπρεπὴς χαλκός.

Ού γὰρ τόσον σώματος ἀσθένεια κακὸν πρόσεστι ταῖς πολιτείαις τῶν παρ᾽

Waffenübungen macht und miteinander ringt«, sagte er. »Aber wenn sie sehen, wie ihr um das Feuer herumsitzt und Bohnen esst, werden sie glauben, dass ihr euch in nichts von ihnen selbst unterscheidet.« Genauso sind Greise, die öffentlich reden oder handeln oder denen deshalb Ehrbezeugungen zuteilwerden, ein edler Anblick, während alte Leute, die den ganzen Tag auf der Couch oder in einer Ecke der Säulenhalle verbringen[100], die nur Unsinn vor sich hin reden und sich schnäuzen, absolut verachtenswert. Homer lehrt uns dies ebenfalls, wenn man ihn nur richtig versteht: Nestor, der an dem Feldzug gegen Troja teilnahm, erfreute sich hohen Ansehens, während Peleus und Laertes[101], die daheimblieben, geschmäht und verachtet wurden. Denn die Fähigkeit zur Einsicht und zum Nachdenken ist bei denen, die sich ansonsten selbst vernachlässigen, nicht von Dauer. Wenn man seine geistigen Fähigkeiten nicht nutzt, werden sie immer schwächer, bis sie ganz verschwinden. Der Geist sehnt sich beständig nach Übung, welche wiederum die logischen und praktischen Eigen-

ἡλικίαν ἐπὶ τὸ βῆμα καὶ τὸ στρατήγιον βαδιζόντων, ὅσον ἔχουσιν ἀγαθὸν τὴν εὐλάβειαν καὶ τὴν φρόνησιν, καὶ τὸ μὴ φερόμενον, ἄλλοτε μὲν δι᾽ ἐσφαλμένα ὅτε δ᾽ ὑπὸ δόξης κενῆς, προσπίπτειν πρὸς τὰ κοινὰ καὶ συνεφέλκεσθαι τὸν ὄχλον, ὥσπερ θάλατταν ὑπὸ πνευμάτων ἐκταραττόμενον, ἀλλὰ πράως τε χρῆσθαι καὶ μετρίως τοῖς ἐντυγχάνουσιν. ὅθεν αἱ πόλεις, ὅταν πταίσωσιν ἢ φοβηθῶσι, πρεσβυτέρων ποθοῦσιν ἀρχὴν ἀνθρώπων· καὶ πολλάκις ἐξ ἀγροῦ κατάγουσαι γέροντα μὴ δεόμενον μηδὲ βουλόμενον ἠνάγκασαν ὥσπερ οἰάκων ἐφαψάμενον εἰς ἀσφαλὲς καταστῆσαι τὰ πράγματα, παρωσάμεναί τε στρατηγοὺς καὶ δημαγωγοὺς βοᾶν μέγα καὶ λέγειν ἀπνευστὶ καὶ νὴ Δία τοῖς πολεμίοις διαβάντας εὖ μάχεσθαι δυναμένους· οἷον οἱ ῥήτορες Ἀθήνησι Τιμοθέῳ καὶ Ἰφικράτει Χάρητα τὸν Θεοχάρους ἐπαποδύοντες ἀκμάζοντα τῷ σώματι καὶ ῥωμαλέον ἠξίουν τοιοῦτον εἶναι τὸν τῶν Ἀθηναίων στρατηγόν, ὁ δὲ

schaften der Seele erweckt und reinigt. »Denn durch regelmäßigen Gebrauch schimmert sie wie feinste Bronze.«[102]

Auch wenn die politische Aktivität durch die körperliche Schwäche derjenigen beeinträchtigt wird, die in fortgeschrittenem Alter die Rednertribüne besteigen oder das Hauptquartier des Generals betreten, ist der Schaden nicht so groß wie der Nutzen durch ihre Umsicht und praktische Weisheit. Außerdem neigen Greise nicht – wie junge Leute – dazu, sich unvorbereitet in die Politik zu stürzen (manchmal, um einen Fehler zu kaschieren, manchmal, um sich fadenscheiniges Ansehen zu verschaffen) und den Mob mitzureißen und ihn so aufzuwühlen wie der Sturm das Meer. Stattdessen handhaben ältere Politiker die Umstände moderat und mit Bedacht. Deshalb sehnen sich Städte in einer Krise oder Notlage auch nach der Führung durch ihre Ältesten. Häufig holen sie sogar einen Greis aus dem Privatleben zurück, obwohl er gar nicht darum gebeten hat oder den Wunsch hat, wieder im Amt eingesetzt zu werden, und zwingen ihn quasi dazu, das

Τιμόθεος “οὐ μὰ τοὺς θεούς,” εἶπεν, “ἀλλὰ τοιοῦτον μὲν εἶναι τὸν μέλλοντα τῷ στρατηγῷ τὰ στρώματα κομίζειν, τὸν δὲ στρατηγόν ‘ἅμα πρόσω καὶ ὀπίσω’ τῶν πραγμάτων ὁρῶντα καὶ μηδενὶ πάθει τοὺς περὶ τῶν συμφερόντων λογισμοὺς ἐπιταραττόμενον.” ὁ γὰρ Σοφοκλῆς ἄσμενος ἔφη τὰ ἀφροδίσια γεγηρακὼς ἀποπεφευγέναι καθάπερ ἄγριον καὶ λυσσῶντα δεσπότην· ἐν δὲ ταῖς πολιτείαις οὐχ ἕνα δεῖ δεσπότην, ἔρωτα παίδων ἢ γυναικῶν, ἀποφεύγειν, ἀλλὰ πολλοὺς μανικωτέρους τούτου, φιλονεικίαν, φιλοδοξίαν, τὴν τοῦ πρῶτον εἶναι καὶ μέγιστον ἐπιθυμίαν, γονιμώτατον φθόνου νόσημα καὶ ζηλοτυπίας καὶ διχοστασίας· ὧν τὰ μὲν ἀνίησι καὶ παραμβλύνει, τὰ δ᾽ ὅλως ἀποσβέννυσι καὶ καταψύχει τὸ γῆρας, οὐ τοσοῦτον τῆς πρακτικῆς ὁρμῆς παραιρούμενον, ὅσον τῶν ἀκρατῶν καὶ διαπύρων ἀπερύκει παθῶν, ὥστε νήφοντα καὶ καθεστηκότα τὸν λογισμὸν ἐπάγειν ταῖς φροντίσιν.

Ruder zu ergreifen und ihre Lage zu stabilisieren. Gleichzeitig werden jene Generäle und beliebte Anführer abgesetzt, die den Mund allzu voll nahmen, die redeten, ohne Luft zu holen, und – beim Zeus! – energisch gegen die Feinde kämpften. So zogen beispielsweise die Redner in der Ratsversammlung von Athen den Chares, den Sohn des Kleochares, seinen Rivalen Timotheos und Iphikrates vor, denn er war energisch und verfügte über große, körperliche Kraft. Sie glaubten, ein starker Mann wie er sei für das Amt des Generals bestens geeignet, aber Timotheos protestierte. »Nein, bei den Göttern! Ein Mann wie er sollte höchstens das Gepäck des Generals tragen! Ein wirklicher General ist jemand, der politische Angelegenheiten von allen Seiten durchleuchtet und durchschaut und der sich bei seinen Entscheidungen für eine bestimmte Strategie nicht von Leidenschaften leiten lässt.« Sophokles gab an, dass er im Alter den sexuellen Freuden bereitwillig entsagte, denn damit sei er einem wilden und tollwütigem Herrn entronnen. In der Politik jedoch ist das wollüstige Verlangen nach Knaben

9. Ού μὴν ἀλλ᾽ ἔστω καὶ δοκείτω διατρεπτικὸς εἶναι λόγος πρὸς τὸν ἀρχόμενον ἐν πολιαῖς νεανιεύεσθαι λεγόμενος καὶ καθαπτόμενος ἐκ μακρᾶς οἰκουρίας ὥσπερ νοσηλείας ἐξανισταμένου καὶ κινουμένου γέροντος ἐπὶ στρατηγίαν ἢ πραγματείαν, "μέν᾽, ὦ ταλαίπωρ᾽, ἀτρέμα σοῖς ἐν δεμνίοις"· ὁ δὲ τὸν ἐμβεβιωκότα πολιτικαῖς πράξεσι καὶ διηγωνισμένον οὐκ ἐῶν ἐπὶ τὴν δᾷδα καὶ τὴν κορωνίδα

oder Frauen nicht der einzige Herr, dem man entkommen muss, sondern es gibt noch viele andere, die sogar noch wilder sind: Streitsucht, Ehrgeiz, der Wunsch, immer der Erste und der Größte zu sein, eine Krankheit, die Neid, Eifersucht und Zwietracht in Hülle und Fülle hervorbringt. Das Alter mildert einige dieser Begierden und löscht andere vollkommen aus oder lässt sie abkühlen, nicht so sehr, indem es den Menschen ihren Tätigkeitsdrang nimmt, sondern indem es sie von unkontrollierten, feurigen Leidenschaften befreit, sodass nüchterne und ruhige Überlegung ihr Handeln bestimmt.

9. Dennoch lasse man sich von der folgenden Warnung abschrecken – denn so wird sie sicher wirken –, wenn sie einem Greis gegenüber ausgesprochen wird, welcher prahlt wie ein Jüngling oder der von einer langen häuslichen Ruhe wie ein Genesender von einer Krankheit aufsteht und sich in diesem Zustand um die Generalswürde oder ein anderes offizielles Amt bewirbt: »Bleib, du arme Seele, still im Bett liegen.«[103] Bei Greisen, welche unermüdlich

τοῦ βίου προελθεῖν, ἀλλ᾽ ἀνακαλούμενος καὶ κελεύων ὥσπερ ἐξ ὁδοῦ μακρᾶς μεταβαλέσθαι, παντάπασιν ἀγνώμων καὶ μηδὲν ἐκείνῳ προσεοικώς ἐστιν. ὥσπερ γὰρ ὁ γαμεῖν παρασκευαζόμενον γέροντ᾽ ἐστεφανωμένον καὶ μυριζόμενον ἀποτρέπων καὶ λέγων τὰ πρὸς τὸν Φιλοκτήτην

> τίς δ᾽ ἄν σε νύμφη, τίς δὲ παρθένος νέα
> δέξαιτ᾽ ἄν; εὖ γοῦν ὡς γαμεῖν ἔχεις τάλας

οὐκ ἄτοπός ἐστι· καὶ γὰρ αὐτοὶ πολλὰ τοιαῦτα παίζουσιν εἰς ἑαυτούς, "γαμῶ γέρων, εὖ οἶδα, καὶ τοῖς γείτοσιν"· ὁ δὲ τὸν πάλαι συνοικοῦντα καὶ συμβιοῦντα πολὺν χρόνον ἀμέμπτως οἰόμενος δεῖν ἀφεῖναι διὰ τὸ γῆρας τὴν γυναῖκα καὶ ζῆν καθ᾽ ἑαυτὸν ἢ παλλακίδιον ἀντὶ τῆς γαμετῆς ἐπισπάσασθαι, σκαιότητος ὑπερβολὴν οὐκ ἀπολέλοιπεν· οὕτως ἔχει τινὰ λόγον τὸ προσιόντα δήμῳ πρεσβύτην, ἢ Χλίδωνα τὸν γεωργὸν ἢ Λάμπωνα τὸν ναύκληρον

im Dienst des Staates tätig waren, ist eine solche Warnung allerdings absolut hartherzig und unangemessen, ebenso wie der Versuch, sie davon abzuhalten, bis zum Ende ihres Lebens dieser Tätigkeit nachzugehen, und sie stattdessen lieber abzuberufen, damit sie nach ihrer langen Lebensreise den Kurs ändern. Wenn ein alter Mann sich auf seine Hochzeit vorbereitet, seinen Hochzeitskranz aufgesetzt hat und nach wohlriechenden Salben duftet, ist derjenige keineswegs zu tadeln, der ihm von seinem Vorhaben abrät und ihm den Rat gibt, der auch dem Philoktetes gegeben wurde: »Wer ist diese Braut? Welche Jungfrau würde dich schon nehmen? Du Unglücklicher, dass du dich vermählen willst!« Denn sogar alte Männer sagen so etwas im Scherz über sich selbst, wie zum Beispiel: »Mir ist klar, dass ich als alter Mann auch wegen der Nachbarn heirate.«[104] Aber wenn ein Mann viele Jahre sein Heim und sein Leben mit einer Frau geteilt hat und stets zufrieden war, so wäre es absolut widernatürlich, wenn er seine gesetzlich angetraute Gattin wegen seines hohen Alters nun fortschicken und danach allein leben

ἤ τινα τῶν ἐκ τοῦ κήπου φιλοσόφων, νουθετῆσαι καὶ κατασχεῖν ἐπὶ τῆς συνήθους ἀπραγμοσύνης· ὁ δὲ Φωκίωνος ἢ Κάτωνος ἢ Περικλέους ἐπιλαβόμενος καὶ λέγων "ὦ ξέν᾽ Ἀθηναῖε ἢ Ῥωμαῖε, 'ἀζαλέῳ γήρᾳ κρᾶτ᾽ ἀνθίζων κήδει,' γραψάμενος ἀπόλειψιν τῇ πολιτείᾳ καὶ τὰς περὶ τὸ βῆμα καὶ τὸ στρατήγιον ἀφεὶς διατριβὰς καὶ τὰς φροντίδας εἰς ἀγρὸν ἐπείγου σὺν ἀμφιπόλῳ τῇ γεωργίᾳ συνεσόμενος ἢ πρὸς οἰκονομίᾳ τινὶ καὶ λογισμοῖς διαθησόμενος τὸν λοιπὸν χρόνον," ἄδικα πείθει καὶ ἀχάριστα πράττειν τὸν πολιτικόν.

10. Τί οὖν; φήσαι τις ἄν, οὐκ ἀκούομεν ἐν κωμῳδίᾳ στρατιώτου λέγοντος "λευκή με θρὶξ ἀπόμισθον ἐντεῦθεν ποιεῖ;"

oder sie durch eine Geliebte ersetzen würde. Daher sind auch Menschen wie Chlidon, der Bauer, oder Lampis, der Schiffsbesitzer, oder einige der Philosophen aus dem Garten[105] zu tadeln, die in hohem Alter zum ersten Mal vor der Ratsversammlung erscheinen. Man sollte sie sogleich in ihre gewohnten Schranken politischer Untätigkeit verweisen. Doch es wäre ungerecht, irreführend und respektlos, das gleiche Verhalten bei Phokion, Cato oder Perikles an den Tag zu legen und zu ihnen zu sagen: »Oh Freund aus Athen oder Rom, nun, da du deinen Kopf mit dem Alter geschmückt hast wie für deine Beerdigung, entsage der Politik und höre auf, dir Gedanken um die Rednertribüne oder das Generalhauptquartier zu machen! Begib dich aufs Land und bebaue wie eine Magd das Feld oder widme die dir verbleibenden Jahre der Haushaltsführung und deinen Rechnungen.«

10. »Aber warte«, ruft vielleicht jetzt jemand aus. »Hören wir denn nicht den Soldaten in der Komödie sagen: ›Mich spricht mein graues

πάνυ μὲν οὖν, ὦ ἑταῖρε· τοὺς γὰρ Ἄρεος θεράποντας ἥβᾶν πρέπει καὶ ἀκμάζειν, οἷα δὴ "πόλεμον πολέμοιό τε μέρμερα ἔργα" διέποντας, ἐν οἷς τοῦ γέροντος κἂν τὸ κράνος ἀποκρύψῃ τὰς πολιάς, "ἀλλά τε λάθρῃ γυῖα βαρύνεται" καὶ προαπολείπει τῆς προθυμίας ἡ δύναμις· τοὺς δὲ τοῦ Βουλαίου καὶ Ἀγοραίου καὶ Πολιέως Διὸς ὑπηρέτας οὐ ποδῶν ἔργα καὶ χειρῶν ἀπαιτοῦμεν, ἀλλὰ βουλῆς καὶ προνοίας καὶ λόγου, μὴ ῥαχίαν ποιοῦντος ἐν δήμῳ καὶ ψόφον ἀλλὰ νοῦν ἔχοντος καὶ φροντίδα πεπνυμένην καὶ ἀσφάλειαν· οἷς ἡ γελωμένη πολιὰ καὶ ῥυτὶς ἐμπειρίας μάρτυς ἐπιφαίνεται, καὶ πειθοῦς συνεργὸν αὐτῷ καὶ δόξαν ἤθους προστίθησι. πειθαρχικὸν γὰρ ἡ νεότης ἡγεμονικὸν δὲ τὸ γῆρας, καὶ μάλιστα σῴζεται πόλις "ἔνθα βουλαὶ γερόντων, καὶ νέων ἀνδρῶν ἀριστεύοισιν αἰχμαί"· καὶ τὸ

βουλὴν δὲ πρῶτον μεγαθύμων ἷζε
γερόντων Νεστορέῃ παρὰ νηὶ

Haar vom Dienst gänzlich los?« Natürlich, mein Freund. Die Diener des Ares sollten jung und stark sein, denn ihr Geschäft ist der »Krieg und seine zerstörerischen Taten«[106]. Der Helm mag die grauen Haare eines Mannes verbergen, aber »seine Glieder sind durch eine unsichtbare Macht schwer geworden«[107], und seine Kraft gibt auf, noch bevor sein Mut dahinschwindet. Aber von den Dienern des über Rat, Markt und Stadt wachenden Zeus verlangen wir keine Taten, die Hände oder Füße ausführen müssen, sondern wir erwarten Rat, Voraussicht und Redekunst. Letztere sollte so sein, dass sie keinen Aufruhr unter dem Volk oder auch nur Lärm hervorruft, sondern sie sollte von Vernunft, Klugheit und Stabilität geprägt sein. Im Zusammenhang mit derlei Verhalten verwandeln sich das verspottete graue Haar und die Falten plötzlich in Zeugen der Erfahrung. Sie stärken die Überzeugungskraft des Betreffenden und fördern sein Ansehen. Denn die Jugend ist für den Gehorsam gemacht, das Alter aber für die Herrschaft. Und eine Stadt ist dann am sichersten, wenn »die Räte der Älteren und die Speere

θαυμαστῶς ἐπαινεῖται. διὸ τὴν μὲν ἐν Λακεδαίμονι παραζευχθεῖσαν ἀριστοκρατίαν τοῖς βασιλεῦσιν ὁ Πύθιος "πρεσβυγενέας" ὁ δὲ Λυκοῦργος ἄντικρυς "γέροντας" ὠνόμασεν, ἡ δὲ Ῥωμαίων σύγκλητος ἄχρι νῦν "γερουσία" καλεῖται. καὶ καθάπερ ὁ νόμος τὸ διάδημα καὶ τὸν στέφανον, οὕτω τὴν πολιὰν ἡ φύσις ἔντιμον ἡγεμονικοῦ σύμβολον ἀξιώματος ἐπιτίθησι· καὶ τὸ "γέρας" οἶμαι καὶ τὸ "γεραίρειν" ὄνομα σεμνὸν ἀπὸ τῶν γερόντων γενόμενον διαμένει, οὐχ ὅτι θερμολουτοῦσι καὶ καθεύδουσι μαλακώτερον, ἀλλ᾿ ὡς βασιλικὴν ἐχόντων τάξιν ἐν ταῖς πόλεσι κατὰ τὴν φρόνησιν, ἧς καθάπερ ὀψικάρπου φυτοῦ τὸ οἰκεῖον ἀγαθὸν καὶ τέλειον ἐν γήρᾳ μόλις ἡ φύσις ἀποδίδωσι. τὸν γοῦν βασιλέα τῶν βασιλέων εὐχόμενον τοῖς θεοῖς "τοιοῦτοι δέκα μοι συμφράδμονες εἶεν Ἀχαιῶν," οἷος ἦν ὁ Νέστωρ, οὐδεὶς ἐμέμψατο τῶν "ἀρηίων" καὶ "μένεα πνεόντων Ἀχαιῶν," ἀλλὰ συνεχώρουν

der Jüngeren das höchste Ansehen genießen« und die Verse »Als Erstes sammelte er einen Rat der Alten, erfahrene Führer des Volkes, neben Nestors Schiff«[108] besonders bewundert werden. Aus diesem Grund benutzte der Pythische Apollon die Bezeichnung »Erstgeborene« für die Aristokratie, die mit den Königen in Sparta in Verbindung gebracht wird, während Lykurg sie ganz offen als »Greise« bezeichnete, und der hohe Rat in Rom bis zum heutigen Tag »Senat« genannt wird.[109] Genau wie das Gesetz den Herrscher mit Diadem oder Krone bekränzt, so verleiht die Natur dem Staatsmann das graue Haar als besonderes Symbol der Ehre. Auch die Begriffe *gerad* (»Ehrengabe«) und *geraiein* (»eine Ehrengabe verleihen«) werden weiterhin hoch geachtet, denn sie sind abgeleitet vom Wort *gerontes* (»alte Männer«). Man muss die alten Männer achten, nicht weil sie warme Bäder nehmen und in weicheren Betten schlafen, sondern weil sie aufgrund ihrer praktischen Weisheit in ihren Städten den Rang eines Königs haben[110]. Die Natur erlaubt uns diese Art der guten und perfekten Weis-

ἅπαντες οὐκ ἐν πολιτείᾳ μόνον ἀλλὰ καὶ ἐν πολέμῳ μεγάλην ἔχειν ῥοπὴν τὸ γῆρας·

> σοφὸν γὰρ ἓν βούλευμα τὰς πολλὰς
> χέρας νικᾷ

καὶ μία γνώμη λόγον ἔχουσα καὶ πειθὼ τὰ κάλλιστα καὶ μέγιστα διαπράττεται τῶν κοινῶν.

11. Ἀλλὰ μὴν ἥ γε βασιλεία, τελεωτάτη πασῶν οὖσα καὶ μεγίστη τῶν πολιτειῶν, πλείστας φροντίδας ἔχει καὶ πόνους καὶ ἀσχολίας· τὸν γοῦν Σέλευκον ἑκάστοτε λέγειν ἔφασαν, εἰ γνοῖεν οἱ πολλοὶ τὸ γράφειν μόνον ἐπιστολὰς τοσαύτας καὶ ἀναγινώσκειν ὡς ἐργῶδές ἐστιν, ἐρριμμένον οὐκ ἂν ἀνελέσθαι διάδημα· τὸν δὲ Φίλιππον ἐν καλῷ χωρίῳ μέλλοντα

heit erst in späten Jahren, wie bei einer Pflanze, die erst spät im Jahr Früchte trägt. Keiner der »kriegerischen« und »kraftstrotzenden Achäer« fand daher am König der Könige[111] etwas auszusetzen, als er zu den Göttern betete: »Ich wünschte, ich hätte unter den Achäern zehn Ratgeber« wie Nestor, sondern sie waren sich allesamt einig, dass das Alter großen Einfluss besitzt, und zwar nicht nur in der Politik, sondern auch im Krieg. »Denn ein einziger kluger Plan schlägt viele Hände«[112], und eine einzige Entscheidung, die auf Vernunft basiert, bewirkt in Verbindung mit Überredungskunst die edelsten und größten aller Taten im Staat.

11. Sicherlich ist die Monarchie, die perfekteste und erhabenste aller Verfassungen, mit besonders großer Aufmerksamkeit, Mühe und offiziellen Pflichten verbunden. So soll beispielsweise Seleukos gesagt haben, wenn das Volk nur wüsste, wie viel Arbeit es sei, all seine Briefe zu schreiben und zu lesen, würde es sich wohl kaum die Mühe machen, eine Krone aufzuheben, die ein König abgelegt hat. Und

καταστρατοπεδεύειν, ὡς ἤκουσεν ὅτι χόρτος οὐκ ἔστι τοῖς ὑποζυγίοις "ὦ Ἡράκλεις," εἰπεῖν, "οἷος ἡμῶν ὁ βίος, εἰ καὶ πρὸς τὸν τῶν ὄνων καιρὸν ὀφείλομεν ζῆν." ὥρα τοίνυν καὶ βασιλεῖ παραινεῖν πρεσβύτῃ γεγενημένῳ τὸ μὲν διάδημα καταθέσθαι καὶ τὴν πορφύραν, ἱμάτιον δ᾽ ἀναλαβόντα καὶ καμπύλην ἐν ἀγρῷ διατρίβειν, μὴ δοκῇ περίεργα καὶ ἄωρα πράττειν ἐν πολιαῖς βασιλεύων. εἰ δ᾽ οὐκ ἄξιον ταῦτα λέγειν περὶ Ἀγησιλάου καὶ Νομᾶ καὶ Δαρείου, μηδὲ τῆς ἐξ Ἀρείου πάγου βουλῆς Σόλωνα μηδὲ τῆς συγκλήτου Κάτωνα διὰ τὸ γῆρας ἐξάγωμεν, οὐκοῦν μηδὲ Περικλεῖ συμβουλεύωμεν ἐγκαταλιπεῖν τὴν δημοκρατίαν· οὐδὲ γὰρ ἄλλως λόγον ἔχει νέον ὄντα κατασκιρτῆσαι τοῦ βήματος, εἶτ᾽ ἐκχέαντα τὰς μανικὰς ἐκείνας φιλοτιμίας καὶ ὁρμὰς εἰς τὸ δημόσιον, ὅταν ἡ τὸ φρονεῖν ἐπιφέρουσα δι᾽ ἐμπειρίαν ἡλικία παραγένηται, προέσθαι καὶ καταλιπεῖν ὥσπερ γυναῖκα τὴν πολιτείαν καταχρησάμενον.

als Philipp sein Lager in einer vorteilhaften Gegend aufschlagen wollte, dann aber erfuhr, dass es keine Weide für die Packtiere gab, rief er aus: »Oh Herkules, was führe ich nur für ein Leben, wenn ich mich sogar nach den Bedürfnissen der Esel richten muss!« Dennoch gibt es durchaus einen richtigen Zeitpunkt, selbst einem König, der ein hohes Alter erreicht hat, zum Abdanken zu raten, sodass er Krone und Purpurmantel gegen normale Kleidung und einen Krummstab tauscht, um sein Leben auf dem Land zu verbringen. Auf diese Weise verhindern wir, dass das Volk unter der Regierung eines betagten Königs Zeuge seltsamer Verhaltensweisen und unvernünftiger Entscheidungen wird. Doch bei Agesilaos, Numa und Dareios ist dieser Rat nicht angemessen, ebenso wenig wie es sich gehört, Solon aus dem Rat des Areopag zu verdrängen oder Cato den Älteren aufgrund seines Alters aus dem Senat zu verbannen[113], und auch Perikles dürfen wir nicht raten, seine Demokratie im Stich zu lassen. Nachdem wir in jungen Jahren auf die Rednertribüne gestürmt und unseren

12. Ἡ μὲν γὰρ Αἰσώπειος ἀλώπηξ τὸν ἐχῖνον οὐκ εἴα τοὺς κρότωνας αὐτῆς ἀφαιρεῖν βουλόμενον· "ἂν γὰρ τούτους," ἔφη, "μεστοὺς ἀπαλλάξῃς, ἕτεροι προσίασι πεινῶντες"· τὴν δὲ πολιτείαν ἀεὶ τοὺς γέροντας ἀποβάλλουσαν ἀναπίμπλασθαι νέων ἀνάγκη διψώντων δόξης καὶ δυνάμεως, νοῦν δὲ πολιτικὸν οὐκ ἐχόντων· πόθεν γάρ, εἰ μηδενὸς ἔσονται μαθηταὶ μηδὲ θεαταὶ πολιτευομένου γέροντος; ἢ πλοίων μὲν ἄρχοντας οὐ ποιεῖ γράμματα κυβερνητικά, μὴ πολλάκις γενομένους ἐν πρύμνῃ θεατὰς τῶν πρὸς κῦμα καὶ πνεῦμα καὶ νύκτα χειμέριον ἀγώνων, "ὅτε Τυνδαριδᾶν ἀδελφῶν ἅλιον ναύταν πόθος βάλλει," πόλιν δὲ μεταχειρίσασθαι καὶ

leidenschaftlichen Ehrgeiz sowie unsere Triebe in öffentliche Angelegenheiten eingebracht haben, wäre es unvernünftig, ausgerechnet im Alter, das von Weisheit durch Erfahrung geprägt ist, die Politik aufzugeben und hinter uns zu lassen, ähnlich einer Ehe, von der wir nicht mehr profitieren können.[114]

12. Der Fuchs in Aesops Fabel wollte dem Igel nicht gestatten, ihn von seinen Flöhen zu befreien, obwohl der Igel durchaus bereit dazu gewesen wäre. »Denn diese Flöhe sind bereits satt«, sagte er. »Aber wenn sie fort sind, treten neue, hungrige an ihre Stelle.« Ein Staat, der ältere Staatsmänner beständig entlässt, muss sie notwendigerweise durch jüngere ersetzen, die nach Ruhm und Macht streben, denen aber politischer Sachverstand fehlt. Denn wo könnten sie ihn auch bekommen? Schließlich haben sie nicht bei den Älteren gelernt und sie auch bei der Ausübung ihrer Staatsgeschäfte nicht beobachten können. Das Steuern eines Schiffes kann man ebenfalls nicht aus Büchern lernen. Dazu muss ein Kapitän häufig am Steuer stehen

πεῖσαι δῆμον ἢ βουλὴν δύναιτ᾽ ἂν ὀρθῶς νέος ἀναγνοὺς βίβλον ἢ σχολὴν περὶ πολιτείας ἐν Λυκείῳ γραψάμενος, ἂν μὴ παρ᾽ ἡνίαν καὶ παρ᾽ οἴακα πολλάκις στὰς δημαγωγῶν καὶ στρατηγῶν ἀγωνιζομένων ἐμπειρίαις ἅμα καὶ τύχαις συναποκλίνων ἐπ᾽ ἀμφότερα, μετὰ κινδύνων καὶ πραγμάτων λάβῃ τὴν μάθησιν; οὐκ ἔστιν εἰπεῖν· ἀλλ᾽ εἰ διὰ μηδὲν ἄλλο τῷ γέροντι παιδείας ἕνεκα τῶν νέων καὶ διδασκαλίας πολιτευτέον ἐστίν. ὡς γὰρ οἱ γράμματα καὶ μουσικὴν διδάσκοντες, αὐτοὶ προανακρούονται καὶ προαναγινώσκουσιν ὑφηγούμενοι τοῖς μανθάνουσιν, οὕτως ὁ πολιτικὸς οὐ λέγων μόνον οὐδ᾽ ὑπαγορεύων ἔξωθεν ἀλλὰ πράττων τὰ κοινὰ καὶ διοικῶν ἐπευθύνει τὸν νέον, ἔργοις ἅμα καὶ λόγοις πλαττόμενον ἐμψύχως καὶ κατασχηματιζόμενον. ὁ γὰρ τοῦτον ἀσκηθεὶς τὸν τρόπον οὐκ ἐν παλαίστραις καὶ κηρώμασιν ἀκινδύνοις εὐρύθμων σοφιστῶν, ἀλλ᾽ ὡς ἀληθῶς ἐν Ὀλυμπιακοῖς καὶ Πυθικοῖς ἀγῶσιν "ἄθηλος ἵππῳ πῶλος ὣς ἅμα τρέχει" κατὰ

und beobachten, wie das Boot gegen Wellen, Wind und stürmische Nacht ankämpft, »wenn den Seemann auf hoher See die Sehnsucht nach den Söhnen des Tyndareos packt«[115]. Kann also ein junger Mann erfolgreich regieren oder die Ratsversammlung überzeugen, nur weil er ein Buch gelesen oder in der Schule eine Abhandlung über die Verfassung geschrieben hat? Natürlich nicht. Auch er muss häufig in der Nähe der Zügel und des Ruders gestanden haben, muss nach links und rechts geschaut haben und die Erfahrungen und Geschicke beliebter Staatsmänner und Generäle miterlebt haben, muss ihre politischen Debatten verfolgt haben und auf diese Weise inmitten steter Gefahr seine Lektion gelernt haben. Wenn schon aus keinem anderen Grund, dann sollten sich die Älteren in der Politik engagieren, um die Jungen zu lehren und auszubilden. In Literatur und Musik unterrichten Lehrer ihre Schüler durch ihr Vorbild, indem sie ihnen laut vorspielen oder vorlesen. Genauso müssen Staatsmänner ihre Nachfolger nicht nur durch Worte bilden, sondern auch durch ihr Wirken, durch ihr Beispiel bei

Σιμωνίδην, ὡς Ἀριστείδης Κλεισθένει καὶ Κίμων Ἀριστείδῃ καὶ Φωκίων Χαβρίᾳ καὶ Κάτων Μαξίμῳ Φαβίῳ καὶ Σύλλᾳ Πομπήιος καὶ Φιλοποίμενι Πολύβιος· νέοι γὰρ ὄντες πρεσβυτέροις ἐπιβάλλοντες, εἶθ᾽ οἷον παραβλαστάνοντες καὶ συνεξανιστάμενοι ταῖς ἐκείνων πολιτείαις καὶ πράξεσιν, ἐμπειρίαν καὶ συνήθειαν ἐκτῶντο πρὸς τὰ κοινὰ μετὰ δόξης καὶ δυνάμεως.

13. Ὁ μὲν οὖν Ἀκαδημαϊκὸς Αἰσχίνης, σοφιστῶν τινων λεγόντων ὅτι προσποιεῖται γεγονέναι Καρνεάδου μὴ

der Regelung der öffentlichen Angelegenheiten, denn die Seelen der jungen Menschen werden auch durch Taten geformt. Ein junger Mann, der auf solche Weise ausgebildet wurde – nicht im ungefährlichen Raum der Schule oder im geschützten Übungsring gütiger Lehrer, sondern in den Olympischen und Pythischen Spielen selbst –, »läuft neben dem Pferd her wie das frisch entwöhnte Fohlen«, wie Simonides sagt. So rannte Aristeides neben Kleisthenes her und Kimon neben Aristeides und Phokion neben Chabrias, Cato der Ältere neben Fabius Maximus, Pompeius neben Sulla, Polybios neben Philopoimen. Obwohl sie jung waren, verschrieben sich diese Männer den älteren. Sie wuchsen und gediehen quasi auf dem Boden der politischen Tätigkeit erfahrener Staatsmänner, sammelten auf diese Weise Erfahrungen, machten sich mit öffentlichen Angelegenheiten vertraut und erwarben nicht zuletzt Ruhm und Macht.

13. Denke an das, was Aischines, der gelehrte Philosoph sagte, als einige Sophisten ihn bezichtigten, fälschlich angegeben zu haben, ein

γεγονὼς μαθητής, "ἀλλὰ τότε γ'," εἶπεν, "ἐγὼ Καρνεάδου διήκουον, ὅτε τὴν ῥαχίαν καὶ τὸν ψόφον ἀφεικὼς ὁ λόγος αὐτοῦ διὰ τὸ γῆρας εἰς τὸ χρήσιμον συνῆκτο καὶ κοινωνικόν"· τῆς δὲ πρεσβυτικῆς πολιτείας οὐ τῷ λόγῳ μόνον ἀλλὰ καὶ ταῖς πράξεσιν ἀπηλλαγμένης πανηγυρισμοῦ καὶ δοξοκοπίας, ὥσπερ τὴν ἶριν λέγουσιν ὅταν παλαιὰ γενομένη τὸ βρομῶδες ἀποπνεύσῃ καὶ θολερὸν εὐωδέστερον τὸ ἀρωματικὸν ἴσχειν, οὕτως οὐδέν ἐστι δόγμα γεροντικὸν οὐδὲ βούλευμα τεταραγμένον ἀλλ' ἐμβριθῆ πάντα καὶ καθεστῶτα. διὸ καὶ τῶν νέων ἕνεκα δεῖ, καθάπερ εἴρηται, πολιτεύεσθαι τὸν πρεσβύτην, ἵνα, ὃν τρόπον φησὶ Πλάτων ἐπὶ τοῦ μιγνυμένου πρὸς ὕδωρ ἀκράτου, μαινόμενον θεὸν ἑτέρῳ θεῷ νήφοντι σωφρονίζεσθαι κολαζόμενον, οὕτως εὐλάβεια γεροντικὴ κεραννυμένη πρὸς ζέουσαν ἐν δήμῳ νεότητα, βακχεύουσαν ὑπὸ δόξης καὶ φιλοτιμίας, ἀφαιρῇ τὸ μανικὸν καὶ λίαν ἄκρατον.

Schüler des Karneades gewesen zu sein. »Aber ich lauschte Karneades zu einer Zeit, als seine Rede seines Alters wegen nicht mehr so laut und polternd war, sondern sich stattdessen auf Nützlichkeit und das Allgemeinwohl konzentrierte.« Die Älteren prahlen nicht mehr mit ihren politischen Aktivitäten oder mit ihren Worten und streben auch nicht mehr nach Ruhm. Man sagt von der Iris, dass sie, je älter sie wird, ihren fauligen Geruch verliert und einen lieblicheren Duft verströmt. Auf die gleiche Weise sind auch die Meinungen und der Rat der Älteren nicht verworren, sondern allesamt gewichtig und wohl überlegt. Deshalb sollten, wie ich bereits sagte, die Älteren sich um der Jugend willen in die Politik mit einbringen, und zwar auf jene Weise, wie Platon es in Bezug auf den Wein formuliert hat, der mit Wasser vermischt wird (womit er meint, dass ein rasender Gott zur Besinnung gebracht wird, wenn er durch einen nüchternen Gott bestraft wird)[116]: Die Umsicht des Alters, wenn sie sich mit dem Ungestüm der Jugend vermischt, welche leidenschaftlich nach Ruhm und Ehre strebt, nimmt dieser den

14. Ἄνευ δὲ τούτων ἁμαρτάνουσιν οἱ οἷον τὸ πλεῦσαι καὶ τὸ στρατεύσασθαι, τοιοῦτον ἡγούμενοι καὶ τὸ πολιτεύσασθαι πρὸς ἄλλο τι πραττόμενον, εἶτα καταλῆγον ἐν τῷ τυχεῖν ἐκείνου· λειτουργία γὰρ οὐκ ἔστιν ἡ πολιτεία τὴν χρείαν ἔχουσα πέρας, ἀλλὰ βίος ἡμέρου καὶ πολιτικοῦ καὶ κοινωνικοῦ ζῴου καὶ πεφυκότος ὅσον χρὴ χρόνον πολιτικῶς καὶ φιλοκάλως καὶ φιλανθρώπως ζῆν. διὸ πολιτεύεσθαι καθῆκόν ἐστιν οὐ πεπολιτεῦσθαι, καθάπερ ἀληθεύειν οὐκ ἀληθεῦσαι καὶ δικαιοπραγεῖν οὐ δικαιοπραγῆσαι καὶ φιλεῖν οὐ φιλῆσαι τὴν πατρίδα καὶ τοὺς πολίτας. ἐπὶ ταῦτα γὰρ ἡ φύσις ἄγει, καὶ ταύτας ὑπαγορεύει τὰς φωνὰς τοῖς μὴ διεφθορόσι τελείως ὑπ᾽ ἀργίας καὶ μαλακίας· "πολλοῦ σε θνητοῖς ἄξιον τίκτει πατὴρ" καὶ "μή τι παυσώμεσθα δρῶντες εὖ βροτούς."

Wahnsinn und weist sämtliches Übermaß und mangelnde Selbstbeherrschung in die Schranken.

14. Überdies ist es ein Fehler zu glauben, dass politische Arbeit dem Segeln oder einem Feldzug vergleichbar sei, als bestünde das Ziel nur in einem äußeren Ziel, nach dessen Erreichung wir unsere Anstrengungen einstellen können. Denn Politik ist keine öffentliche Aufgabe mit konkret fassbarem Ziel. Vielmehr ist es eine Lebensweise für ein gezähmtes, politisches und soziales Wesen[117], das von Natur aus sein Leben lang mit seinen Mitbürgern interagieren muss, um nach dem Guten zu streben und sich für die Menschheit einzusetzen. Deshalb ist es für uns angemessen, *beständig für den Staat aktiv zu sein* und nicht nur in der Vergangenheit *aktiv gewesen zu sein*. Genauso gehört es sich, *die Wahrheit zu sagen*, statt *nur einmal die Wahrheit gesagt zu haben*, *ehrlich zu handeln* und nicht nur *ehrlich gehandelt zu haben*, unser Vaterland und unsere Mitbürger *zu lieben* und nicht nur *sie geliebt zu haben*. Denn

15. Ὁί δὲ τὰς ἀρρωστίας προβαλλόμενοι καὶ τὰς ἀδυναμίας νόσου καὶ πηρώσεως μᾶλλον ἢ γήρως κατηγοροῦσι· καὶ γὰρ νέοι πολλοὶ νοσώδεις καὶ ῥωμαλέοι γέροντες· ὥστε δεῖ μὴ τοὺς γέροντας ἀλλὰ τοὺς ἀδυνάτους ἀποτρέπειν, μηδὲ τοὺς νέους παρακαλεῖν ἀλλὰ τοὺς δυναμένους. καὶ γὰρ καὶ Ἀριδαῖος ἦν νέος γέρων δ᾽ Ἀντίγονος, ἀλλ᾽ ὁ μὲν ἅπασαν ὀλίγου δεῖν κατεκτήσατο τὴν Ἀσίαν, ὁ δ᾽ ὥσπερ ἐπὶ σκηνῆς δορυφόρημα κωφὸν ἦν ὄνομα βασιλέως καὶ πρόσωπον ὑπὸ τῶν ἀεὶ κρατούντων παροινούμενον. ὥσπερ οὖν ὁ Πρόδικον τὸν σοφιστὴν ἢ Φιλήταν τὸν ποιητὴν ἀξιῶν πολιτεύεσθαι. νέους μὲν ἰσχνοὺς δὲ καὶ νοσώδεις καὶ τὰ πολλὰ κλινοπετεῖς

die Natur führt uns just in diese Richtung und sagt zu denen, die nicht schon träge und moralisch verdorben sind: »Dein Vater zeugte dich zum Wohle der Menschen.« Und: »Wir dürfen niemals aufhören, die Menschen gut zu behandeln.«

15. Jene, die sich auf Schwäche oder Unvermögen als Entschuldigung berufen, führen beides nicht nur auf das Alter, sondern auch auf Krankheit und Gebrechlichkeit zurück. Denn viele jungen Menschen sind kränklich, während viele ältere vor Energie nur so strotzen. Nicht die Alten, sondern die Schwachen sollten wir also zurückweisen, und wir sollten nicht die Jungen ermutigen, sondern die Fähigen. Denn Arrhidaios war jung und Antigonos war alt, aber Antigonos brachte beinahe ganz Asien in seine Gewalt, während Arrhidaios – wie ein stummer Leibwächter in einem Theaterstück – zwar Titel und Position eines Königs bekleidete, von den Menschen, die tatsächlich die Macht hatten, jedoch zum Gespött gemacht wurde. Es wäre also töricht zu

δι᾽ ἀρρωστίαν ὄντας, ἀβέλτερός ἐστιν· οὕτως ὁ κωλύων ἄρχειν καὶ στρατηγεῖν τοιούτους γέροντας, οἷος ἦν Φωκίων οἷος ἦν Μασανάσσης ὁ Λίβυς οἷος Κάτων ὁ Ῥωμαῖος. ὁ μὲν γὰρ Φωκίων, ὡρμημένων πολεμεῖν ἀκαίρως τῶν Ἀθηναίων, παρήγγειλε τοὺς ἄχρι ἑξήκοντ᾽ ἐτῶν ἀκολουθεῖν ὅπλα λαβόντας· ὡς δ᾽ ἠγανάκτουν, "οὐδέν," ἔφη, "δεινόν· ἐγὼ γὰρ ἔσομαι μεθ᾽ ὑμῶν ὁ στρατηγὸς ὑπὲρ ὀγδοήκοντ᾽ ἔτη γεγονώς." Μασανάσσην δ᾽ ἱστορεῖ Πολύβιος ἐνενήκοντα μὲν ἐτῶν ἀποθανεῖν, τετράετες καταλιπόντα παιδάριον ἐξ αὑτοῦ γεγενημένον, ὀλίγῳ δ᾽ ἔμπροσθεν τῆς τελευτῆς μάχῃ νικήσαντα μεγάλῃ Καρχηδονίους ὀφθῆναι τῇ ὑστεραίᾳ πρὸ τῆς σκηνῆς ῥυπαρὸν ἄρτον ἐσθίοντα, καὶ πρὸς τοὺς θαυμάζοντας εἰπεῖν, ὅτι τοῦτο ποιεῖ <διὰ τὴν ἕξιν ἀεί>·

λάμπει γὰρ ἐν χρείαισιν ὥσπερ
εὐπρεπὴς χαλκός· χρόνῳ δ᾽ ἀργῆσαν
ἤμυσε στέγος,

glauben, dass der Sophist Prodikos oder der Dichter Philetas in die Politik gehen sollten: Sie waren tatsächlich jung, aber auch schwach und kränklich, und aufgrund ihrer Krankheit waren sie meist bettlägerig. Ähnlich töricht wäre jeder, der Greise wie Phokion, Masinissa von Libyen oder Cato den Älteren in Rom davon abhalten wollte, als Staatsmann tätig zu sein oder ein Heer zu befehligen. Denn als die Athener sich zu einem unüberlegten Krieg rüsteten, rief Phokion alle Männer, die jünger als sechzig Jahre waren, zu den Waffen und forderte sie auf, ihm zu folgen. Als sie darüber murrten, sagte er: »Warum macht ihr euch Sorgen? Ich selbst werde euch als General anführen, und ich bin über achtzig!«[118] Polybios wiederum berichtet in seiner *Geschichte*, dass Masinissa bei seinem Tod im Alter von neunzig Jahren einen vierjährigen Sohn hinterließ, den er selbst gezeugt hatte. Kurz vor seinem Ableben gewann er noch eine große Schlacht gegen die Karthager, und am nächsten Tag sah man ihn vor seinem Zelt sitzen und ein Stück schwarzes Brot essen. Jenen, die sich darüber

ὥς φησι Σοφοκλῆς· ὡς δ᾽ ἡμεῖς φαμεν, ἐκεῖνο τῆς ψυχῆς τὸ γάνωμα καὶ τὸ φέγγος, ᾧ λογιζόμεθα καὶ μνημονεύομεν καὶ φρονοῦμεν.

16. Διὸ καὶ τοὺς βασιλεῖς φασι γίγνεσθαι βελτίονας ἐν τοῖς πολέμοις καὶ ταῖς στρατείαις ἢ σχολὴν ἄγοντας. Ἄτταλον γοῦν τὸν Εὐμένους ἀδελφόν, ὑπ᾽ ἀργίας μακρᾶς καὶ εἰρήνης ἐκλυθέντα κομιδῇ, Φιλοποίμην εἷς τῶν ἑταίρων ἐποίμαινεν ἀτεχνῶς πιαινόμενον· ὥστε καὶ τοὺς Ῥωμαίους παίζοντας ἑκάστοτε διαπυνθάνεσθαι παρὰ τῶν ἐξ Ἀσίας πλεόντων, εἰ δύναται παρὰ τῷ Φιλοποίμενι βασιλεύς. Λευκόλλου δὲ Ῥωμαίων οὐ πολλοὺς ἄν τις εὕροι δεινοτέρους στρατηγούς, ὅτε τῷ πράττειν τὸ φρονεῖν συνεῖχεν· ἐπεὶ δὲ μεθῆκεν ἑαυτὸν εἰς

wunderten, pflegte er zu sagen, dass er seine Gewohnheiten aufrechterhalten wolle. »Denn durch regelmäßige Nutzung schimmert ein Haus wie Bronze. Ein unbewohntes Haus aber fällt mit der Zeit in sich zusammen«, wie Sophokles sagt. Wir hier sagen das Gleiche über den Glanz und den Schimmer der Seele, durch den wir denken, uns erinnern und klug handeln.

16. Das ist auch der Grund, warum man von Königen behauptet, sie würden durch Kriege und Schlachten besser, nicht aber durch Müßiggang. Attalos, der Bruder des Eumenes, war durch eine langwährende Phase der Untätigkeit und des Friedens so weich geworden, dass er sich von Philopoimen, einem seiner Gefährten, täuschen und mästen ließ. Deshalb pflegten sogar die Römer im Scherz jeden, der von Asien fortsegelte, zu fragen, ob der König überhaupt noch irgendeinen Einfluss auf Philopoimen habe.[119] So leicht wird man nicht viele römische Generäle finden, die klüger waren als Lucullus, solange er seinen Taten be-

βίον ἄπρακτον καὶ δίαιταν οἰκουρὸν καὶ ἄφροντιν, ὥσπερ οἱ σπόγγοι ταῖς γαλήναις ἐννεκρωθεὶς καὶ καταμαρανθείς, εἶτα Καλλισθένει τινὶ τῶν ἀπελευθόρων βόσκειν καὶ τιθασεύειν παρέχων τὸ γῆρας, ἐδόκει καταφαρμακεύεσθαι φίλτροις ὑπ᾽ αὐτοῦ καὶ γοητεύμασιν, ἄχρι οὗ Μάρκος ὁ ἀδελφὸς ἀπελάσας τὸν ἄνθρωπον αὐτὸς ᾠκονόμει καὶ ἐπαιδαγώγει τὸν λοιπὸν αὐτοῦ βίον, οὐ πολὺν γενόμενον. ἀλλὰ Δαρεῖος ὁ Ξέρξου πατὴρ ἔλεγεν αὐτὸς αὑτοῦ παρὰ τὰ δεινὰ γίγνεσθαι φρονιμώτερος, ὁ δὲ Σκύθης Ἀτέας μηδὲν οἴεσθαι τῶν ἱπποκόμων διαφέρειν ἑαυτόν, ὅτε σχολάζοι· Διονύσιος δ᾽ ὁ πρεσβύτερος πρὸς τὸν πυθόμενον εἰ σχολάζοι "μηδέποτ᾽," εἶπεν, "ἐμοὶ τοῦτο συμβαίη." τόξον μὲν γάρ, ὥς φασιν, ἐπιτεινόμενον ῥήγνυται, ψυχὴ δ᾽ ἀνιεμένη. καὶ γὰρ ἁρμονικοὶ τὸ κατακούειν ἡρμοσμένου καὶ γεωμέτραι τὸ ἀναλύειν καὶ ἀριθμητικοὶ τὴν ἐν τῷ λογίζεσθαι συνέχειαν ἐκλιπόντες ἅμα ταῖς ἐνεργείαις ἀμαυροῦσι ταῖς ἡλικίαις

sonnene Überlegungen vorausgehen ließ. Aber dann ergab er sich dem Müßiggang und dem sorglosen Leben. Er blieb daheim, welkte dahin und starb schließlich ab wie Seeschwämme bei ruhiger See. Im Alter überließ er sich im Großen und Ganzen einem gewissen Kallisthenes, einem seiner Freigelassenen[120], und ließ sich von ihm umsorgen. Fast glaubte man, Kallisthenes habe ihn durch Zaubertränke und Zaubersprüche betäubt, bis sein Bruder Marcus den Freigelassenen davonjagte und die Aufgabe übernahm, das restliche Leben des Lucullus zu regeln, das danach allerdings nicht mehr lang dauerte. Dareios hingegen, der Vater des Xerxes, pflegte zu sagen, dass er im Angesicht von Gefahren klüger geworden sei, als er von Natur aus war, und der skythische König Atheas befand, dass er sich in nichts von seinen Pferdeknechten unterschied, wenn er nicht aktiv war. Und als jemand den älteren Dionysios fragte, ob er Freizeit habe, antwortete dieser: »Ich hoffe, dass es nie dazu kommen wird!« Denn man sagt ja, dass ein Bogen bricht, wenn er gestreckt wird, eine Seele hingegen bricht, wenn

τὰς ἕξεις, καίπερ οὐ πρακτικὰς ἀλλὰ θεωρητικὰς τέχνας ἔχοντες· ἡ δὲ τῶν πολιτικῶν ἕξις, εὐβουλία καὶ φρόνησις καὶ δικαιοσύνη, πρὸς δὲ τούτοις ἐμπειρία στοχαστικὴ καιρῶν καὶ λόγων, πειθοῦς δημιουργὸς δύναμις οὖσα, τῷ λέγειν ἀεί τι καὶ πράττειν καὶ λογίζεσθαι καὶ δικάζειν συνέχεται· καὶ δεινόν, εἰ τούτων ἀποδρᾶσα περιόψεται τηλικαύτας ἀρετὰς καὶ τοσαύτας ἐκρυείσας τῆς ψυχῆς· καὶ γὰρ τὸ φιλάνθρωπον εἰκός ἐστιν ἀπομαραίνεσθαι καὶ τὸ κοινωνικὸν καὶ τὸ εὐχάριστον, ὧν οὐδεμίαν εἶναι δεῖ τελευτὴν οὐδὲ πέρας.

sie entspannt. Wenn also Musiker aufhören, Kompositionen zu lauschen, und Geometer keine Probleme mehr lösen, wenn Arithmetiker aufhören, beständig Berechnungen anzustellen, so lassen die Fähigkeiten, die sie sich durch stetige Gewohnheit angeeignet haben, im Alter nach, weil sie sie nicht mehr einsetzen. Dies gilt auch dann, wenn ihre Wissenschaft eher theoretischer als praktischer Natur ist. Die Fähigkeiten, die Politiker durch ständige Praxis erwerben, sind guter Rat, Weisheit, Urteilsvermögen sowie Erfahrung, wobei Letztere ihnen im richtigen Augenblick die geeigneten Worte eingibt. Durch diese Erfahrung besitzen sie große Überredungskunst. Sie erhalten ihre Fähigkeit durch konstantes Reden, Handeln, Argumentieren und Richten über alle möglichen Angelegenheiten. Es ist furchtbar, wenn ein Staatsmann aufgrund der Vernachlässigung dieser Aktivitäten diesen großartigen und vielfältigen Tugenden gestattet, seine Seele zu verlassen. Tatsächlich können sowohl die Sorge um andere als auch die um das Gemeinwohl sowie auch die Güte ohne weiteres dahin-

17. Εἰ γοῦν πατέρα τὸν Τιθωνὸν εἶχες, ἀθάνατον μὲν ὄντα χρείαν δ᾽ ἔχοντα διὰ γῆρας ἀεὶ πολλῆς ἐπιμελείας, οὐκ ἂν οἶμαί σε φυγεῖν οὐδ᾽ ἀπείπασθαι τὸ θεραπεύειν καὶ προσαγορεύειν καὶ βοηθεῖν ὡς λελειτουργηκότα πολὺν χρόνον· ἡ δὲ πατρὶς καὶ μητρὶς ὡς Κρῆτες καλοῦσι, πρεσβύτερα καὶ μείζονα δίκαια γονέων ἔχουσα, πολυχρόνιος μέν ἐστιν οὐ μὴν ἀγήρως οὐδ᾽ αὐτάρκης, ἀλλ᾽ ἀεὶ πολυωρίας δεομένη καὶ βοηθείας καὶ φροντίδος ἐπισπᾶται καὶ κατέχει τὸν πολιτικὸν "είανοῦ ἁπτομένη καί τ᾽ ἐσσύμενον κατερύκει." καὶ μὴν οἶσθά με τῷ Πυθίῳ λειτουργοῦντα πολλὰς Πυθιάδας· ἀλλ᾽ οὐκ ἂν εἴποις "ἱκανά σοι, ὦ Πλούταρχε, τέθυται καὶ πεπόμπευται καὶ κεχόρευται, νῦν δ᾽ ὥρα πρεσβύτερον ὄντα τὸν στέφανον ἀποθέσθαι καὶ τὸ χρηστήριον ἀπολιπεῖν διὰ τὸ γῆρας." οὐκοῦν μηδὲ σεαυτὸν οἴου δεῖν, τῶν

schwinden, obwohl sie doch eigentlich unendlich und grenzenlos sein sollten.

17. Tithonos war unsterblich, brauchte aufgrund seines hohen Alters jedoch viel Aufmerksamkeit und Pflege.[121] Wenn er dein Vater gewesen wäre, hättest du ihn sicher nicht im Stich gelassen oder dich geweigert, ihn zu umsorgen, zu ihm zu sprechen und ihm zu helfen mit der Begründung, dass du ihn ja schon so lange Zeit umsorgst hast. Dein Vaterland (oder wie die Kreter sagen, dein Mutterland), das viel älter ist und höhere Rechte als deine Eltern hat, ist womöglich ebenfalls recht langlebig, allerdings weder alterslos noch selbstgenügsam. Es benötigt ständige Aufmerksamkeit, Hilfe und Fürsorge, und es packt den Staatsmann und hält ihn fest, »als würde es seinen Mantel festhalten und ihn so daran hindern, weiterzueilen«[122]. Ihr wisst, dass ich dem Pythischen Apollon viele Pythiaden[123] lang gedient habe, würdet aber niemals zu mir sagen: »Es gab schon genug Opfer, Prozessionen und Choräle für dich, Plutarch. Nun, da du älter bist, wird

πολιτικῶν ἱερῶν ἔξαρχον ὄντα καὶ προφήτην, ἀφεῖναι τὰς τοῦ Πολιέως καὶ Ἀγοραίου τιμὰς Διός, ἔκπαλαι κατωργιασμένον αὐταῖς.

18. Ἀλλ᾽ ἀφέντες, εἰ βούλει, τὸν ἀποσπῶντα τῆς πολιτείας λόγον ἐκεῖνο σκοπῶμεν ἤδη καὶ φιλοσοφῶμεν, ὅπως μηδὲν ἀπρεπὲς μηδὲ βαρὺ τῷ γήρᾳ προσάξωμεν ἀγώνισμα, πολλὰ μέρη τῆς πολιτείας ἐχούσης ἁρμόδια καὶ πρόσφορα τοῖς τηλικούτοις. ὥσπερ γάρ, εἰ καθῆκον ἦν ᾄδοντας διατελεῖν, ἔδει, πολλῶν τόνων καὶ τρόπων ὑποκειμένων φωνῆς, οὓς ἁρμονίας οἱ μουσικοὶ καλοῦσι, μὴ τὸν ὀξὺν ἅμα καὶ σύντονον διώκειν γέροντας

es Zeit, den Kranz niederzulegen und das Orakel wegen deines hohen Alters hinter dir zu lassen.« Genauso wenig wirst du selbst, der du über die religiösen Riten deiner Stadt wachst und in ihre Mysterien einführst, die Priesterwürde des über Stadt und Marktplatz wachenden Zeus, die du vor so langer Zeit erwarbst, so einfach ablegen wollen.

DIE ROLLE DES ÄLTEREN POLITIKERS

18. Nun, da wir jegliches Argument gegen die Tätigkeit des Greises in der Politik entkräftet haben, wollen wir, wenn du willst, uns mit der Frage befassen, wie wir es vermeiden können, älteren Staatsmännern Aufgaben zu übertragen, die unangemessen oder zu schwer sind, denn in der Tat gibt es viele Aspekte der Politik, die sich eher für Ältere eignen. Die menschliche Stimme kann vielerlei Tonlagen annehmen, welche Musiker als wohlklingend bezeichnen. Nehmen wir an, es wäre auch im Alter noch

γενομένους, ἀλλ᾽ ἐν ᾧ τὸ ῥᾴδιον ἔπεστι μετὰ τοῦ πρέποντος ἤθους· οὕτως, ἐπεὶ τὸ πράττειν καὶ λέγειν μᾶλλον ἀνθρώποις ἢ κύκνοις τὸ ᾄδειν ἄχρι τελευτῆς κατὰ φύσιν ἔστιν, οὐκ ἀφετέον τὴν πρᾶξιν ὥσπερ τινὰ λύραν σύντονον, ἀλλ᾽ ἀνετέον ἐπὶ τὰ κοῦφα καὶ μέτρια καὶ προσῳδὰ πρεσβύταις πολιτεύματα μεθαρμοττομένους. οὐδὲ γὰρ τὰ σώματα παντελῶς ἀκίνητα καὶ ἀγύμναστα περιορῶμεν, ὅτε μὴ δυνάμεθα σκαφείοις μηδ᾽ ἁλτῆρσι χρῆσθαι μηδὲ δισκεύειν μηδ᾽ ὁπλομαχεῖν ὡς καὶ πρότερον, ἀλλ᾽ αἰώραις καὶ περιπάτοις, ἔνιοι δὲ καὶ σφαίρᾳ προσπαλαίοντες ἐλαφρῶς καὶ διαλεγόμενοι κινοῦσι τὸ πνεῦμα καὶ τὸ θερμὸν ἀναρριπίζουσι. Μήτε δὴ τελέως ἐκπαγέντας ἑαυτοὺς καὶ καταψυχθέντας ἀπραξίᾳ περιίδωμεν μήτ᾽ αὖ πάλιν πᾶσαν ἀρχὴν ἐπαιρόμενοι καὶ παντὸς ἐπιδραττόμενοι πολιτεύματος ἀναγκάζωμεν τὸ γῆρας ἐξελεγχόμενον ἐπὶ τοιαύτας φωνὰς καταφέρεσθαι

angemessen zu singen, so sollten wir nicht versuchen, die allzu durchdringenden und hohen Töne zu erreichen, sondern uns lieber auf die leichteren und unseren Fähigkeiten entsprechenden Tonlagen konzentrieren. Da es für den Menschen natürlicher ist, aktiv zu sein und bis zum Tode zu reden, statt wie Schwäne zu singen, dürfen wir unser politisches Leben nicht einfach beiseitelegen wie eine zu hoch gestimmte Lyra[124], sondern müssen entspannter handeln und unser politisches Wirken leichter, gemäßigt und unserem Alter entsprechend gestalten. Denn nur weil wir nicht länger in der Lage sind, mit der Schaufel umzugehen, die Kugel oder den Diskus zu werfen oder zu den Waffen zu greifen und zu kämpfen wie in jüngeren Jahren, werden wir unseren Körper noch lange nicht zur vollkommenen Ruhe zwingen und die Bewegung gänzlich meiden. Stattdessen wenden wir uns sanften Sportarten und Spaziergängen zu, und leichtes Ballspiel oder die entspannte Gesprächsführung weckt bei vielen die Lebensgeister und entfacht die Hitze ihres Körpers von neuem.

ὦ δεξιὰ χείρ, ὡς ποθεῖς λαβεῖν δόρυ· ἐν
δ᾽ ἀσθενείᾳ τὸν πόθον διώλεσας.

οὐδὲ γὰρ ἀκμάζων καὶ δυνάμενος ἀνὴρ ἐπαινεῖται, πάντα συλλήβδην ἀνατιθεὶς ἑαυτῷ τὰ κοινὰ πράγματα καὶ μηδὲν ἑτέρῳ παριέναι βουλόμενος, ὥσπερ οἱ Στωικοὶ τὸν Δία λέγουσιν, εἰς πάντα παρενείρων καὶ πᾶσι καταμιγνὺς ἑαυτὸν ἀπληστίᾳ δόξης ἢ φθόνῳ τῶν μεταλαμβανόντων ἁμωσγέπως τιμῆς τινος ἐν τῇ πόλει καὶ δυνάμεως· πρεσβύτῃ δὲ κομιδῇ, κἂν τὸ ἄδοξον ἀφέλῃς, ἐπίπονος καὶ ταλαίπωρος ἡ πρὸς πᾶν μὲν ἀεὶ κληρωτήριον ἀπαντῶσα φιλαρχία, παντὶ δ᾽ ἐφεδρεύουσα δικαστηρίου καιρῷ καὶ συνεδρίου πολυπραγμοσύνη, πᾶσαν δὲ πρεσβείαν καὶ προδικίαν ὑφαρπάζουσα φιλοτιμία. καὶ γὰρ ταῦτα πράττειν καὶ μετ᾽ εὐνοίας βαρὺ παρ᾽ ἡλικίαν, συμβαίνει δέ γε τἀναντία· μισοῦνται μὲν γὰρ ὑπὸ τῶν νέων, ὡς οὐ προϊέμενοι πράξεων αὐτοῖς ἀφορμὰς μηδ᾽ εἰς μέσον ἐῶντες προελθεῖν, ἀδοξεῖ δὲ παρὰ τοῖς ἄλλοις

Lasst uns also nicht durch Passivität vollkommen steif und kalt werden. Gleichzeitig dürfen wir uns aber auch nicht in jedes beliebige Amt stürzen. Denn so würden wir nur zwangsläufig die Mängel demonstrieren, die das Alter mit sich bringt, sodass wir womöglich ausrufen würden: »Oh, meine rechte Hand, wie sehr du dich danach sehnst, den Speer zu halten, aber die Schwäche deines Alters vereitelt deinen Wunsch.«[125] Schließlich sind uns auch Menschen, die noch in der Blüte ihrer Jahre und auf der Höhe ihrer Macht sind, dann zuwider, wenn sie sämtliche öffentlichen Aufgaben an sich reißen und ihrer Umgebung keine Verpflichtungen übertragen. Sie verhalten sich, wie die Stoiker es von Zeus behaupten: Sie mischen sich in alles und jedes ein, weil ihr Hunger nach Ruhm unstillbar ist oder ihr Neid auf jeden, dem Ehre oder Macht in der Stadt gebührt, keine Grenzen kennt. Abseits von dem schlechten Ruf, den man sich durch so eine Haltung erwirbt, sind für den Greis die Liebe zu einem Amt, die sich bei jeder Wahl wieder bestätigt, die Aufdringlichkeit, mit der er

τὸ φιλόπρωτον αὐτῶν καὶ φίλαρχον οὐχ ἧττον ἢ τὸ φιλόπλουτον ἑτέρων γερόντων καὶ φιλήδονον.

19. Ὥσπερ οὖν τὸν Βουκέφαλον ὁ Ἀλέξανδρος πρεσβύτερον ὄντα μὴ βουλόμενος πιέζειν ἑτέροις ἐπωχεῖτο πρὸ τῆς μάχης ἵπποις, ἐφοδεύων τὴν φάλαγγα καὶ καθιστὰς εἰς τὴν τάξιν, εἶτα δοὺς τὸ

nach jeglicher Gelegenheit Ausschau hält, um vor Gericht oder bei einer Ratsversammlung zu erscheinen, und der Ehrgeiz, mit dem er jede Gesandtschaft oder jegliche Vormundschaft an sich reißt, ermüdend und beschwerlich. Denn derlei Aufgaben im fortgeschrittenen Alter für sich zu beanspruchen, ist – selbst wenn dem Betreffenden Wohlwollen entgegengebracht wird – anmaßend und hat das Gegenteil des gewünschten Ergebnisses zur Folge. Greise dieser Art verscherzen sich die Sympathie der Jüngeren, denn sie hindern den Nachwuchs am Handeln, versagen ihm die Gelegenheiten zum öffentlichen Wirken. Außerdem verachtet das Volk den Drang, immer an erster Stelle stehen und ein Amt innehaben zu wollen, genauso sehr, wie es Geldgier oder Wollust bei alten Leuten ablehnt.

19. Alexander wollte sein Streitross Bukephalos im Alter schonen, weshalb er andere Pferde ritt, solange er nur seine Truppen musterte oder eine Schlachtordnung herstellte. Erst nachdem er dann das Signal zum Angriff gegeben hatte,

σύνθημα καὶ μεταβὰς ἐπ᾽ ἐκεῖνον εὐθὺς ἐπῆγε τοῖς πολεμίοις καὶ διεκινδύνευεν· οὕτως ὁ πολιτικός, ἂν ἔχῃ νοῦν, αὐτὸς αὑτὸν ἡνιοχῶν πρεσβύτην γενόμενον ἀφέξεται τῶν οὐκ ἀναγκαίων καὶ παρήσει τοῖς ἀκμάζουσι χρῆσθαι πρὸς τὰ μικρότερα τὴν πόλιν, ἐν δὲ τοῖς μεγάλοις αὐτὸς ἀγωνιεῖται προθύμως. οἱ μὲν γὰρ ἀθληταὶ τὰ σώματα τῶν ἀναγκαίων πόνων ἄθικτα τηροῦσι καὶ ἀκέραια πρὸς τοὺς ἀχρήστους· ἡμεῖς δὲ τοὐναντίον, ἐῶντες τὰ μικρὰ καὶ φαῦλα, τοῖς ἀξίοις σπουδῆς φυλάξομεν ἑαυτούς. "νέῳ" μὲν γὰρ ἴσως "ἐπέοικε" καθ᾽ Ὅμηρον "πάντα," καὶ δέχονται καὶ ἀγαπῶσι τὸν μὲν μικρὰ καὶ πολλὰ πράττοντα δημοτικὸν καὶ φιλόπονον τὸν δὲ λαμπρὰ καὶ σεμνὰ γενναῖον καὶ μεγαλόφρονα καλοῦντες· ἔστι δ᾽ ὅπου καὶ τὸ φιλόνεικον καὶ παράβολον ὥραν ἔχει τινὰ καὶ χάριν ἐπιπρέπουσαν τοῖς τηλικούτοις. ὁ πρεσβύτης δ᾽ ἀνὴρ ἐν πολιτείᾳ διακονικὰς λειτουργίας ὑπομένων, οἷα τελῶν πράσεις καὶ λιμένων ἐπιμελείας καὶ ἀγορᾶς, ἔτι δὲ πρεσβείας

bestieg er Bukephalos, stürzte sich mit ihm direkt in die Schlacht und scheute keinerlei Risiko. Vernünftige Politiker werden sich selbst im Alter gleichermaßen Zügel anlegen, sich aus unnötigen Angelegenheiten heraushalten und es der Stadt gestatten, diese Arbeiten Politikern zu übertragen, die in der Blüte ihrer Jahre sind, während sie selbst ihren Eifer auf das wirklich Wichtige konzentrieren. Athleten meiden notwendige Arbeiten, um die Kraft für Aufgaben zu haben, die keinem praktischen Zweck dienen. Im Gegensatz dazu schenken wir Älteren kleinen und alltäglichen Angelegenheiten keine Beachtung, sondern sparen unsere Kräfte für jene Probleme auf, die unsere Aufmerksamkeit verdient haben. Vielleicht ist »für den jungen Mann alles angemessen«, wie Homer sagt[126], und die Menschen feiern und bewundern ihn, bezeichnen denjenigen, der sich um zahlreiche Kleinigkeiten kümmert, als »demokratisch« und »fleißig«, und den, der Großartiges und Ehrenvolles vollbringt, als »edel« und »großmütig«. In manchen Situationen ist sogar Streitsucht oder Verwegenheit erforderlich und besitzt einen

καὶ ἀποδημίας πρὸς ἡγεμόνας καὶ δυνάστας ὑποτρέχων, ἐν αἷς ἀναγκαῖον οὐδὲν οὐδὲ σεμνὸν ἔνεστιν ἀλλὰ θεραπεία καὶ τὸ πρὸς χάριν, ἐμοὶ μὲν οἰκτρόν, ὦ φίλε, φαίνεται καὶ ἄζηλον, ἑτέροις δ᾽ ἴσως καὶ ἐπαχθὲς φαίνεται καὶ φορτικόν.

20. Οὐδὲ γὰρ ἐν ἀρχαῖς τὸν τηλικοῦτον ὥρα φέρεσθαι, πλὴν ὅσαι γε μέγεθός τι κέκτηνται καὶ ἀξίωμα· καθάπερ ἣν σὺ νῦν Ἀθήνησι μεταχειρίζῃ τῆς ἐξ Ἀρείου πάγου βουλῆς ἐπιστασίαν καὶ νὴ Δία τὸ πρόσχημα τῆς Ἀμφικτυονίας, ἥν σοι διὰ τοῦ βίου παντὸς ἡ πατρὶς ἀνατέθεικε "πόνον ἡδὺν κάματόν τ᾽ εὐκάματον" ἔχουσαν. δεῖ δὲ καὶ ταύτας μὴ διώκειν τὰς τιμὰς ἀλλὰ φεύγοντας ἄρχειν, μηδ᾽

gewissen Charme, der zu jungen Menschen passt. Doch Greise, die niedere politische Pflichten verrichten, wie etwa die Vergabe von Verträgen für Steuereintreiber oder die Beaufsichtigung der Häfen und des Marktes, und die sich überdies ins Ausland entsenden lassen, um dort unnötige und würdelose Missionen zu erfüllen, bei denen es nur darum geht, jemanden zu hofieren oder sich bei politischen Freunden anzubiedern, diese Leute, mein Freund, halte ich für bemitleidenswert und unsympathisch, und anderen fallen sie womöglich sogar lästig, und sie finden sie unerträglich.

20. Denn das Alter ist nicht der richtige Zeitpunkt, um sich ein Amt zuweisen zu lassen, ausgenommen jene Ämter, die mit Ansehen und Würde einhergehen, wie etwa der Vorsitz über den Rat des Areopags, den du in Athen jetzt innehast, sowie – beim Zeus – die Mitgliedschaft im Amphiktyonischen Rat, die dir deine Vaterstadt auf Lebenszeit gewährt hat und die »ebenso angenehm wie leicht zu ertragen ist«[127]. Aber wir Älteren dürfen noch nicht einmal solchen

αἰτουμένους ἀλλὰ παραιτουμένους, μηδ᾽ ὡς αὑτοῖς τὸ ἄρχειν λαμβάνοντας ἀλλ᾽ ὡς αὑτοὺς τῷ ἄρχειν ἐπιδιδόντας. οὐ γάρ, ὡς Τιβέριος ὁ Καῖσαρ ἔλεγε, τὸ τὴν χεῖρα τῷ ἰατρῷ προτείνειν ὑπὲρ ἑξήκοντ᾽ ἔτη γεγονότας αἰσχρόν ἐστιν, ἀλλὰ μᾶλλον τὸ τὴν χεῖρα τῷ δήμῳ προτείνειν ψῆφον αἰτοῦντας ἢ φωνὴν ἀρχαιρεσιάζουσαν· ἀγεννὲς γὰρ τοῦτο καὶ ταπεινόν· ὡς τοὐναντίον ἔχει τινὰ σεμνότητα καὶ κόσμον, αἱρουμένης τῆς πατρίδος καὶ καλούσης καὶ περιμενούσης, κατιόντα μετὰ τιμῆς καὶ φιλοφροσύνης γεραρὸν ὡς ἀληθῶς καὶ περίβλεπτον ἀσπάσασθαι καὶ δεξιώσασθαι τὸ γέρας.

Ehrenbezeugungen hinterherjagen. Stattdessen sollten wir derlei Ämter zwar übernehmen, sie gleichzeitig aber zu meiden versuchen. Wir sollten nicht darum bitten, sondern vielmehr unseren Widerwillen bekunden. Führungsrollen sollten wir nämlich prinzipiell nicht um unserer selbst willen übernehmen, sondern uns notgedrungen um der Gemeinschaft willen in diese Rolle fügen. Im Gegensatz zu dem, was Tiberius Caesar zu sagen pflegte, ist es keine Schande, die Hand nach dem Arzt auszustrecken, wenn man über sechzig Jahre alt ist. Der Greis jedoch, der ebenjene Hand nach den Menschen ausstreckt und darum bettelt, dass sie in der Ratsversammlung die Stimme für ihn abgeben, ist unehrenhaft und unwürdig. Im gegenteiligen Verhalten jedoch liegt eine gewisse Würde und Erhabenheit: Wenn die Geburtsstadt eines Älteren diesen wählt, ihn beruft und mit offenen Armen erwartet, so sollte er in sein Amt zurückkehren, die Ehrengabe[128] mit Freundlichkeit und Anstand annehmen und willkommen heißen. Ein solches Verhalten gilt als rechtschaffen und allgemein bewundernswert.

21. Οὕτω δέ πως καὶ λόγῳ χρηστέον ἐν ἐκκλησίᾳ πρεσβύτην γενόμενον, μὴ ἐπιπηδῶντα συνεχῶς τῷ βήματι μηδ᾽ ἀεὶ δίκην ἀλεκτρυόνος ἀντᾴδοντα τοῖς φθεγγομένοις, μηδὲ τῷ συμπλέκεσθαι καὶ διερεθίζειν ἀποχαλινοῦντα τὴν πρὸς αὐτὸν αἰδῶ τῶν νέων μηδὲ μελέτην ἐμποιοῦντα καὶ συνήθειαν ἀπειθείας καὶ δυσηκοΐας, ἀλλὰ καὶ παριέντα ποτὲ καὶ διδόντα πρὸς δόξαν ἀναχαιτίσαι καὶ θρασύνασθαι, μηδὲ παρόντα μηδὲ πολυπραγμονοῦντα, ὅπου μὴ μέγα τὸ κινδυνευόμενόν ἐστι πρὸς σωτηρίαν κοινὴν ἢ τὸ καλὸν καὶ πρέπον. ἐκεῖ δὲ χρὴ καὶ μηδενὸς καλοῦντος ὠθεῖσθαι δρόμῳ παρὰ δύναμιν, ἀναθέντα χειραγωγοῖς αὑτὸν ἢ φοράδην κομιζόμενον, ὥσπερ ἱστοροῦσιν ἐν Ῥώμῃ Κλαύδιον Ἄππιον· ἡττημένων γὰρ ὑπὸ Πύρρου μάχῃ μεγάλῃ, πυθόμενος τὴν σύγκλητον ἐνδέχεσθαι λόγους περὶ σπονδῶν καὶ εἰρήνης οὐκ ἀνασχετὸν ἐποιήσατο, καίπερ ἀμφοτέρας ἀποβεβληκὼς τὰς ὄψεις, ἀλλ᾽ ἧκε δι᾽ ἀγορᾶς φερόμενος πρὸς τὸ βουλευτήριον·

21. Dieses Prinzip gilt in vielerlei Hinsicht auch für Reden, die ein Greis in der Ratsversammlung hält. Ältere sollten nicht ständig auf die Rednertribüne springen oder jedem Vortragenden wie ein Hahn ihre Antwort entgegenkrähen. Genauso wenig sollten sie den Respekt der Jüngeren durch streitsüchtiges oder provozierendes Verhalten aufs Spiel setzen oder ihnen dadurch die Gewohnheit des Ungehorsams oder der Widerspenstigkeit den Älteren gegenüber vermitteln. Vielmehr sollten Greise den anderen erlauben, ihre Ansichten mit Mut und Tapferkeit zu vertreten und auf diese Weise ihren eigenen Ruf zu fördern. Zeitweise sollten sie der Ratsversammlung sogar fernbleiben und sich nicht einmischen, es sei denn, die Sicherheit der Stadt oder das, was recht und billig ist, stehen auf dem Spiel. In einer solchen Situation wiederum sollten die Älteren gar nicht erst darauf warten, dass man sie bittet, sondern eilig vorpreschen, ihre Kraftlosigkeit überwinden, indem sie sich von anderen hinführen lassen oder sich sogar auf einer Bahre tragen lassen, wie die Geschichts-

εἰσελθὼν δὲ καὶ καταστὰς εἰς μέσον ἔφη πρότερον μὲν ἄχθεσθαι τῷ τῶν ὀμμάτων στέρεσθαι, νῦν δ᾽ ἂν εὔξασθαι μηδ᾽ ἀκούειν οὕτως αἰσχρὰ καὶ ἀγεννῆ βουλευομένους καὶ πράττοντας ἐκείνους. ἐκ δὲ τούτου τὰ μὲν καθαψάμενος αὐτῶν τὰ δὲ διδάξας καὶ παρορμήσας, ἔπεισεν εὐθὺς ἐπὶ τὰ ὅπλα χωρεῖν καὶ διαγωνίζεσθαι περὶ τῆς Ἰταλίας πρὸς τὸν Πύρρον. ὁ δὲ Σόλων, τῆς Πεισιστράτου δημαγωγίας, ὅτι τυραννίδος ἦν μηχάνημα, φανερᾶς γενομένης, μηδενὸς ἀμύνεσθαι μηδὲ κωλύειν τολμῶντος, αὐτὸς ἐξενεγκάμενος τὰ ὅπλα καὶ πρὸ τῆς οἰκίας θέμενος ἠξίου βοηθεῖν τοὺς πολίτας· πέμψαντος δὲ τοῦ Πεισιστράτου πρὸς αὐτὸν καὶ πυνθανομένου τίνι πεποιθὼς ταῦτα πράττει, "τῷ γήρᾳ," εἶπεν.

schreiber es von Appius Claudius in Rom berichten. Denn nachdem die Römer von Pyrrhos in einer großen Schlacht geschlagen worden waren, erfuhr Appius, dass der Senat über Friedensverhandlungen diskutierte, was er für unerträglich hielt. Obwohl er auf beiden Augen blind war, wurde er also durch das Forum getragen und gelangte zum Sitz des Senats. Nachdem er eingetreten war und inmitten der Senatoren stand, sagte er, dass ihn der Verlust des Augenlichts vormals sehr bekümmert habe, aber nun bete er darum, nicht hören zu müssen, wie die Senatoren diskutierten und derlei schändliche und unwürdige Pläne schmiedeten. Indem er die Römer dergestalt zur Rede stellte, sie instruierte und drängte, überzeugte er sie ziemlich schnell, wieder zu den Waffen zu greifen und zum Wohle Italiens gegen Pyrrhos zu kämpfen. Außerdem ist uns Solon ein Beispiel. Als man entdeckt hatte, dass Peisistratos sich durch seinen Staatsstreich zum Tyrannen erheben wollte, es aber niemand wagte, sich gegen ihn zur Wehr zu setzen oder ihn zu hindern, zog Solon selbst seine Waffen und

22. Ἀλλὰ τὰ μὲν οὕτως ἀναγκαῖα καὶ τοὺς ἀπεσβηκότας κομιδῇ γέροντας, ἂν μόνον ἐμπνέωσιν, ἐξάπτει καὶ διανίστησιν· ἐν δὲ τοῖς ἄλλοις ποτὲ μέν, ὥσπερ εἴρηται, παραιτούμενος ἐμμελὴς ἔσται τὰ γλίσχρα καὶ διακονικὰ καὶ μείζονας ἔχοντα τοῖς πράττουσιν ἀσχολίας ἢ δι᾽ οὓς πράττεται χρείας καὶ ὠφελείας· ἔστι δ᾽ ὅπου περιμένων καλέσαι καὶ ποθῆσαι καὶ μετελθεῖν οἴκοθεν τοὺς πολίτας ἀξιοπιστότερος δεομένοις κάτεισι. τὰ δὲ πλεῖστα καὶ παρὼν σιωπῇ τοῖς νεωτέροις λέγειν παρίησιν, οἷον βραβεύων φιλοτιμίας πολιτικῆς ἅμιλλαν· ἐὰν δ᾽ ὑπερβάλλῃ τὸ μέτριον, καθαπτόμενος ἠπίως καὶ μετ᾽ εὐμενείας ἀφαιρῶν φιλονεικίας καὶ βλασφημίας καὶ ὀργάς, ἐν δὲ ταῖς γνώμαις

stellte sie vor seinem Haus auf. Dann bat er das Volk, ebenfalls aktiv zu werden. Und als Peisistratos einen Boten hinaussandte, um ihn zu fragen, woher das Selbstvertrauen für eine solche Haltung zöge, antwortete Solon nur: »Aus meinem hohen Alter.«

22. Derlei Herausforderungen können sogar alte Menschen, deren Feuer doch beinahe schon erloschen ist und die nicht viel mehr zu tun vermögen als zu atmen, noch einmal erzürnen und entflammen. In anderen Situationen jedoch handeln Ältere, wie bereits erwähnt, richtig, wenn sie Pflichten ablehnen, die mühselig und unwichtig sind und von Seiten des Handelnden mehr Anstrengung erfordern, als sie den Menschen nutzen, um derentwillen sie unternommen werden. In manchen Fällen können Greise sich des Vertrauens der Öffentlichkeit eher versichern, indem sie warten, bis die Bürger sich von selbst an sie wenden, sie um Rat fragen oder sie sogar in ihrem Haus aufsuchen und von da in die Ratsversammlung holen. Doch selbst wenn

τὸν ἁμαρτάνοντα παραμυθούμενος ἄνευ ψόγου καὶ διδάσκων, ἐπαινῶν δ᾽ ἀφόβως τὸν κατορθοῦντα καὶ νικώμενος ἑκουσίως καὶ προϊέμενος τὸ πεῖσαι καὶ περιγενέσθαι πολλάκις ὅπως αὐξάνωνται καὶ θαρσῶσιν, ἐνίοις δὲ καὶ συναναπληρῶν μετ᾽ εὐφημίας τὸ ἐλλεῖπον, ὡς ὁ Νέστωρ

> οὔτις τοι τὸν μῦθον ὀνόσσεται ὅσσοι Ἀχαιοί,
> οὐδὲ πάλιν ἐρέει· ἀτὰρ οὐ τέλος ἵκεο μύθων.
> ἦ μὴν καὶ νέος ἐσσί, ἐμὸς δέ κε καὶ πάις εἴης.

sie dort anwesend sind, bleiben sie in den meisten Fällen schweigsam und überlassen den Jüngeren das Wort, agieren wie Richter im Wettstreit politischer Ambitionen. Wenn andere zu weit gehen, kann der ältere Staatsmann seine Gefährten sanft darauf hinweisen und sie mit Wohlwollen von ihrer Streitsucht, den Beleidigungen und der Wut befreien. Der Ältere spricht beruhigend und ohne zu tadeln, belehrt jene, die im Irrtum sind, lobt furchtlos jene, die im Recht sind, und verzichtet bereitwillig auf jeglichen politischen Sieg. Häufig nutzt er noch nicht einmal die Gelegenheit, andere zu überzeugen und die Oberhand zu gewinnen, damit andere wachsen und an Selbstvertrauen gewinnen können. Außerdem gleicht er das aus, was manchen Menschen fehlt, indem er den ein oder anderen hilfreichen Kommentar abgibt. So tat es Nestor, als er sagte: »Kein Achäer wird dich wegen deiner Rede tadeln oder dir widersprechen. Allerdings hast du nicht das letzte Wort. Tatsächlich bist du ein junger Mann; du könntest sogar mein Sohn sein.«[129]

23. Τούτου δὲ πολιτικώτερον, μὴ μόνον ἐμφανῶς μηδὲ δημοσίᾳ ὀνειδίζων ἄνευ δηγμοῦ σφόδρα κολούοντος καὶ ταπεινοῦντος, ἀλλὰ μᾶλλον ἰδίᾳ τοῖς εὖ πεφυκόσι πρὸς πολιτείαν ὑποτιθέμενος καὶ συνεισηγούμενος εὐμενῶς λόγους τε χρηστοὺς καὶ πολιτεύματα, συνεξορμῶν πρὸς τὰ καλὰ καὶ συνεπιλαμπρύνων τὸ φρόνημα καὶ παρέχων, ὥσπερ οἱ διδάσκοντες ἱππεύειν, ἐν ἀρχῇ χειροήθη καὶ πρᾶον ἐπιβῆναι τὸν δῆμον· εἰ δέ τι σφαλείη, μὴ περιορῶν ἐξαθυμοῦντα τὸν νέον, ἀλλ᾿ ἀνιστὰς καὶ παραμυθούμενος, ὡς Ἀριστείδης Κίμωνα καὶ Μνησίφιλος Θεμιστοκλέα, δυσχεραινομένους καὶ κακῶς ἀκούοντας ἐν τῇ πόλει τὸ πρῶτον ὡς ἰταμοὺς καὶ ἀκολάστους, ἐπῆραν καὶ ἀνεθάρρυναν. λέγεται δὲ καὶ Δημοσθένους ἐκπεσόντος ἐν τῷ δήμῳ καὶ βαρέως φέροντος ἅψασθαι παλαιόν τινα γέροντα τῶν ἀκηκοότων Περικλέους καὶ εἰπεῖν, ὡς ἐκείνῳ τἀνδρὶ προσεοικὼς τὴν φύσιν οὐ δικαίως αὑτοῦ κατέγνωκεν. οὕτω δὲ καὶ Τιμόθεον Εὐριπίδης συριττόμενον ἐπὶ

23. Aber die Älteren verfügen sogar häufig über noch mehr diplomatisches Geschick, denn sie vermögen andere Staatsmänner offen und öffentlich zurechtzuweisen, ohne jenen Stachel des Tadels, der sie herabsetzt und kleinmacht. Noch häufiger aber belehren sie in privatem Rahmen jene, die von Natur aus politische Begabung besitzen, und erteilen ihnen freundliche Ratschläge zur wirkungsvollen Rede und staatsmännischem Verhalten. Auf diese Weise fördern die Älteren deren moralische Entwicklung, tragen zu neuen Erkenntnissen bei und bewirken – ähnlich wie der Reitlehrer beim Pferd –, dass das Volk lenkbar und sanft reagiert, wenn der junge Politiker zum ersten Mal in den Sattel des Staatsgeschäfts steigt. Und sollte Letzterer stolpern, lassen seine älteren Ratgeber nicht zu, dass er entmutigt reagiert. Sie richten ihn wieder auf und stützen ihn, wie Aristeides es bei Kimon tat und Mnesiphilos bei Themistokles. Denn als die Stadt jene Männer zu Beginn ihrer Laufbahn verhöhnte und beleidigte und ihnen vorwarf, rücksichtlos und unbeherrscht zu sein, hoben Aristei-

τῇ καινοτομίᾳ καὶ παρανομεῖν εἰς τὴν μουσικὴν δοκοῦντα θαρρεῖν ἐκέλευσεν, ὡς ὀλίγου χρόνου τῶν θεάτρων ὑπ᾿ αὐτῷ γενησομένων.

24. Καθόλου δ᾿ ὥσπερ ἐν Ῥώμῃ ταῖς Ἑστιάσι παρθένοις τοῦ χρόνου διώρισται τὸ μὲν μανθάνειν τὸ δὲ δρᾶν τὰ νενομισμένα τὸ δὲ τρίτον ἤδη διδάσκειν, καὶ τῶν ἐν Ἐφέσῳ περὶ τὴν Ἄρτεμιν ὁμοίως ἑκάστην Μελλιέρην τὸ πρῶτον εἶθ᾿ Ἱέρην τὸ δὲ τρίτον Παριέρην καλοῦσιν· οὕτως ὁ τελέως πολιτικὸς ἀνὴρ τὰ μὲν πρῶτα

des und Mnesiphilos sie auf und gaben ihnen Mut. Man erzählt sich, dass es Demosthenes hart ankam, als er von der Ratsversammlung abgelehnt wurde. Ein sehr alter Mann aus jener Generation, die noch Perikles zur Ratsversammlung hatte sprechen hören, näherte sich Demosthenes und versicherte ihm, dass er dem Perikles sehr ähnlich sei und sich daher zu Unrecht Selbstvorwürfe machte. Als Timotheos[130] wegen seines Erfindungsreichtums geschmäht wurde, weil man fand, dass er musikalische Grundregeln verletzte, drängte ihn Euripides, sich nicht erschüttern zu lassen, und verkündete, dass er innerhalb kürzester Zeit die Theater beherrschen werde.

24. In Rom ist der Dienst der Vestalischen Jungfrauen aufgeteilt in eine Phase der Ausbildung, eine Phase, um die Riten zu vollziehen, und eine dritte Phase des Lehrens. Jede einzelne der Jungfrauen im Tempel der Artemis in Ephesus wird also zuerst als »Novizin«, dann als »Priesterin« und als drittes als »Lehrerin der Vestalinnen« bezeichnet. Echte Staatsmänner fol-

μανθάνων ἔτι πολιτεύεται καὶ μυούμενος τὰ δ᾽ ἔσχατα διδάσκων καὶ μυσταγωγῶν· τὸν μὲν γὰρ ἐπιστάτην ἀθλοῦσιν ἑτέροις οὐκ ἔστιν αὐτὸν ἀθλεῖν, ὁ δὲ παιδοτριβῶν νέον ἐν πράγμασι κοινοῖς καὶ δημοσίοις ἀγῶσι καὶ παρασκευάζων τῇ πατρίδι "μύθων τε ῥητῆρ᾽ ἔμεναι πρηκτῆρά τε ἔργων" ἐν οὐ μικρῷ μέρει πολιτείας οὐδὲ φαύλῳ χρήσιμός ἐστιν, ἀλλ᾽ εἰς ὃ μάλιστα καὶ πρῶτον ὁ Λυκοῦργος ἐντείνας ἑαυτὸν εἴθισε τοὺς νέους παντὶ πρεσβύτῃ καθάπερ νομοθέτῃ πειθομένους διατελεῖν. ἐπεὶ πρὸς τί βλέψας ὁ Λύσανδρος εἶπεν, ὡς ἐν Λακεδαίμονι κάλλιστα γηρῶσιν; ἆρ᾽ ὅτι γ᾽ ἀργεῖν ἔξεστι μάλιστα τοῖς πρεσβυτέροις ἐκεῖ καὶ δανείζειν ἢ κυβεύειν συγκαθεζομένους ἢ πίνειν ἐν ὥρᾳ συνάγοντας; οὐκ ἂν εἴποις· ἀλλ᾽ ὅτι τρόπον τινὰ πάντες οἱ τηλικοῦτοι τάξιν ἀρχόντων ἤ τινων πατρονόμων ἢ παιδαγωγῶν ἔχοντες οὐ τὰ κοινὰ μόνον ἐπισκοποῦσιν, ἀλλὰ καὶ τῶν νέων ἕκαστ᾽ ἀεὶ περί τε τὰ γυμνάσια καὶ παιδιὰς καὶ διαίτας καταμανθάνουσιν οὐ παρέργως,

gen einem ähnlichen Ablauf. Ihre frühen Jahre verbringen sie mit Lernen und damit, sich mit dem politischen Geschehen vertraut zu machen. In späteren Jahren belehren und instruieren sie andere. Jene, die Athleten bei Spielen beaufsichtigen, können nicht selbst an den Wettkämpfen teilnehmen, aber derjenige, der junge Menschen auf Staatsgeschäfte und auf öffentliche Auseinandersetzungen vorbereitet, sie zum »Herrn der Worte und Taten«[131] für ihre Heimatstädte macht, spielt keine kleine oder unbedeutende Rolle in der Politik. Tatsächlich trägt er zu jenem Element bei, auf das Lykurg seine Hauptaufmerksamkeit richtete: Er gewöhnte die Jugend daran, sämtlichen Älteren stets zu gehorchen wie einem Gesetzgeber.[132] Und was mochte Lysander wohl gemeint haben, als er sagte, dass Menschen in Lacedaimonia auf höchst ehrenhafte Weise altern? Meinte er, dass Greise in Lacedaimonia müßig in den Tag hineinleben und sich darauf beschränken, Geld zu verleihen, dass sie unentwegt beim Würfelspiel zusammensitzen oder schon zu früher Stunde miteinander trinken? Natürlich

φοβεροὶ μὲν ὄντες τοῖς ἁμαρτάνουσιν αἰδεστοὶ δὲ τοῖς ἀγαθοῖς καὶ ποθεινοί· θεραπεύουσι γὰρ ἀεὶ καὶ διώκουσιν αὐτοὺς οἱ νέοι, τὸ κόσμιον καὶ τὸ γενναῖον αὔξοντας καὶ συνεπιγαυροῦντας ἄνευ φθόνου.

25. Τοῦτο γὰρ τὸ πάθος οὐδενὶ χρόνῳ πρέπον ἡλικίας, ὅμως ἐν νέοις εὐπορεῖ χρηστῶν ὀνομάτων, ἅμιλλα καὶ ζῆλος καὶ φιλοτιμία προσαγορευόμενον, ἐν δὲ πρεσβύταις παντελῶς ἄωρόν ἐστι καὶ ἄγριον καὶ ἀγεννές. διὸ δεῖ πορρωτάτω τοῦ φθονεῖν ὄντα τὸν πολιτικὸν γέροντα μὴ καθάπερ τὰ βάσκανα γεράνδρυα τῶν

nicht. Er sagte dies, weil sämtliche Greise dort, die faktisch den Rang von Staatsmännern oder Ratgebern oder Lehrern innehaben, die Staatsgeschäfte nicht nur beaufsichtigen, sondern auch beständig mit großer Sorgfalt alles überprüfen, was mit der Ausbildung, Erziehung und dem täglichen Lernplan der jungen Leute zusammenhängt. Deshalb werden sie von jenen gefürchtet, die sich etwas zuschulden kommen lassen, aber verehrt und geliebt von jenen, die sich wohlgefällig verhalten. Denn junge Menschen erweisen Älteren Respekt und suchen ihre Gesellschaft, während die Älteren den Anstand und den Edelmut der Jüngeren ermutigen, ohne Neid bei ihnen hervorzurufen.

25. Genau dieses Gefühl, der Neid, ist in jedem Stadium des Lebens unangemessen. Unter jungen Menschen führt er jedoch viele positiv besetzte Namen. Man bezeichnet ihn als »Wettbewerb«, »Eifer« und »Ehrgeiz«. Unter Greisen steht er jedoch nicht mehr zur Debatte, gilt als unzivilisiert und unedel. Deshalb sollten ältere Politiker das Gefühl des Neides weit hinter sich

παραβλαστανόντων καὶ ὑποφυομένων σαφῶς ἀφαιρεῖσθαι καὶ κολούειν τὴν βλάστην καὶ τὴν αὔξησιν, ἀλλ᾽ εὐμενῶς προσδέχεσθαι καὶ παρέχειν τοῖς ἀντιλαμβανομένοις καὶ προσπλεκομένοις ἑαυτὸν ὀρθοῦντα καὶ χειραγωγοῦντα καὶ τρέφοντα μὴ μόνον ὑφηγήσεσι καὶ συμβουλίαις ἀγαθαῖς, ἀλλὰ καὶ παραχωρήσεσι πολιτευμάτων τιμὴν ἐχόντων καὶ δόξαν ἤ τινας ὑπουργίας ἀβλαβεῖς μὲν ἡδείας δὲ τοῖς πολλοῖς καὶ πρὸς χάριν ἐσομένας· ὅσα δ᾽ ἐστὶν ἀντίτυπα καὶ προσάντη καὶ καθάπερ τὰ φάρμακα δάκνει παραχρῆμα καὶ λυπεῖ τὸ δὲ καλὸν καὶ λυσιτελὲς ὕστερον ἀποδίδωσι, μὴ τοὺς νέους ἐπὶ ταῦτα προσάγοντα μηδ᾽ ὑποβάλλοντα θορύβοις, ὄχλων ἀγνωμονούντων ἀήθεις ὄντας, ἀλλ᾽ αὑτὸν ἐκδεχόμενον τὰς ὑπὲρ τῶν συμφερόντων ἀπεχθείας· τούτῳ γὰρ εὐνουστέρους τε ποιήσει τοὺς νέους καὶ προθυμοτέρους ἐν ταῖς ἄλλαις ὑπηρεσίαις.

lassen. Keinesfalls dürfen sie – wie boshafte, alte Bäume – die Blüte und das Gedeihen jener jungen Staatsmänner behindern, die offensichtlich in ihrer Nähe und unter ihnen heranwachsen. Stattdessen müssen sie sie mit offenen Armen aufnehmen und sich den jungen Menschen zur Verfügung halten, die ihre Gesellschaft suchen. Ältere Politiker müssen sie korrigieren, sie anleiten, ihnen helfen zu wachsen, nicht nur, indem sie ihnen Führungspositionen und guten Rat darbieten, sondern auch, indem sie ihnen öffentliche Pflichten überlassen, die Ehre und Ansehen bringen, oder zumindest gewisse Aufgaben, bei denen sie keinen Schaden anrichten, sondern dem Volk gefallen und seine Dankbarkeit erringen. Anders verhält es sich mit öffentlichen Aufgaben, die Widerstand und Groll hervorrufen. Sie sind der Medizin vergleichbar, deren Einnahme unangenehm ist, die sich aber später als gut und segensreich erweist. Von diesen Aufgaben müssen die Älteren die Jüngeren fernhalten, damit sie öffentlichem Aufruhr nicht preisgegeben werden, denn sie sind noch nicht bereit für den Mob, der Politi-

26. Παρὰ πάντα δὲ ταῦτα χρὴ μνημονεύειν, ὡς οὐκ ἔστι πολιτεύεσθαι μόνον τὸ ἄρχειν καὶ πρεσβεύειν καὶ μέγα βοᾶν ἐν ἐκκλησίᾳ καὶ περὶ τὸ βῆμα βακχεύειν λέγοντας ἢ γράφοντας, ἃ οἱ πολλοὶ τοῦ πολιτεύεσθαι νομίζουσιν, ὥσπερ ἀμέλει καὶ φιλοσοφεῖν τοὺς ἀπὸ τοῦ δίφρου διαλεγομένους καὶ σχολὰς ἐπὶ βιβλίοις περαίνοντας· ἡ δὲ συνεχὴς ἐν ἔργοις καὶ πράξεσιν ὁρωμένη καθ᾽ ἡμέραν ὁμαλῶς πολιτεία καὶ φιλοσοφία λέληθεν αὐτούς. καὶ γὰρ τοὺς ἐν ταῖς στοαῖς ἀνακάμπτοντας περιπατεῖν φασιν, ὡς ἔλεγε Δικαίαρχος, οὐκέτι δὲ τοὺς εἰς ἀγρὸν ἢ πρὸς φίλον βαδίζοντας. ὅμοιον δ᾽ ἐστὶ τῷ φιλοσοφεῖν τὸ πολιτεύεσθαι. Σωκράτης γοῦν οὔτε βάθρα θεὶς οὔτ᾽ εἰς θρόνον καθίσας οὔθ᾽ ὥραν διατριβῆς ἢ

ker ungerecht behandelt. Vielmehr müssen die Älteren die Feindseligkeit auf sich nehmen, die damit einhergeht, wenn man das Beste für das Volk tut, denn auf diese Weise sorgen sie dafür, dass die Jüngeren für den Rest ihrer Dienstzeit eifriger und besser gerüstet sind.

26. Außerdem bleibt zu erwähnen, dass Staatsgeschäfte nicht nur darin bestehen, dass man ein Amt ausfüllt, eine Gesandtschaft bekleidet, energisch Reden vor der Ratsversammlung führt oder auf der Rednertribüne lautstark für ein Gesetz plädiert. Die meisten Leute sind jedoch der Ansicht, dass derlei Tätigkeiten im Grunde die Essenz des politischen Geschäfts darstellen, genau wie sie zweifellos glauben, dass ein Philosoph lediglich in seinem Sessel sitzt und Dialoge rezitiert oder aus Büchern vorliest. Aber diesen Leuten entgeht die Tatsache, dass sowohl Politik als auch Philosophie ständig praktiziert werden müssen, wie man es täglich in Handlungen und Taten beobachten kann. Denn sie bezeichnen jene, die in den Säulenhallen auf und ab schreiten, als »Peri-

περιπάτου τοῖς γνωρίμοις τεταγμένην
φυλάττων, ἀλλὰ καὶ συμπαίζων, ὅτε τύχοι,
καὶ συμπίνων καὶ συστρατευόμενος ἐνίοις
καὶ συναγοράζων, τέλος δὲ καὶ δεδεμένος
καὶ πίνων τὸ φάρμακον, ἐφιλοσόφει·
πρῶτος ἀποδείξας τὸν βίον ἅπαντι χρόνῳ
καὶ μέρει καὶ πάθεσι καὶ πράγμασιν
ἁπλῶς ἅπασι φιλοσοφίαν δεχόμενον.
Οὕτω δὴ διανοητέον καὶ περὶ πολιτείας, ὡς
τοὺς μὲν ἀνοήτους, οὐδ᾽ ὅταν στρατηγῶσιν
ἢ γραμματεύωσιν ἢ δημηγορῶσι,
πολιτευομένους ἀλλ᾽ ὀχλοκοποῦντας
ἢ πανηγυρίζοντας ἢ στασιάζοντας
ἢ λειτουργοῦντας ἀναγκαίως· τὸν
δὲ κοινωνικὸν καὶ φιλάνθρωπον
καὶ φιλόπολιν καὶ κηδεμονικὸν καὶ
πολιτικὸν ἀληθῶς, κἂν μηδέποτε τὴν
χλαμύδα περίθηται, πολιτευόμενον
ἀεὶ τῷ παρορμᾶν τοὺς δυναμένους,
ὑφηγεῖσθαι τοῖς δεομένοις, συμπαρεῖναι
τοῖς βουλευομένοις, διατρέπειν τοὺς
κακοπραγμονοῦντας, ἐπιρρωννύναι τοὺς
εὐγνώμονας, φανερὸν εἶναι μὴ παρέργως
προσέχοντα τοῖς κοινοῖς μηδ᾽ ὅπου σπουδή

patetiker«[133], wie Dikaiarchos zu sagen pflegte, während sie jene, die an der frischen Luft spazieren gehen oder den Weg zum Haus eines Freundes zurücklegen, nicht dazuzählen. Aber die Praxis der Politik ist genau wie die Praxis der Philosophie. Sokrates beispielsweise ließ keine Tische für seine Schüler aufstellen, saß auch nicht auf einem Lehrstuhl oder legte eine bestimmte Zeit für seine Vorlesungen oder Spaziergänge mit seinen Schülern fest. Nein, er praktizierte Philosophie immer dann, wenn sich die Gelegenheit dazu ergab, beim Vergnügen, beim gemeinsamen Trinken, wenn er mit einigen seiner Schüler auf dem Marktplatz war und schließlich sogar in Gefangenschaft und als er den Schierlingsbecher trank. Er führte uns als Erster vor Augen, dass unser Leben jederzeit und in jeglicher Hinsicht offen für die Philosophie ist, bei jedem Gefühl, das wir durchleben, und bei jeglicher Aktivität.

Und genau so müssen wir das politische Leben betrachten. Törichte Menschen praktizieren Politik nicht, indem sie dem Staat als Generäle, als Staatssekretäre oder beliebte Anführer

τις ἢ παράκλησις διὰ τὸ πρωτεῖον εἰς τὸ θέατρον βαδίζοντα καὶ τὸ βουλευτήριον, ἄλλως δὲ διαγωγῆς χάριν ὡς ἐπὶ θέαν ἢ ἀκρόασιν, ὅταν ἐπέλθῃ, παραγιγνόμενον, ἀλλά, κἂν μὴ παραγένηται τῷ σώματι, παρόντα τῇ γνώμῃ καὶ τῷ πυνθάνεσθαι τὰ μὲν ἀποδεχόμενον τοῖς δὲ δυσκολαίνοντα τῶν πραττομένων.

dienen, sondern indem sie den Mob aufhetzen, öffentliche Reden halten, Zwietracht säen und fördern oder bestimmte öffentliche Aufgaben nur aus einem Gefühl der Verpflichtung heraus erledigen; genau umgekehrt handhaben es Menschen mit wahrer staatsbürgerlicher, philanthropischer Gesinnung, die ihrer Heimatstadt treu ergeben, aufmerksam und von Grund auf Staatsmänner sind. Sie praktizieren Politik, indem sie die Machthaber fördern, die Orientierungslosen anleiten, die Unsicheren unterstützen, die Strauchelnden auf den rechten Pfad zurückführen und die Vernünftigen stärken. Offensichtlich betrachten solche Menschen Staatsgeschäfte nicht nur als Beiwerk. Sie gehen nicht nur auf besondere Einladung ins Theater[134] und in den Rathaussaal, um dort den Ehrenplatz einzunehmen oder weil wichtige Angelegenheiten zu regeln sind; wenn sie an Versammlungen teilnehmen, dann nicht einfach nur um ihrer eigenen Belustigung willen, als würden sie ein Schauspiel oder eine Vorlesung besuchen. Und selbst wenn sie körperlich nicht anwesend sind, nehmen sie dennoch

27. Οὐδὲ γὰρ Ἀθηναίων Ἀριστείδης οὐδὲ Ῥωμαίων Κάτων ἦρξε πολλάκις, ἀλλὰ πάντα τὸν αὑτῶν βίον ἐνεργὸν ἀεὶ ταῖς πατρίσι παρέσχον. Ἐπαμεινώνδας δὲ πολλὰ μὲν καὶ μεγάλα κατώρθωσε στρατηγῶν, οὐκ ἔλαττον δ᾽ αὐτοῦ μνημονεύεται μηδὲ στρατηγοῦντος μηδ᾽ ἄρχοντος ἔργον περὶ Θετταλίαν, ὅτε τῶν στρατηγῶν εἰς τόπους χαλεποὺς ἐμβαλόντων τὴν φάλαγγα καὶ θορυβουμένων (ἐπέκειντο γὰρ οἱ πολέμιοι βάλλοντες), ἀνακληθεὶς ἐκ τῶν ὁπλιτῶν πρῶτον μὲν ἔπαυσε θαρρύνας τὸν τοῦ στρατεύματος τάραχον καὶ φόβον, ἔπειτα διατάξας καὶ διαρμοσάμενος τὴν φάλαγγα συγκεχυμένην ἐξήγαγε ῥᾳδίως καὶ κατέστησεν ἐναντίαν τοῖς πολεμίοις, ὥστ᾽ ἀπελθεῖν ἐκείνους μεταβαλομένους.

daran teil, indem sie über die Angelegenheit nachdenken und Erkundigungen über die Beschlüsse einziehen, wobei sie manche Maßnahmen gutheißen, sich über andere aber missfällig äußern.

27. Denn Aristeides in Athen und Cato der Ältere in Rom bekleideten keineswegs dauernd irgendwelche Ämter, widmeten aber ihr ganzes Leben dem Dienst an ihren Städten. Epameinondas galt als großer General. Dennoch sind seine Leistungen in Thessalien, die er weder in der Funktion eines Generals noch als gewählter Anführer vollbrachte, nicht weniger denkwürdig. Die diensthabenden Generäle hatten die Armee in eine schwierige Lage gebracht, und die Truppenordnung drohte zu zerfallen, weil der Feind die Soldaten angriff und ihnen seine Waffen entgegenschleuderte. Da erinnerten sie sich, dass Epameinondas ebenfalls an ihrer Seite kämpfte, und wandten sich an ihn um Rat. Zuerst ermutigte er die Soldaten und linderte ihre Furcht und Bestürzung. Dann stellte er die Schlachtformation des Heeres wie-

Ἄγιδος δὲ τοῦ βασιλέως ἐν Ἀρκαδίᾳ τοῖς πολεμίοις ἐπάγοντος ἤδη τὸ στράτευμα συντεταγμένον εἰς μάχην, τῶν πρεσβυτέρων τις Σπαρτιατῶν ἐπεβόησεν, ὅτι διανοεῖται κακὸν κακῷ ἰᾶσθαι, δηλῶν τῆς ἐξ Ἄργους ἐπαιτίου ἀναχωρήσεως τὴν παροῦσαν ἄκαιρον προθυμίαν ἀνάληψιν βουλομένην εἶναι, ὡς ὁ Θουκυδίδης φησίν· ὁ δ᾽ Ἆγις ἀκούσας ἐπείσθη καὶ ἀνεχώρησε. Μενεκράτει δὲ καὶ δίφρος ἔκειτο καθ᾽ ἡμέραν παρὰ ταῖς θύραις τοῦ ἀρχείου, καὶ πολλάκις ἀνιστάμενοι πρὸς αὐτὸν οἱ Ἔφοροι διεπυνθάνοντο καὶ συνεβουλεύοντο περὶ τῶν μεγίστων. ἐδόκει γὰρ ἔμφρων ἀνὴρ εἶναι καὶ συνετὸς ἱστορεῖσθαι· διὸ καὶ παντάπασιν ἤδη τὴν τοῦ σώματος ἐξημαυρωμένος δύναμιν καὶ τὰ πολλὰ κλινήρης διημερεύων, μεταπεμπομένων εἰς ἀγορὰν τῶν Ἐφόρων, ὥρμησε μὲν ἐξαναστὰς βαδίζειν, μόλις δὲ καὶ χαλεπῶς προερχόμενος, εἶτα παιδαρίοις ἐντυχὼν καθ᾽ ὁδόν, ἠρώτησεν, εἴ τι γινώσκουσιν ἀναγκαιότερον ὂν τοῦ πείθεσθαι δεσπότῃ· τῶν δὲ φησάντων

der her, führte es aus der misslichen Lage hinaus und ging zum Angriff über, sodass der Feind den Rückzug antrat. Und nachdem König Agis seine Truppen nach Arcadia geführt hatte und sich nun zur Schlacht gegen den Feind rüstete, rief ihm einer der älteren spartanischen Bürger zu, dass er anscheinend vorhabe, ein Übel durch ein anderes zu bekämpfen. Damit führte er Agis vor Augen, dass sein fehlgeleiteter Eifer nur der Versuch war, den Rückzug aus Argos, den man ihm seinerzeit verübelt hatte, wiedergutzumachen. Als Agis die Worte des Älteren hörte, gehorchte er und zog seine Truppen zurück.[135] Und täglich reservierten die Ephoren für Menekrates einen Stuhl in der Nähe der Türen des Rathauses. Häufig standen sie auf und gingen zu ihm hinaus, um ihm Fragen zu stellen und seinen Rat in wichtigen Angelegenheiten einzuholen, denn sie erachteten ihn als weise und intelligent, wann immer sie sich an ihn wandten. Eines Tages, nachdem er seine Körperkraft schon komplett eingebüßt hatte und einen Großteil des Tages bettlägerig war, riefen die Ephoren ihn wieder einmal

"τὸ μὴ δύνασθαι," τοῦτο τῆς ὑπουργίας λογισάμενος πέρας ἀνέστρεψεν οἴκαδε. δεῖ γὰρ μὴ προαπολείπειν τὴν προθυμίαν τῆς δυνάμεως, ἐγκαταλειφθεῖσαν δὲ μὴ βιάζεσθαι. καὶ μὴν Γαΐῳ Λαιλίῳ Σκιπίων ἐχρῆτο συμβούλῳ στρατηγῶν ἀεὶ καὶ πολιτευόμενος, ὥστε καὶ λέγειν ἐνίους ὑποκριτὴν τῶν πράξεων Σκιπίωνα ποιητὴν δὲ τὸν Γάιον εἶναι. Κικέρων δ' αὐτὸς ὁμολογεῖ τὰ κάλλιστα καὶ μέγιστα τῶν συμβουλευμάτων, οἷς ὤρθωσεν ὑπατεύων τὴν πατρίδα, μετὰ Ποπλίου Νιγιδίου τοῦ φιλοσόφου συνθεῖναι.

zum Marktplatz. Er erhob sich und begann zu laufen, wobei er kaum und nur unter großen Schwierigkeiten vorankam. Auf dem Weg zum Rathaus stieß er auf ein paar Jungen und fragte sie, ob sie etwas wüssten, das eine größere Verpflichtung darstellte, als seinem Herrn zu gehorchen. Darauf antworteten sie: »Die Unfähigkeit zu gehorchen.« Menekrates kam zu dem Schluss, dass er dem Staat nun nicht mehr dienen müsse, und kehrte nach Hause zurück. Solange wir noch dazu in der Lage sind, sollten wir also durchaus weiterhin gehorchen. Wenn der Dienst am Staat aber unsere Kräfte übersteigt, sollten wir uns nicht weiter dazu zwingen. In der Tat versicherte sich Scipio Aemilianus der Dienste des Gaius Laelius als Ratgeber, wann immer er auf einem Feldzug war oder sein Amt verwaltete. Manche behaupteten sogar, dass Scipio nur der Schauspieler, Laelius aber der Dichter sei, der ihm die Handlungen vorgab. Und Cicero selbst bekennt, dass er die hervorragendsten und größten Empfehlungen dem Senat gegenüber, durch die er in seiner Eigenschaft als Konsul den Staat wieder stabili-

28. Οὕτω διὰ πολλῶν τρόπων τῆς πολιτείας οὐδὲν ἀποκωλύει τοὺς γέροντας ὠφελεῖν τὸ κοινὸν ἀπὸ τῶν βελτίστων, λόγου καὶ γνώμης καὶ παρρησίας καὶ φροντίδος πινυτῆς, ὡς δὴ ποιηταὶ λέγουσιν. οὐ γὰρ αἱ χεῖρες ἡμῶν οὐδ' οἱ πόδες, οὐδ' ἡ τοῦ σώματος ῥώμη κτῆμα καὶ μέρος ἐστὶ τῆς πόλεως μόνον, ἀλλὰ πρῶτον ἡ ψυχὴ καὶ τὰ τῆς ψυχῆς κάλλη, δικαιοσύνη καὶ σωφροσύνη καὶ φρόνησις· ὧν ὀψὲ καὶ βραδέως τὸ οἰκεῖον ἀπολαμβανόντων, ἄτοπόν ἐστι τὴν μὲν οἰκίαν καὶ τὸν ἀγρὸν ἀπολαύειν καὶ τὰ λοιπὰ χρήματα καὶ κτήματα, κοινῇ δὲ τῇ πατρίδι καὶ τοῖς πολίταις μηκέτι χρησίμους εἶναι διὰ τὸν χρόνον, οὐ τοσοῦτον τῶν ὑπηρετικῶν παραιρούμενον δυνάμεων, ὅσον ταῖς ἡγεμονικαῖς καὶ πολιτικαῖς προστίθησι.

sierte, gemeinsam mit dem Philosophen Publius Nigidius entwickelt habe.

28. Nichts hindert ältere Menschen also daran, der Öffentlichkeit auf vielerlei Weise zu nutzen, und zwar durch ihre unterschiedlichen Fähigkeiten: durch Redekunst, Urteilsvermögen, Offenheit und »die Weisheit des Geistes«, wie die Dichter es formulieren. Denn die Stadt erhebt nicht nur Anspruch auf unsere Hände, Füße und Körperkraft, sondern ihr gehören vor allem unsere Seelen und die darin wohnende Schönheit, namentlich die Gerechtigkeit, die Selbstbeherrschung und die praktische Klugheit. Diese Eigenschaften entwickeln sich nur langsam und erst in späteren Jahren, weshalb es unsinnig wäre, nur wegen unseres hohen Alters ausschließlich unsere eigenen Häuser, Felder und unseren Besitz davon profitieren zu lassen, nicht aber unser Vaterland und unsere Mitbürger. Denn ein fortgeschrittenes Alter vermindert die Fähigkeit zu dienen nicht im gleichen Maße, wie es unsere Fähigkeit zu führen und die Staatsgeschäfte zu leiten steigert.

WICHTIGE PERSONEN UND BEGRIFFE

Falls nicht anders angegeben, beziehen sich sämtliche Jahreszahlen auf die Zeit vor unserer Zeitrechnung. Ein Stern neben dem Namen deutet darauf hin, dass Plutarch die Gesamtbiographie der betreffenden Person in den *Parallelbiographien* schilderte.

Ädil: Ein auf ein Jahr gewählter Beamter in der Römischen Republik, der Verwaltungsaufgaben in der Stadt übernahm. Ädile kümmerten sich um die Kornvorräte, um die Organisation von Spielen und Festen. Das Amt genoss nicht das gleiche Ansehen wie andere Ämter in Rom, weshalb es vorzugsweise jungen Leuten vorbehalten war, die noch am Anfang ihrer politischen Karriere standen.

***Agesilaos:** König von Sparta (ca. 445–359). Er bestieg den Thron mit Hilfe Lysanders und führte Krieg gegen die Perser und Griechen. Seine Regentschaft fiel zusammen mit dem Verlust der militärischen Vormachtstellung, die Sparta bis zu diesem Zeitpunkt über Griechenland innegehabt hatte.

***Alexander der Große:** König von Mazedonien (356–323). Nach dem Tod seines Vaters Philipp bestieg er den Thron und führte eine Armee aus Mazedoniern und Griechen nach Asien, die das Persische Reich angriff. Seine Unterwerfung Persiens hatte eine fundamentale Neuordnung der Machtver-

hältnisse in der griechischen Welt und darüber hinaus zur Folge.

***Alkibiades:** Staatsmann Athens (451–404). In Plutarchs Schriften wird er als Inbegriff des politisch begabten, aber verwegenen Politikers angeführt. Innerhalb seiner Laufbahn wurde er zweimal aus Athen vertrieben und suchte Zuflucht bei den Persern oder in Sparta, die beide Feinde seiner Geburtsstadt waren.

Amphiktyonischer Rat (Amphiktyonie): Ein loser Städteverbund mit dem Ziel, ein Heiligtum zu schützen und zu verwalten. Der berühmteste Rat dieser Art bewachte das Orakel des Apollon in Delphi und umfasste Mitglieder diverser griechischer Städte.

Antigonos: Mazedonischer Adeliger und General, sowohl unter Philipp als auch unter Alexander (ca. 382–301). Er regierte in Alexanders Namen Phrygien in Kleinasien. Nach dessen Tod kämpfte er gegen andere ehemalige Generäle, um die Kontrolle über ein größeres Gebiet zu erlangen. Er starb in hohem Alter im Kampf.

Areopag: Ein angesehener Rat in Athen bestehend aus Politikern, die ins Amt der sogenannten Archonten gewählt worden waren. Unter Umständen handelte es sich zunächst um eine ratgebende Versammlung für Könige und später für gewählte Volksvertreter, ähnlich dem Römischen Senat. In erster Linie oblag dem Areopag die Gerichtsbarkeit, insbesondere in Mordfällen.

***Aristeides:** Athener Politiker aus dem fünften Jahrhundert. Er stand in dem Ruf, besonders gerecht zu sein, und wurde häufig als der wichtigste politische Gegner des Themistokles dargestellt. Er wurde aufgrund politischer Differenzen verbannt, schon bald aber wieder zurückgerufen, um eine führende Rolle im Zweiten Perserkrieg (480–479) zu übernehmen.

Arrhidaios: Sohn Philipps und Halbbruder Alexanders des Großen (ca. 357–317). Er wurde nach Alexanders Tod zum

König ausgerufen, war aber im Grunde nicht mehr als eine Schachfigur mächtigerer Anführer. Alexanders Mutter Olympia ließ ihn ermorden.

Augustus: Gaius Julius Caesar Octavianus (63 v. Chr.–14 n. Chr.). Er war der Adoptivsohn von Julius Caesar, und Plutarch bezeichnet ihn in seinen Schriften einfach nur als Caesar. Um ihn von Julius zu unterscheiden, nennen ihn Historiker Octavian oder Augustus, ein Titel, den er im Jahre 27 v. Chr. erwarb, als er im Wesentlichen der erste Römische Kaiser wurde.

Böotien: Eine Region in Zentralgriechenland, in der Theben die mächtigste Stadt darstellte.

Caesar: Ursprünglich der Familienname von Julius Caesar, der bald zum Synonym für den Römischen Kaiser wurde.

***Cato der Ältere:** Marcus Porcius Cato, Römischer Politiker (234–149). Er war bekannt für sein unnachgiebiges Vorantreiben traditioneller römischer Werte und seine strenge Selbstdisziplin. Er stellte sich gegen die Übernahme griechischer Sitten, die er als verweichlicht und moralisch verwerflich betrachtete. Er wird auch als »Cato der Censor« bezeichnet, da er während seiner Amtszeit seine Überzeugungen mit einer gewissen Aggressivität durchsetzte. Den Beinamen »der Ältere« erhielt er, um ihn von seinem Urenkel zu unterscheiden, der den gleichen Namen trug.

***Cato der Jüngere:** Marcus Porcius Cato, Römischer Politiker (95–46). Urenkel von Cato dem Älteren und gleichermaßen bekannt für seine Selbstdisziplin und seine hohen moralischen Prinzipien. Während des Römischen Bürgerkrieges in den Vierzigerjahren stellte sich Cato gegen Julius Caesar auf die Seite des Senats. Er war Oberbefehlshaber der Stadt Utica in Nordafrika, als er Selbstmord beging.

Censor: Ein gewählter, römischer Beamter, zu dessen Aufgaben in Zusammenarbeit mit einem Kollegen der offizielle Census gehörte, also die Durchführung von Vermögens- und Volksschätzungen. Censoren oblag zudem die Sittenaufsicht.

Sie waren befugt, einen Bürger aus moralischen Gründen vom politischen Leben auszuschließen.

Chabrias: Soldat und General in Athen (ca. 420–357). Bekannt für seine Erfindung militärischer Taktiken. Er diente auch unter ausländischen Heerführern, so auch während eines Feldzuges in Ägypten unter Agesilaos von Sparta.

***Demosthenes:** Redner und Politiker in Athen (384–322). Er war ein begnadeter Rhetoriker, der eine führende Rolle in der Athener Regierung, insbesondere in der Außenpolitik, einnahm. Seine berühmtesten Reden, die *Philippischen Reden*, richteten sich gegen Philipp von Mazedonien und seinen zunehmenden Einfluss auf griechische Angelegenheiten.

Diktator: Ein formales, aber dennoch nicht regelmäßig besetztes und nur vorübergehendes Amt in der Römischen Republik. Ein Diktator wurde in Krisenzeiten gewählt oder ernannt und mit der Erfüllung einer speziellen Aufgabe betraut.

Diogenes: Philosoph, der der Strömung der Kyniker angehörte (ca. 412–321). Ursprünglich stammte er aus Sinop in Kleinasien, verbrachte jedoch einen Großteil seines Erwachsenenlebens in Athen und Korinth. Er wird normalerweise als Verächter gesellschaftlicher Konventionen dargestellt und soll auf materielle Güter weitgehend verzichtet haben.

Dionysius: Der Name von Vater und Sohn, die beide als Tyrannen über Syrakus herrschten. Dionysius I. regierte von 405–367 und übergab die Herrschaft dann an Dionysius II., der im Jahre 344 aus der Stadt vertrieben wurde und den Rest seines Lebens im Exil Korinths verbrachte.

Epameinondas: General aus Theben (gestorben 362). Unter seiner Führung erlangte Theben seine größten militärischen Siege, schlug Sparta in der Schlacht von Leuktra (371) und eroberte in den darauffolgenden Jahren spartanisches Territorium. Obwohl er Theben in der Schlacht von Mantineia zum Sieg führte, wurde er im Kampf getötet.

Ephoren: Von diesen richterlichen Beamten gab es in Sparta fünf. Jeder einzelne wurde vom Volk gewählt und blieb ein Jahr lang im Amt. Zusammen mit den Königen bildeten die Ephoren die Exekutive der spartanischen Regierung. Hinzu kamen die *Gerusia* (der Ältestenrat) und die Volksversammlung.

Epimenides: Legendärer Heiliger aus Kreta. Als Junge soll er in einer Höhle eingeschlafen und erst siebenundfünfzig Jahre später wieder aufgewacht sein. Außerdem soll er nach Athen berufen worden sein, um die Stadt von einer Seuche zu befreien.

Euripides: Griechischer Dramatiker aus Athen (ca. 480–ca. 406). Er verfasste etwa neunzig Theaterstücke, von denen achtzehn bis heute erhalten geblieben sind. Plutarch zitiert sowohl aus erhaltenen, als auch aus verloren gegangenen Dramen.

***Fabius Maximus:** Quintus Fabius Maximus Verrucosus, Römischer Staatsmann (drittes Jahrhundert). Er war fünfmal Konsul und zweimal Diktator. Während des Zweiten Punischen Krieges (218–201), als Karthago Italien mit Krieg überzog, verfolgte er die Strategie des hinhaltenden Widerstandes, was ihm den Beinamen »der Zögerer« einbrachte.

Hannibal: General aus Karthago (247–182). Galt in der Antike als außergewöhnlicher Feldherr. Er führte den Überfall Karthagos auf Italien im Zweiten Punischen Krieg an, wurde aber letztlich durch die Römer bei Zama in Afrika geschlagen.

Hesiod: Griechischer Dichter (ca. 700). Seine beiden Hauptwerke sind *Theogonie*, die die Entstehung der Welt und der Götter in der Reihenfolge ihrer Herrschaft beschreibt, sowie *Werke und Tage*, ein episches Lehrgedicht, das für ethisches Verhalten und Respekt den Göttern gegenüber plädiert.

***Kimon:** Athener Politiker (ca. 520–449). Häufig wird er als Hauptrivale des Perikles dargestellt. Während einer Phase, die durch leidenschaftliche Auseinandersetzungen verschiedener politischer Lager geprägt war, wurde er verbannt. Seine politi-

schen Feinde beschuldigten ihn, mit Sparta zu sympathisieren und ein inzestuöses Verhältnis mit seiner Schwester zu unterhalten. Ferner bezichtigten sie ihn der Trunksucht und des übermäßigen Schlafes.

Kleisthenes: Athener Staatsmann (ca. 570–507). Er spielte eine Rolle bei der Vertreibung der Tyrannen, die während eines Großteils des sechsten Jahrhunderts über Athen herrschten. Viele Athener betrachteten seine politischen Reformen als Anfang der Demokratie in Athen.

Kleon: Athener Staatsmann (fünftes Jahrhundert). Er war als Demagoge bekannt und galt als Inbegriff für jemanden, der durch populäre und aggressive Politik statt durch stabile politische oder militärische Führung zu Macht und Einfluss gelangt.

Konsul: Das höchste gewählte Amt in der Römischen Republik. Konsuln wurden immer paarweise gewählt und dienten nur ein Jahr.

Lacedaimonia: Ein anderer Name für die griechische Stadt Sparta.

Laelius: Gaius Laelius, Römischer Staatsmann und Intellektueller (ca. 190–ca. 129). Ein enger Verbündeter des Scipio Aemilianus. Er hatte verschiedene Ämter inne, unter anderem auch das des Konsuls, und diente mit Scipio auf einem Feldzug in Afrika. Er förderte die Verbreitung der griechischen Philosophie in Rom.

***Lucullus:** Lucius Licinius Lucullus, Römischer Politiker (gestorben 56). Nach seinem Konsulat im Jahre 74 führte er die Schlacht gegen Mithridates, den König von Pontos, an. Nachdem er als Oberbefehlshaber durch Gnaeus Pompeius Magnus ersetzt worden war, kehrte er nach Rom zurück. Dort führte er ein beschauliches Leben und wurde beschuldigt, seine Pflichten als Staatsmann zu vernachlässigen und einen allzu üppigen Lebensstil zu pflegen.

***Lykurg:** Spartanischer Gesetzgeber. Dieser mythischen Gestalt wurden die spartanischen Gesetze sowie sein strenges Erziehungswesen zugeschrieben.

***Lysander:** Spartanischer General (gestorben 395). Er war für den letztendlichen Sieg der Spartaner im Peloponnesischen Krieg verantwortlich. Als Agesilaos um den spartanischen Thron rang, wurde er von Lysander unterstützt. Er sicherte seinen Aufstieg, obwohl Agesilaos ihn später als zu mächtig empfand und seinen Einfluss zu mindern suchte.

***Marius:** Gaius Marius, Römischer Staatsmann (ca. 157–86). Nachdem er sich in diversen römischen Ämtern nach oben gedient hatte, wurde Marius schließlich Konsul, und zwar gleich siebenmal. Nach großen, militärischen Erfolgen in Numidien und Gallien geriet er mit den Anhängern Sullas aneinander.

Masinissa: König von Numidien (238–148). Er war zeitweise Verbündeter, zeitweise Feind Roms, galt als geschickter Krieger, der bis ins hohe Alter an der Macht blieb. Plutarch bezeichnet ihn als Libyer, was die allgemeine Bezeichnung damals für Nordafrika war.

Menander: Komödiendichter aus Athen (ca. 344–292). Er schrieb im Stil der »Neuen Komödie«, die der heutigen Situationskomödie vergleichbar ist. Seine Stücke sind durch die römischen Komödiendichter Plautus und Terenz beeinflusst.

Militärtribun: Ein junger Offizier der römischen Armee.

Nestor: Eine Figur aus der *Ilias* und der *Odyssee*. Er war König von Pylos und berühmt, weil er älter und weiser war als die anderen Heerführer, die am Trojanischen Krieg beteiligt waren.

Nikias: Staatsmann Athens (ca. 470–413). Ein gemäßigter Politiker, der häufig im Widerspruch zu anderen politischen Führungspersönlichkeiten stand. Er führte den Feldzug in Sizilien gegen seinen Willen an und starb inmitten der Niederlage, die die Athener erlitten.

Pammenes: General in Theben (viertes Jahrhundert). Er fungierte als Wächter Philipps, des zukünftigen Königs Mazedoniens, während dieser in Theben als Geisel gehalten wurde. Außerdem war er ein erfolgreicher Feldherr, zunächst unter der Leitung des Epameinondas, dann selbstständig.

Panaitios: Stoischer Philosoph (ca. 185–109). Er stammte ursprünglich aus Rhodos und schloss sich dem Gefolge des Scipio Aemilianus in Rom an.

Peloponnes: Die südliche Region Griechenlands, in der vor dem Aufstieg des Römischen Reiches Sparta die Führungsmacht war.

Peloponnesischer Krieg: Dies war der bedeutendste Krieg des klassischen Zeitalters Griechenlands zwischen dem von Athen angeführten Attischen Seebund und dem Peloponnesischen Bund, dem Sparta vorstand. Der Krieg zog sich mit unterschiedlicher Intensität von 431 bis 404 dahin und gipfelte schließlich in der Kapitulation Athens.

***Perikles:** Staatsmann Athens (ca. 495–429). Plutarch stellt ihn als überzeugenden Redner und mächtigen Politiker dar. Er war einer der Hauptverantwortlichen für die Bauprojekte, in deren Rahmen die berühmtesten Denkmäler Athens entstanden, wie zum Beispiel des Parthenon. Er starb im zweiten Jahr des Peloponnesischen Krieges an der Pest.

Philipp: König von Mazedonien (382–336). Er sicherte die Vormachtstellung Mazedoniens in Griechenland, schlug die verbündeten griechischen Stadtstaaten in der Schlacht von Chaironeia (338) und gründete den Korinthischen Bund, mit dem er einen Feldzug gegen das Perserreich plante. Nachdem er einem Attentat zum Opfer gefallen war, bestieg sein Sohn Alexander den Thron.

***Philopoimen:** Griechischer General (ca. 253–182). Er stammte aus Megalopolis und diente im Verbund griechischer Stadtstaaten, der die spartanische Hegemonie auf dem Peloponnes

brach und sich den römischen Vormachtsbestrebungen widersetzte.

***Phokion:** Staatsmann Athens (402–318). Innerhalb seiner langen Laufbahn wurde er fünfundvierzig Mal zum Strategos gewählt und erhielt als politischer und militärischer Anführer den Beinamen »der Gute«. Er unterstützte die mazedonischen Bestrebungen, die Oberhoheit über Athen zu erlangen, was zu einem Konflikt mit den Verfechtern der Demokratie führte. Er wurde zum Tod durch Gift verurteilt.

Pindar: Pindar (ca. 518–ca. 446) war ein griechischer Dichter, der zum Kanon der neun Lyriker gezählt wird. Seine berühmten Kompositionen sind Oden, die von den Siegern bei den Panhellenischen Spielen in Auftrag gegeben wurden, also den Wettkämpfen in Olympia, Delphi (Pythische Spiele), Nemea und Isthmia (am Isthmus von Korinth).

Platon: Philosoph aus Athen (ca. 429–347). Platons Philosophie aus der mittleren Schaffensperiode war die Grundlage für Plutarchs eigene philosophische Überlegungen. In seinen politischen Schriften geht Plutarch insbesondere auf die platonische Vorstellung des »absoluten Guten« ein, das die wahre Essenz von Schönheit oder Güte ist und für den Politiker den höchsten Standard moralischen Handelns repräsentiert.

Polybios: Griechischer Geschichtsschreiber (ca. 200–ca. 118). Sein Vater war ein Verbündeter von Philopoimen im Widerstand gegen die römischen Bemühungen, die Vorherrschaft im südlichen Griechenland zu erringen. Polybios wurde schließlich als politische Geisel nach Rom gebracht, wo er sich mit Scipio Aemilianus anfreundete. Er verfasste eine Biographie von Philopoimen (die verloren ging) und eine Geschichte der Ausbreitung des Römischen Reiches, von der ein Großteil erhalten ist.

Pompeius: Gnaeus Pompeius Magnus, Römischer General und Politiker (106–48). Bekannt wurde er durch seine Unterstützung für Sulla. Danach wurde er dreimal zum Konsul gewählt und

verzeichnete außerordentliche, militärische Erfolge in Europa, Afrika und Asien. Im Bürgerkrieg der Vierzigerjahre avancierte er zum Anführer der Widerstandsbewegung im Senat gegen Julius Caesar, fiel aber nach seiner Niederlage in der Schlacht von Pharsalos in Ägypten einem Attentat zum Opfer.

Prokonsul: Ein römischer Beamter, der die Machtbefugnisse eines Konsuls über ein spezifisches geographisches Gebiet innehatte. Er fungierte in der Regel als Statthalter.

Pythia: Die weissagende Priesterin des Apollon im Orakel von Delphi, die ihre prophetische Gabe von Gott erhalten hatte. Apollon selbst wurde als der Pythische Apollon bezeichnet, und die Wettkämpfe, die bei Delphi abgehalten wurden, wurden auch als Pythische Spiele bezeichnet.

Quästor: Der Quästor hatte das niedrigste der gewählten Ämter in der Römischen Republik inne. Einige Quästoren wurden alljährlich gewählt (im Laufe der Geschichte der Republik variierte die Anzahl) und waren verantwortlich für die Verwaltung der Staatskasse und die Erledigung anderer administrativer Aufgaben.

Scipio Aemilianus: Publius Cornelius Scipio Aemilianus Africanus, Römischer Staatsmann (185–129). Er war der leibliche Sohn des Lucius Aemilius Paullus, wurde aber als Enkel von Scipio Africanus adoptiert, der durch seinen Sieg gegen Hannibal den Zweiten Punischen Krieg beendete. Scipio Aemilianus hatte eine lange und glorreiche militärische Karriere, zu der auch der Sieg über Karthago im Dritten Punischen Krieg (146) gehörte. Sein intellektueller Ehrgeiz brachte ihn gleichermaßen in Kontakt mit Römern – wie Gaius Laelius – und Griechen – wie Polybios.

Simonides: Griechischer Dichter (ca. 556–ca. 466), der zum Kanon der neun Lyriker gehört. Simonides verfasste eine Vielzahl unterschiedlichster Gedichte. Zu seinen bekanntesten Werken gehören kurze Elegien und Epigramme über historische Ereignisse.

***Solon:** Staatsmann aus Athen (ausgehendes siebtes bis frühes sechstes Jahrhundert). Er war berühmt als Gesetzgeber und reformierte das politische System Athens während einer Staatskrise, die durch die hohe Schuldenlast kleinerer Landbesitzer ausgelöst worden war. Als Dichter schrieb Solon nicht nur über seine eigenen Reformen, sondern auch über andere Themen. Viele seiner Gedichte sind bis heute erhalten.

Sophist: Ein Lehrer der Rhetorik, Grammatik und anderer Themengebiete.

Sophokles: Athener Tragödiendichter (gestorben 406). Er ist bekannt für ein sehr langes Leben und verfasste mehr als einhundertzwanzig Stücke, von denen uns sieben auch heute noch vorliegen. Plutarch zitiert aus erhaltenen und untergegangenen Werken.

***Sulla:** Lucius Cornelius Sulla, Römischer Politiker (ca. 138–78). Sulla erlangte während seiner Dienstzeit unter Marius in Afrika an Bedeutung. Als Marius und seine Anhänger ihm später eine bedeutende militärische Position verwehrten, marschierte er mit seiner Armee gegen Rom, um seine Rechte durchzusetzen. Später besiegte er mit Hilfe dieser Armee seine politischen Gegner und reformierte als Diktator zahlreiche Institutionen der Republik.

***Themistokles:** Athener Staatsmann (ca. 524–459). Er spielte eine führende Rolle im Sieg Griechenlands während des Zweiten Perserkriegs (480–479), insbesondere in der Schlacht von Salamis. Später trug er dazu bei, die Vormachtstellung Athens erneut auszubauen, unter anderem durch den Wiederaufbau der Stadtmauern. Er wird gemeinhin als politischer Rivale des Aristeides dargestellt.

Theopompos: König von Sparta (ca. 720–675). Ihm werden zuweilen Verfassungsreformen zugeschrieben, einschließlich der Einrichtung des Amtes der Ephoren.

Thukydides: Staatsmann und Historiker aus Athen (ca. 460–ca. 400). Als General im Peloponnesischen Krieg verlor er im Jahre 424 eine bedeutende Schlacht gegen die Spartaner. Danach wurde er aus Athen verbannt. Er verfasste eine Geschichte des Krieges von den Anfängen (einschließlich der Vorgeschichte) bis zum Jahre 411.

Volkstribun: Ein gewähltes Amt in der Römischen Republik, zu dessen Aufgaben die Interessenvertretung des Volkes gehörte. Jährlich wurden zehn Volkstribunen in ihr Amt gewählt.

Xenophon: Soldat und Autor aus Athen (geboren ca. 430). Er wuchs zwar in Athen auf, doch sein berühmtestes militärisches Abenteuer, das er in seinem Buch *Anabasis* schildert, ging auf seine Zeit als Söldner in Persien zurück. Er fiel in Athen in Ungnade, als er in der Schlacht von Koroneia auf Seiten Spartas kämpfte (394) und sich später sogar auf spartanischem Territorium niederließ. Er schrieb eine Vielzahl von Büchern verschiedener Genres zu Themen wie Geschichte, Philosophie sowie Romane.

ANMERKUNGEN

1 Plutarch zitiert hier aus einer verschollenen Tragödie von Euripides.
2 Plutarch bezieht sich auf Bronzestatuen, die über einen Kern aus Lehm gegossen wurden. Ein Teil dieses Kerns verblieb oft auch in der fertigen Statue.
3 Für die persischen Könige galt Ahura Mazda als Gott der Gerechtigkeit und Schutzgott. Die Griechen setzten ihn mit Zeus gleich.
4 Aus einer verloren gegangenen Tragödie unbekannten Titels von Euripides.
5 Plutarch nennt hier drei berühmte Bildhauer: Phidias schuf riesige Statuen von Athena in Athen und Zeus in Olympia; Polyklet von Argos schuf den *Doryphorus* oder Speerträger; Myron von Eleutherai schuf den *Diskobolos* oder Diskuswerfer.
6 Aus Homer, *Odyssee* 19.109,111.
7 Kleitos war einer der Offiziere Alexander des Großen. Während eines Trinkgelages übte Kleitos Kritik an Alexander, weil Letzterer seiner Ansicht nach den Mazedoniern nicht genügend Respekt erwies und ihnen die Perser vorzog. Wutentbrannt tötete Alexander ihn.
8 Zeus als Göttervater gilt als Vorbild für Könige überhaupt. Anaxarch argumentiert, dass Gerechtigkeit und Recht sich nach den Vorgaben des Königs richten.
9 Hesiod, *Werke und Tage*, 256.
10 Homer, *Ilias*, 10.183–184.
11 Nach dem Sieg der Streitmächte des Julius Caesar in der Schlacht bei Thapsus in der Nähe von Utica beging Cato Selbstmord, um nicht von Caesar zuerst gefangen genommen und dann begnadigt zu werden.

12 In seinem Werk *Das Leben des Aratos* erzählt Plutarch die gleiche Anekdote von Aristippos, dem Tyrannen von Argos im dritten Jahrhundert v. Chr. Er fügt dort sogar ein weiteres Detail hinzu, nämlich, dass Aristippos in einem »Zustand der Erregung und Angst« schlief, und das, obwohl er die Tür zu dem oberen Zimmer gesichert hatte. Vielleicht wollte Plutarch an dieser Stelle Aristippos statt Aristodemos beschreiben, der ansonsten unbekannt ist.

13 Der Kontrast zwischen dem philosophisch gebildeten, wohlwollenden König und dem eigennützigen Tyrannen galt im politischen Denken Griechenlands als Allgemeinplatz. Die berühmteste Darstellung stammt wohl von Platon, der in seinem Werk *Politeia (Der Staat)* für den philosophisch gesonnenen König als den idealen Herrscher plädiert.

14 Die Vorstellung von dem Podest ist inspiriert von einer berühmten Passage aus Platons *Phaidros* (253d–254e), wo Platon die menschliche Seele mit einem Wagen vergleicht, der von zwei Pferden gezogen wird. Der Wagenlenker repräsentiert die Vernunft, während die Pferde der Geist sind, der auf die Befehle der Vernunft reagiert, ebenso wie auf die Begierden, die sich nur schwer beherrschen lassen. Wenn der Wagenlenker jemanden von besonderer Schönheit entdeckt, begehrt er nicht diese besondere Form der Schönheit, sondern wird stattdessen durch sie an »die wahre Essenz der Schönheit« erinnert, die er sodann als »neben der Selbstbeherrschung auf einem heiligen Podest stehend« wahrnimmt.

15 Aus *Nomoi (Gesetze)* (716a), eine Schrift, in der Platon nahelegt, dass die Gottheit der Anfang und das Ende allen Seins ist.

16 Erneut bezieht Plutarch sich an dieser Stelle auf die platonische Vorstellung der absoluten Schönheit, die ihrem Wesenskern nach schön ist, statt nur über ein schönes, äußeres Erscheinungsbild zu verfügen. Platon folgend

fasst Plutarch Schönheit als ethische Größe auf, weshalb ich Plutarchs Formulierung »das schönste aller Dinge« mit »dem absoluten Maßstab des Guten« übersetzt habe.

17 Gemeint ist der *Sarissa*, ein besonders langer, mazedonischer Speer.

18 Homer, *Ilias* 19.242.

19 In diesem dritten Beispiel führt Plutarch die Diskussion zurück auf das Problem politischer Herrschaft. Die Konfiszierung von Eigentum galt als häufige Strafe bei Verbrechen, konnte von einem tyrannischen Herrscher also leicht und häufig missbraucht werden.

20 Plutarchs Vergleich zwischen Gesichtssinn und Gehör basiert auf der Extramissionstheorie, die davon ausgeht, dass visuelle Wahrnehmung durch vom Auge ausgesendete Lichtstrahlen erfolgt, welche auf ein Objekt treffen.

21 Wahrscheinlich bezieht sich Plutarch hier auf Scipio Aemilianus, den er mehrfach als Beispiel in seinen politischen Aufsätzen anführt.

22 Homer, *Ilias*, 9.55–56. Homer bezeichnet die Griechen in der Regel als Achäer.

23 Homer, *Ilias*, 9.443.

24 Plutarch zitiert an dieser Stelle Zeilen aus einem unbekannten Gedicht. Für die deutsche Übersetzung wurde folgende Quelle herangezogen: Kaltwasser, Johann Friedrich, *Plutarchs moralische Abhandlungen*. Nachdruck der Ausgabe von 1784, Band 6, S. 180. Norderstedt, Hansebooks GmbH, 2017.

25 Die Rednerplattform, von der aus Politiker zur Bürgerversammlung sprachen. Plutarch betrachtete sie als Brennpunkt des politischen Lebens.

26 Tiberius Gracchus war Volkstribun in Rom (133 v. Chr.), doch seine Gesetzesreformen führten zum Konflikt mit dem Senat. Schließlich wurde er durch den Mob ermordet. Sein Bruder Gaius setzte seine Reformbestrebungen fort (ebenfalls als Volkstribun 123–122 v. Chr.), wobei er

eine aggressivere Politik betrieb. Als es ihm nicht gelang, sämtliche Reformen durchzusetzen, und er sein politisches Amt verlor, kam es zum bewaffneten Konflikt, und er wurde getötet.

27 Wie in seiner Schrift *An einen ungebildeten Herrscher* zu lesen ist, postuliert Plutarch das »absolute Gute« als Basis weiser politischer Führung.

28 Plutarchs *Biographien* von Kleon und Alkibiades zufolge tolerierten die Athener derlei Eskapaden.

29 Theater waren damals auch Orte für Versammlungen und das Gymnasium ein öffentlicher Platz für Leibesübungen.

30 Nachdem er einen wichtigen Sieg gegen Sparta errungen hatte, wurde Epameinondas daheim in Theben von Rivalen, die ihm seinen Erfolg neideten, angeklagt.

31 Miltiades wird der Sieg bei der Schlacht bei Marathon zugeschrieben, wo die Athener im Jahre 490 v. Chr. die Perser besiegten. Plutarch will damit sagen, dass Themistokles schwor, nicht zu ruhen, bis er etwas ähnlich Bedeutsames geleistet hatte.

32 Bei den Römern stellte diese Geste die Männlichkeit in Frage.

33 Ein Talent war eine hohe Geldsumme.

34 Homer, *Ilias*, 9.441.

35 Hesiod, *Theogonie*, 80. Kalliope, deren Namen die »Schönstimmige« bedeutet, war die Muse der Heldendichtung.

36 Thukydides, 2.65.

37 Nicht Thukydides, der Geschichtsschreiber, sondern – ebenso wie Kimon und Ephialtes – ein Politiker und Zeitgenosse des Perikles.

38 Nach dem Ausbruch des Peloponnesischen Krieges trieb er eine Politik der Nichteinmischung voran, was zur Folge hatte, dass Athen keine militärische Niederlage erlitt. Nach seinem Tod kurz nach Beginn des Krieges verfolgten andere Politiker eine aggressivere und expansionisti-

sche Politik, zu der auch die unglückselige Kampagne in Sizilien gehörte.

39 Aristophanes, *Die Ritter*, 137. Der Kykloborus war ein laut dahinrauschender Fluss in der Nähe Athens.

40 Pindar, *Olympische Oden*, 6.4.

41 Adaptiert aus Homer, *Odyssee*, 10.495.

42 Da die Konsuln in Rom alljährlich gewählt wurden und sich normalerweise nicht zur Wiederwahl stellen konnten, musste Afranius nur ein Jahr auf den nächsten Wahlzyklus warten, in dem der von Pompeius unterstützte Kandidat nicht antreten konnte.

43 Auch an dieser Stelle kommt Plutarch wieder auf seine Grundidee zurück, dass der beste Politiker ein Mensch ist, der das absolute Gute liebt.

44 Das heißt: Sulla erwies dem jungen Pompeius mit dieser Geste jenen Respekt, der normalerweise nur älteren Männern vorbehalten war.

45 Die Fabel *Zaunkönig und Adler* wird Aesop zugeschrieben, ist aber abgesehen von dem vorliegenden Bezug unbekannt. Die Vögel beschlossen, denjenigen zum König zu machen, der von ihnen am höchsten flöge. Dies gelang zwar dem Adler, aber er wurde vom Zaunkönig überlistet, der sich von seinem Rücken aus in die Höhe tragen ließ.

46 Platon, *Nomoi (Gesetze)*, 762e.

47 Dieser Vers taucht zweimal in den Komödien des Aristophanes auf: *Die Wesen* 1033 und *Der Frieden* 756.

48 Wahrscheinlich ein Bezug auf Cato den Jüngeren, den Plutarch in einem Buch seiner *Parallelbiographien* Phokion gegenüberstellt.

49 Alle drei Männer wurden als Feinde Roms betrachtet und wurden entweder in der Schlacht getötet oder hingerichtet.

50 Homer, *Ilias*, 17.171.

51 Homer, *Ilias*, 7.358.

52 Normalerweise hätte ein Diener die Einkäufe für einen Mann von Antisthenes' gesellschaftlicher Stellung erledigt.
53 Das heißt, bei den Wettkämpfen in Olympia, Delphi, Nemea und am Isthmus von Korinth.
54 Einer Mischung aus Faustkampf und Ringen.
55 Wir würden vielleicht so etwas wie »rüsten« sagen, aber im alten Griechenland pflegte man nackt an Sportwettkämpfen teilzunehmen. Man zog sich also vorher aus.
56 Der sogenannte heilige Anker war der größte der verschiedenen Anker eines Schiffs, sozusagen die stille Reserve, die man nur unter besonderen Umständen nutzte. Den heiligen Anker zu werfen war also eine Redensart, mit der man signalisierte, dass man in einer schwierigen Lage die letzte Trumpfkarte ausspielte.
57 Der Böotische Bund war ein Städtebund von fünfzehn Poleis in der mittelgriechischen Landschaft Böotien unter der Führung Thebens, der vom sechsten bis zum vierten Jahrhundert v. Chr. im antiken Griechenland existierte.
58 Sophokles, *Die Trachinierinnen*, 1058.
59 Menemachos, an den diese Schrift sich richtet, stammte wahrscheinlich aus Sardes. In alten Zeiten war dies die Hauptstadt des unabhängigen Königreiches Lydien, das über zahlreiche griechische Städte herrschte.
60 Die Texte der Schauspieler in griechischen Theaterstücken waren in einem bestimmten Metrum verfasst.
61 Ein Jahr nach dem Peloponnesischen Krieg wurde die Demokratie in Athen durch dreißig Tyrannen ersetzt, die gemeinschaftlich regierten und ihre politischen Gegner verfolgten. Als die Demokratie wiederhergestellt war, wurde eine Amnestie für die Unterstützer der Tyrannen-Regierung erlassen.
62 Athen war ein Verbündeter der Stadt Milet (in der heutigen Türkei). Im Jahre 494 v. Chr. wurde sie von den Persern erobert. Phrynichos schrieb sein Schauspiel kurz da-

nach, und die Athener belegten ihn mit einer Geldstrafe, weil er sie an solch ein beunruhigendes Ereignis erinnert hatte.

63 Im Jahre 335 v. Chr. zerstörte Alexander die Stadt Theben, nachdem sie sich gegen die mazedonische Vorherrschaft aufgelehnt hatte. Kassander, der nach Alexanders Tod in Mazedonien herrschte, ließ die Festung im Jahre 316 v. Chr. wieder aufbauen.

64 Harpalos war Alexanders Schatzmeister. Nachdem er Gelder verschwendet hatte, floh er im Jahre 324 v. Chr. nach Athen, wo er gefangen genommen wurde, aber später wieder fliehen konnte. Dies legte den Verdacht nahe, dass einige Athener sich von ihm hatten bestechen lassen.

65 Augustus eroberte Alexandria in Ägypten im Jahre 30 v. Chr. im Rahmen seines Krieges mit Marcus Antonius. Areios Didymos von Alexandrien war Philosoph, der zu seinem Ratgeber avancierte.

66 Diese Textstelle bezieht sich auf die römische Sitte, mächtige Personen in ihren Häusern aufzusuchen in der Hoffnung, politische oder andere Gefälligkeiten zu erwirken.

67 Plutarch bezieht sich hier auf Euripides, *Die Phoenikerinnen*, 524–525.

68 In vielen griechischen Städten wurden die Bürger in politische Einheiten unterteilt, die man als Stämme bezeichnete.

69 Adaptiert aus Homer, *Ilias*, 17.156–158.

70 Scipio Aemilianus und Lucius Mummius dienten im Jahre 142 v. Chr. beide als Censoren.

71 Als Diomedes nach Troja geschickt wird, um es auszukundschaften (Homer, *Ilias*, 10.227–253), wählt er als Partner Odysseus, der für seine Gerissenheit bekannt ist. Damit übergeht er andere griechische Helden, die hervorragende Krieger waren, genau wie er selbst.

72 Geryon war ein Riese aus der Mythologie, der drei an der Hüfte zusammengewachsene Leiber besaß.
73 Im Mythos von Jason und dem Goldenen Vlies wird Herkules zurückgelassen. Dadurch fehlt Jason und seinen Männern, den Argonauten, die körperliche Kraft, die notwendig wäre, um das Vlies zu stehlen. Medea, eine Zauberin und Tochter des Königs, in dessen Besitz sich das Vlies befindet, verliebt sich in Jason und nutzt ihre magischen Kräfte, um ihm zu helfen und seine Mission zu erfüllen.
74 Homer, *Odyssee*, 5.350.
75 Platon, *Politeia (Der Staat)*, 416e.
76 Zwei berühmte Statuen. Plutarch kommt hier auf ein Argument aus *An einen ungebildeten Herrscher* zurück.
77 Es existieren zwei Meeresbuchten im Lybischen Meer mit dem Namen Syrte.
78 Damit will Plutarch sagen, dass ein Staatsmann nicht zu früh und nicht für Leistungen in einer untergeordneten Position geehrt werden sollte.
79 Athleten, die an den heiligen Wettkämpfen in Griechenland teilnahmen, wurden im Siegesfall göttergleich verehrt und mit Kränzen geschmückt.
80 Das heißt, die Menschen suchen nach einer Ausrede, um sich nicht messen zu müssen.
81 In einem alten Brettspiel, vergleichbar dem Schach, gab es Spielsteine, die als heilig bezeichnet wurden. Diese bewegte man zuletzt. Der heilige Zug war also der letzte Schritt, was zu Plutarchs Lebenszeit zur Redensart avancierte.
82 Nach Plutarchs Vorstellung der Seele sind die praktischen und göttlichen Elemente nützlicher als die Gefühle oder die körperlichen Impulse und können in einem erleuchteten Lebensstil resultieren. Andererseits sind sie auch schwerer zu entwickeln und zu erhalten.

83 In seiner Arbeit über den Peloponnesischen Krieg berichtet Thukydides von der Rede des Perikles bei der Gedenkfeier für die gefallenen Soldaten Athens nach dem ersten Kriegsjahr (2.35–46). In dieser Rede finden wir das oben angeführte Zitat.

84 Aus dem Drama des Euripides, *Die Phoenikerinnen* (1688). Antigone stellt diese Frage ihrem Vater Oedipus, nachdem dieser sich selbst geblendet hat und so als König machtlos wurde. Oedipus antwortet: »Er wurde zerstört.«

85 Plutarch geht davon aus, dass man in der Politik vor allem durch Berufserfahrung lernt, ein Thema, auf das er später noch intensiver eingeht und das er in seiner Schrift *Regeln der Staatskunst* näher erörtert.

86 Alkibiades und Pytheas waren Staatsmänner aus Athen, die trotz ihrer relativen Jugend eine aktive Politik betrieben und über hohen Einfluss verfügten.

87 Nämlich den Peloponnesischen Krieg gegen Sparta.

88 Diese Passage stammt aus Xenophons Lobrede auf den spartanischen König (Agesilaos 11.15).

89 *Oedipus auf Kolonos*, 668–673. Dieses Schauspiel verfasste Sophokles gegen Ende seines Lebens; es wurde nach seinem Tod von seinem Enkel aufgeführt.

90 Plutarch zieht hier den Vergleich zwischen Schauspielern, die im Rahmen religiöser Veranstaltungen bei Aufführungen miteinander wetteiferten, und Politikern, die im Dienst der Öffentlichkeit gegeneinander antraten. Das öffentliche Leben war durchaus mit dem religiösen Leben verwoben, weshalb Plutarch auch die Arbeit des Politikers als heilig betrachtete.

91 Die *Paralos* war ein Staatsschiff, das in Athen zu offiziellen Anlässen zum Einsatz kam. Demosthenes schrieb eine Rede gegen seinen politischen Gegner Meidias, weil er ihn während einer Aufführung geschlagen hatte.

92 Als Strafe, weil er einen Mann zu Unrecht ermordet hatte, verurteilte Zeus Herkules dazu, ein Jahr lang als Sklave der Omphale, der Königin Lydiens, zu dienen. Plutarch beschreibt an dieser Stelle das Leben an ihrem Hof als luxuriös und verweichlicht, was im Gegensatz zu dem konzentrierten und harten Leben steht, das Herkules führte, während er seine zwölf Aufgaben erfüllte. Eine dieser Aufgaben bestand darin, den Nemeischen Löwen zu töten. Danach trug Herkules dessen Fell als Zeichen seines Triumphs. Der *aulos*, ein antikes Blasinstrument, das häufig mit der Oboe verglichen wird, gilt ebenfalls als Symbol der Verweichlichung: Die Athener glaubten, dass sein Klang dem Zuhörer die Selbstbeherrschung raubte. Aus diesem Grund verbannte Platon es aus seiner Republik.

93 Plutarch spielt hier auf die drei grundlegenden Begierden an, und zwar nach Nahrung, Trinken und Sex (Aphrodite). Den Menschen gelüstet es danach, weil die menschlichen Seelen in Körpern wohnen. Häufig stellt er diese Begierden der Vernunft gegenüber, durch die ein philosophisch ausgebildeter Mensch sie zu kontrollieren vermag.

94 Eine Methode, ein Bad zu nehmen, bestand bei den Griechen darin, Öl auf die Haut aufzutragen und den Körper dann sauber zu wischen.

95 Platon, *Phaidros*, 246b. Der hier beschriebene Wagenlenker, dessen Wagen von zwei geflügelten Pferden gezogen wird, ist eine Metapher für die menschliche Seele. In einem verloren gegangenen Drama des Euripides wiederum werden goldene Flügel am Rücken einer seiner Figuren erwähnt.

96 Plutarch spielt hier auf das Schiff an, auf dem der Sage nach der Athener König Theseus nach Kreta gesegelt sein soll, um den Minotaurus zu töten. Die Athener nutzten es angeblich für heilige Reisen zur Insel Delos.

Das Schiff blieb den Berichten zufolge bis weit ins vierte Jahrhundert v. Chr. erhalten, weil sie morsches Holz regelmäßig austauschten. »Das Schiff des Theseus« gilt seither als ein philosophisches Problem über Identität: Wie viel Holz kann ersetzt werden, bis das Schiff nicht länger dem Theseus gehört?

97 Plutarch zitiert hier einen Abschnitt aus einem Gedicht von Pindar. Aglaia ist eine der Chariten, denen in der römischen Mythologie die drei Grazien entsprechen.

98 Die hier aufgelisteten Festlichkeiten fielen in den Verantwortungsbereich eines Staatsmannes.

99 Er segelt also durch stürmische See und wartet nicht auf Wetterberuhigung, um seinen Weg fortzusetzen.

100 An einem öffentlichen Ort, vergleichbar einem modernen Café.

101 Die Väter von Achilles und Odysseus.

102 Plutarch zitiert an dieser Stelle aus einem untergegangenen Drama von Sophokles.

103 Euripides, *Orestes*, 258.

104 Der Scherz besteht wohl darin, dass der alte Mann allein lebt und daher auf die Hilfe seiner Nachbarn angewiesen ist. Durch die Eheschließung nimmt er ihnen diese Last von den Schultern. Genauso gut kann mit dieser Äußerung jedoch angedeutet werden, dass die Heirat eines alten Mannes für seine Nachbarn ein Quell der Erheiterung ist.

105 Gemeint sind die Epikureer. Plutarchs Schriften äußern sich kritisch über die epikureische Lehre, einschließlich ihres »apolitischen Lebens«.

106 Homer, Ilias, 8.453.

107 Homer, Ilias, 19.165.

108 Homer, Ilias, 2.53.

109 Plutarch schreibt eigentlich *gerousia* oder »Rat der alten Männer«, was das griechische Äquivalent für das lateini-

sche *senatus* ist, das sich wiederum von dem Wort *senex* oder »alter Mann« ableitet.

110 Ein *geras* (»Ehrengabe«) wurde normalerweise von einem König gewährt.

111 Gemeint ist Agamemnon, der Anführer der Griechen in Troja. Das folgende Zitat stammt aus Homer, *Ilias*, 2.372.

112 Aus dem verloren gegangenen Schauspiel *Antiope* von Euripides.

113 All diese Männer waren für eine langjährige politische Laufbahn bekannt.

114 An anderer Stelle kritisiert Plutarch Männer, die nur wegen der Mitgift oder um Nachwuchs zu zeugen heiraten und die Ehe dann auflösen, nachdem sie ihren Zweck erfüllt hat.

115 Die Söhne des Tyndareos waren Kastor und Polydeukes (oder Pollux), auch bekannt als die Dioskuren. Man vermutete ihre Anwesenheit im glühenden Licht, das von elektrischer Entladung verursacht wird und bei Gewittern an den Schiffsmasten beobachtet werden kann. Heute bezeichnet man das Phänomen als Elmsfeuer. In der Antike galt dieses Leuchten als Zeichen göttlichen Schutzes und Vorbote der Wetterberuhigung.

116 Der rasende Gott ist Dionysos, Gott des Weines, der nüchterne ist Poseidon, der Gott des Meeres oder in diesem Fall des Wassers.

117 In seiner staatsphilosophischen Schrift über Politik stellt Aristoteles die berühmte These auf, dass Menschen von Natur aus politische Wesen sind (Aristoteles, *Politik*, 1253a).

118 Diese Anekdote schildert Plutarch in seiner *Biographie* Phokions (24). Er fügt hinzu, dass die Vorstellung, dass Männer, die bis zu sechzig Jahre alt waren, von einem achtzigjährigen General in die Schlacht geführt wurden, die Begeisterung der Athener für den Krieg deutlich dämpfte. An dieser Stelle will Plutarch jedoch sagen, dass

der betagte Phokion die Generalswürde noch immer innehatte, dass er sich aber auf seine Klugheit statt auf seine körperliche Kraft verließ, um die Stadt zu regieren.

119 Attalos II. war König von Pergamon in Kleinasien. Der hier erwähnte Philopoimen war einer seiner Höflinge und nicht der griechische General, den Plutarch an anderer Stelle erwähnt.

120 Ein Freigelassener war in Rom ein ehemaliger Sklave, der häufig auch nach seiner Freilassung in den Diensten seines Herrn blieb.

121 Tithonos ist eine Figur aus der griechischen Mythologie. Ihm wurde zwar Unsterblichkeit, nicht aber ewige Jugend gewährt, sodass er ewig lebte, aber dennoch alterte.

122 Homer, *Ilias*, 16.9.

123 Plutarch diente als Priester des Pythischen Apollon in Delphi. Als Pythiade bezeichnete man die vier Jahre währende Zeitspanne zwischen den Delphischen Spielen (oder auch Pythischen Spielen), das gleiche Intervall also, das zwischen den Olympischen Spielen in Olympia eingehalten wurde.

124 Die Griechen pflegten zum Spiel der Lyra zu singen. Plutarch legt an dieser Stelle also nahe, dass ein älterer Mensch, der die hohen Töne nicht mehr zu treffen vermag, die hellklingende Lyra beiseitelegen wird.

125 Euripides, *Herkules*, 268–269.

126 Homer, *Ilias*, 22.71.

127 Euripides, *Die Bakchen*, 66.

128 Plutarch spielt hier erneut auf die *geras* (»Ehrengabe«) an, ein Begriff, dessen etymologische Wurzeln er im Wort *gerontes* (»alte Männer«) vermutet.

129 Homer, *Ilias*, 9.55–57. In diesem Teil der Geschichte wird die griechische Armee von den Trojanern bedrängt, und der Anführer der Griechen, Agamemnon, schlägt den Rückzug vor. Diomedes plädiert in einer mitreißenden

Rede zum Weiterkämpfen. In dem Zitat lobt Nestor den Diomedes, weist aber höflich darauf hin, dass sein Mut und seine Begeisterung das Problem nicht lösen. Wie Plutarchs Leser sich vielleicht erinnern, fährt Nestor mit den Worten fort: »Aber komm, ich, der sich auf ein höheres Alter als du berufen kann, werde alles erklären und darlegen.«

130 Dieser Timotheos war ein Lyra-Spieler und Dichter, während es sich bei dem oben erwähnten Timotheos um einen athenischen General handelte.

131 Homer, *Ilias*, 9.443.

132 Gesetzgeber, wie Lykurg in Sparta oder Solon in Athen, genossen besonders hohes Ansehen, und die Gesetze und Gepflogenheiten, die ihnen zugeschrieben wurden, hatten häufig das gleiche Gewicht wie die Verfassung in einem modernen Staat.

133 Wörtlich »Menschen, die herumspazieren«. Als *Peripatetiker* bezeichnete man die Anhänger der philosophischen Schule des Aristoteles. Das griechische *peripatos* bedeutet so viel wie »Wandelhalle«, in der der philosophische Unterricht stattfand, quasi gleichzeitig »wandelnd und Diskurs führend«.

134 Die Volksversammlung kam manchmal im Theater einer Stadt zusammen.

135 Während des Peloponnesischen Krieges kritisierten die Spartaner ihren König Agis, weil er die Stadt Argos nicht unterworfen hatte. Sie drohten damit, sein Haus niederzureißen und ihn zu bestrafen, falls er diese Schande nicht mit einem größeren Erfolg ausgliche. Agis' Versuch, der Strafe zu entgehen, war das Motiv für seine vorschnelle militärische Aktion in Arcadia.

Epiktet: Über die Kunst der inneren Freiheit

A. A. Long

Als Sklave geboren, war für Epiktet (55 – 135 n. Chr.) Freiheit ein lebenswichtiger Wert. Dabei sah er geistige Freiheit als fundamental an, da sie Menschen überall frei sein lässt, sogar im Gefängnis. Er definiert Freiheit nicht als Menschenrecht oder politische Forderung, sondern als einen ethischen Wert, den wir uns nur selbst erarbeiten können. Indem das Buch die griechischen Originaltexte der neuen Übersetzung gegenüberstellt, wird die Aktualität, die der Freiheitsbegriff in der Lehre der Stoa heute noch besitzt, besonders herausgestellt. Eine brandneue Ausgabe von Epiktets berühmtem Buch über die Stoa: Encheiridion (Anleitung zum glücklichen Leben) sowie einer Auswahl seiner Unterredungen– von einem der führenden Experten der Philosophie der Stoa.

224 Seiten | Hardcover | 14,99 € (D) | ISBN 978-3-95972-187-5

Cicero: Über die Kunst, ein Freund zu sein

Philipp Freeman

In Zeiten von Social Media, Online-Dating und sozialer Vereinzelung ist die Suche nach einem echten Freund wichtiger denn je. Dieses Büchlein ist der Klassiker zu dem Thema, es enthält grundlegende Ratschläge des berühmten römischen Politikers und Philosophen Cicero. Er zeigt mit Witz, Weisheit und Eloquenz, wie man Freunde findet, behält und wertschätzt. Ohne sie, so Cicero, ist das Leben nichts wert. Geschrieben 44 v. Chr., hat sein Werk mit dem ursprünglichen Titel De Amicitia seit mehr als zweitausend Jahren inspiriert. Die neue englische Übersetzung von Philip Freeman wird hier erstmalig auf Deutsch veröffentlicht, wobei der lateinische Text ebenfalls im Buch enthalten ist. Zudem macht die Einführung Freemans Lust auf die Lektüre.

208 Seiten | Hardcover | 14,99 € (D) | ISBN 978-3-95972-186-8

Cicero: Über die Kunst, gut alt zu werden

Philip Freeman

Bedeutet Altern wirklich den Verlust körperlicher und geistiger Beweglichkeit? Der große Redner und Politiker Cicero sagt: Nein und führt aus, wie im Gegenteil die zweite Lebenshälfte zur besten Zeit überhaupt werden kann, und welche Vorteile alte gegenüber jungen Menschen haben. Voller zeitloser Weisheit und praktischer Ratschläge, hat seine Schrift (entstanden 44 v.Chr.) die Leser seit mehr als zweitausend Jahren inspiriert. Hier liegt sie nun im Original und mit einer neuen Übersetzung sowie einer informativen Einleitung vor.

208 Seiten | Hardcover | 14,99 € (D) | ISBN 978-3-95972-189-9

Seneca: Über die Kunst des Sterbens

James S. Romm

»Es braucht ein ganzes Leben, um zu lernen, wie man stirbt«, schrieb der römische Philosoph Seneca (ca. 4 v. Chr. – 65 n. Chr.). Er, der schließlich seinem eigenen Leben auf Befehl Neros gefasst ein Ende setzte, musste es wissen. Er riet seinen Lesern, den Tod unentwegt zu studieren und befolgte seinen eigenen Rat, indem er in all seinen Schriften darauf zurückkam. Dieser Band fasst nun zum ersten Mal diese Reflexionen Senecas zusammen. Zudem enthält es eine informative Einführung, hilfreiche Anmerkungen, den lateinischen Originaltext sowie einen Epilog, der Tacitus' Beschreibung von Senecas dramatischem Selbstmord enthält.

224 Seiten | Hardcover | 14,99 € (D) | ISBN 978-3-95972-188-2

Dein Ego ist dein Feind

Ryan Holiday

Viele Menschen glauben, dass die Gründe, die sie daran hindern, erfolgreich zu sein, in ihrer Umwelt zu finden sind. Aber in Wirklichkeit steckt der größte Feind in jedem von uns selbst: unser Ego. Es macht uns blind für unsere Fehler, verhindert, dass wir aus ihnen lernen, und hemmt unsere Entwicklung. Gerade in Zeiten, in denen die schamlose Selbstdarstellung in sozialen Netzwerken oder im Reality-TV eine Selbstverständlichkeit ist, liegt die wahre Herausforderung in der Idee, weniger Zeit in das Erzählen der eigenen Größe zu stecken und stattdessen die wirklich wichtigen Missionen des Lebens zu meistern. Mit einer Fülle an Beispielen aus Literatur, Philosophie und Geschichte zeigt Ryan Holiday eindrucksvoll und praxisnah, wie die Überwindung des eigenen Egos zum unnachahmlichen Erfolg verhilft.

228 Seiten | Hardcover | 19,99 € (D) | ISBN 978-3-95972-032-8

Dein Hindernis ist Dein Weg

Ryan Holiday

Tagtäglich werden wir mit Problemen konfrontiert. Dabei haben wir stets die Wahl: Wir können uns von den Hürden auf unserem Weg aufhalten lassen oder wir zeigen, aus welchem Holz wir geschnitzt sind, und nehmen die Herausforderung an. Ryan Holiday – mehrfacher Bestsellerautor – zeigt, wie das jahrhundertealte Wissen der Stoiker gerade für unsere hektische und unsichere Zeit ein Segen sein kann. In viele kleine Lektionen verpackt, enthüllt er, wie große Geister wie Edison, Roosevelt aber auch Steve Jobs oder Barack Obama Weisheit, Mut, Selbstbeherrschung und Gelassenheit erlernt haben, um in der zunehmenden Komplexität unserer Welt nicht nur zu bestehen, sondern Großartiges zu leisten. Und er zeigt, wie sich dieses Wissen von jedem im eigenen Leben anwenden lässt.

224 Seiten | Softcover | 16,99 € (D) | ISBN 978-3-95972-157-8

Der tägliche Stoiker

Ryan Holiday | Stephen Hanselman

Wie findet man das wahre Glück? Wie lässt sich Erfolg wirklich bemessen? Und wie geht man mit den Herausforderungen des Alltags wie Wut, Trauer und der Frage nach dem Sinn des Ganzen um? New York Times-Bestsellerautor Ryan Holiday und Stephen Hanselman haben das Wissen der Stoiker in 366 zeitlose Lektionen verpackt und zeigen, dass die Philosophie des Stoizismus nicht nur zeitlos, sondern gerade für unsere hektische und unsichere Zeit ein Segen ist. Weisheit, Mut, Gerechtigkeitssinn und Selbstbeherrschung sowie Gelassenheit lassen sich erlernen und helfen uns, in der zunehmenden Komplexität unserer Welt zu bestehen. Die uralten Weisheiten der Stoiker, gesammelt und kommentiert, unterstützen bei diesen alltäglichen Herausforderungen.

432 Seiten | Hardcover | 24,99 € (D) | ISBN 978-3-95972-045-8

Das Leben der Stoiker

Ryan Holiday, Stephen Hanselman

Von Epiktet bis Mark Aurel, von Sklaven bis zu Kaisern – Ryan Holiday, dessen Bestseller und die darin enthalten Lebensweis-heiten längst Kult sind, zeigt, warum auch 2300 Jahre nach dem Entstehung der Stoa ihre Lehren noch immer von universeller Gültigkeit sind: Ihre Lektionen zu Selbstbeherrschung, Tugend und Gleichgültigkeit gegenüber dem, was wir nicht kontrollieren können, sind heute genauso essenziell wie in den stürmischen Zeiten des Römischen Reiches.

Holiday enthüllt die zentralen Ideen der Stoa, die Seneca, Cato oder Cicero über die Jahrhunderte hinweg verbinden. Dabei werden die Philosophen stets im Licht ihrer besonderen Bedeutung in der Geschichte der Stoa betrachtet. Mit kurzen, leicht zu lesenden Biografien aller bekannten – und weniger bekannten – Stoiker hilft der Autor dem Leser, die Philosophie im eigenen Leben anzuwenden.

400 Seiten | Hardcover | 19,99 € (D) | ISBN 978-3-95972-377-0

n der Stille liegt der Weg

Ryan Holiday

Im Laufe der Geschichte hatten große Anführer, Denker, Künstler und Visionäre die Eigenschaft, Launen zu überwinden, Ablenkungen zu vermeiden und das Richtige zu tun. Die Zen-Buddhisten beschrieben es als inneren Frieden und wussten, dass es wichtig war, ob man ein Samurai-Krieger oder ein Mönch ist. Die Stoiker und Epikureer nannten es Ataraxie und glaubten, dass es ein Bollwerk gegen die Leidenschaften des Mobs, eine Voraussetzung für gute Führung und ein Weg zur tiefen Wahrheit sei. Ryan Holiday nennt es Stille – stabil sein, während sich die Welt um einen dreht.
In diesem Buch skizziert er einen Weg zu dieser zeitlosen, aber dringend notwendigen Lebensweise. Ausgehend von den größten Denkern der Geschichte, von Konfuzius bis Seneca, von Mark Aurel bis Thích Nhât Hahn, von John Stuart Mill bis Nietzsche, zeigt er, dass Stille nicht nur Untätigkeit ist, sondern das Tor zur Selbstbeherrschung, Disziplin und Konzentration.

256 Seiten | Hardcover | 19,99 € (D) | 20,60 € (A) | ISBN 978-3-95972-329-9

Das kleine Handbuch des Stoizismus

Jonas Salzgeber

Die stoische Philosophie war schon in der Antike eine der erfolg
reichsten lebensphilosophischen Schulen. Um 300 vor Christu
von Zenon von Kition gegründet und von großen Denkern wi
Seneca, Marc Aurel und Epiktet vertreten, ist sie bis heut
unschlagbar in ihrer stringenten Art, Gelassenheit und Gleichmu
gegenüber den Untiefen des Lebens zu vermitteln. Das klein
Handbuch des Stoizismus stellt die wesentlichen Lehrsätze de
maßgeblichen Philosophen vor und gibt einen Einblick in de
historischen Hintergrund. Der Autor Jonas Salzgeber zeigt, wi
sich diese Grundsätze auf das eigene Leben übertragen lasse
um Kraft, Selbstvertrauen und innere Balance zu erlangen.

304 Seiten | Softcover | 16,99 € (D) | ISBN 978-3-95972-270-4